IGREJA DO NAZARENO

MANUAL
2017-2021

•

HISTÓRIA
CONSTITUIÇÃO
GOVERNO
RITUAL

•

Copyright © 2018

Publicado por Literatura Nazarena Portuguesa
sob autorização da vigésima nona
Assembleia Geral reunida
em Indianapolis, Indiana, E.U.A.,
de 25 a 29 de Junho de 2017

Membros da Comissão de Redacção
da versão original em inglês
DEAN G. BLEVINS, STANLEY J. RODES,
TERRY S. SOWDEN, JAMES W. SPEAR,
DAVID P. WILSON

Membros da Comissão de Redacção
da versão em português
TABITA ROTHMANN GONZÁLEZ,
DANIEL DAVID RIBEIRO MONTEIRO,
GERALDO NUNES FILHO,
RAQUEL A. ESPINHAL PEREIRA,
SIMÃO ADRIANO SIMBINE,
M. MANUELA VERA-CRUZ

ISBN 978-1-56344-880-5

Originalmente publicado em inglês com o título de
Manual 2017-2021, Church of the Nazarene
Copyright © 2017
Nazarene Publishing House

DIGITAL PRINTING
(rev180713)

Todas as citações bíblicas são retiradas da versão
Revista e Actualizada de João Ferreira de Almeida.

Usado com permissão. Direitos Reservados.

O selo e o logo da Igreja do Nazareno são marcas registadas da Church of the Nazarene, Inc. O seu uso ou
reprodução, sem o consentimento expresso por escrito
da Church of the Nazarene, Inc. está estritamente
proibido.

A tradução do texto das constituições da JNI e das
MNI é da responsabilidade dos serviços globais do
respectivo ministério e aqui se inclui sem revisões ou
edições por parte do Comissão de Redacção do Manual
2017-2021 em português europeu.

ÍNDICE

Prólogo 5
Parte I: Declaração Histórica 8
   Organigrama do Governo da Igreja 15
Parte II: Constituição da Igreja
   Artigos de Fé 18
   A Igreja 25
   Artigos de Organização e Governo 28
Parte III: O Pacto de Conduta Cristã 32
Parte IV: Governo
   Governo Local 49
   Governo Distrital 85
   Governo Geral 117
Parte V: Educação Superior 144
Parte VI: Ministério e Serviço Cristão
   Chamada e Qualificações do(a) Ministro(a). 148
   Categorias e Funções de Ministério. 149
   Educação Para Ministros 159
   Regulamentos Ministeriais e Para Credenciais 163
Parte VII: Administração Judicial 190
Parte VIII: Ritual 204
Parte IX: Organizações Auxiliares 235
   Juventude Nazarena Internacional, Missões Nazarenas Internacionais, Ministérios de Escola Dominical e Discipulado Internacionais
Parte X: Formulários 238
Parte XI: Apêndice
   Oficiais Gerais 244
   Juntas Administrativas, Conselhos e Instituições Educacionais . . 245
   Regulamentos Administrativos 251
   Assuntos Morais e Sociais Contemporâneos 253
Índice Especial de Revisões 263
Índice de Parágrafos Vagos 265
Índice 266

PRÓLOGO

A *Declaração de Missão* na Igreja do Nazareno é fazer discípulos à semelhança de Cristo nas nações.

Os *Valores Fundamentais* da Igreja do Nazareno são que somos cristãos, santos e missionais.

As sete *Características* da Igreja do Nazareno são adoração significativa, coerência teológica, evangelismo fervoroso, discipulado intencional, desenvolvimento da igreja, liderança transformacional e compaixão com propósito.

"O objectivo principal da Igreja do Nazareno é fazer progredir o reino de Deus pela preservação e propagação da santidade cristã como evidenciado nas Escrituras".

"Os objectivos essenciais da Igreja do Nazareno são 'a comunhão cristã santa, a conversão dos pecadores, a inteira santificação dos crentes, a sua edificação em santidade e a simplicidade e poder espiritual manifestos na igreja primitiva do Novo Testamento, juntamente com a pregação do Evangelho a toda a criatura'". (19)

A Igreja do Nazareno existe para servir como um instrumento no avanço do reino de Deus através da pregação e ensino do Evangelho por todo o mundo. A nossa bem-definida incumbência é preservar e propagar a santidade cristã tal como é evidenciada nas Escrituras, através da conversão dos pecadores, a recuperação dos desviados e a inteira santificação dos crentes.

O nosso objectivo é espiritual, nomeadamente, evangelizar, como resposta à Grande Comissão do nosso Senhor em "ir e fazer discípulos de todas as nações" (Mateus 28:19, João 20:21; Marcos 16:15). Cremos que este alvo pode ser alcançado através de políticas e procedimentos acordados, incluindo princípios doutrinários da fé e padrões de moralidade e estilo de vida testados pelo tempo.

A edição 2017-2021 do Manual inclui uma declaração histórica breve da igreja; a constituição da Igreja, que define os nossos Artigos de fé, a nossa compreensão da igreja, o Pacto de Carácter Cristão para o viver santo, e princípios de organização e governo; o Pacto de Conduta Cristã, que aborda assuntos-chave da sociedade contemporânea; e políticas do governo da igreja lidando com a organização da igreja local, distrital e geral.

A Assembleia Geral é o corpo supremo de formulação da doutrina e legislação da Igreja do Nazareno. Este Manual inclui as decisões e juízos de delegados ministeriais e leigos da vigésima nona Assembleia Geral, que se reuniu em Indianápolis, Indiana, E.U.A. de 25 a 29 de Junho 2017, e é por isso autoridade como guia para acção. Pelo facto de ser a declaração de fé e prática da igreja oficiais e ser consistente com os ensinos das Escrituras, esperamos que o nosso povo em todo o lugar aceite os princípios de doutrina, guias e ajudas para o viver santo contidos nelas. Falhar em fazer isso, depois de terem feito os votos de membro da Igreja do Nazareno, prejudica o testemunho da igreja, viola a sua consciência e dissipa a comunhão do povo chamado nazareno.

O governo da Igreja do Nazareno é distinto. Na sua política é representativo – não é puramente episcopal nem completamente congregacional. Porque tanto o laicato como os ministros têm igual autoridade nas unidades deliberativas e legislativas da igreja, existe um equilíbrio de poder desejado e efectivo. Vemos isto não somente como uma oportunidade de participação e serviço na igreja como também uma obrigação por parte do laicato e ministros.

Compromisso e propósito claros são importantes. Mas um povo inteligente e informado que segue práticas e procedimentos acordados fazem avançar o reino mais depressa e realçam o seu testemunho por Cristo. Portanto, é incumbência dos nossos membros familiarizarem-se com este Manual - a história da igreja, doutrinas e práticas éticas do nazareno ideal. A adesão às determinações destas páginas irá nutrir lealdade e fidelidade tanto a Deus como à igreja, e aumentará a eficiência e eficácia dos nossos esforços espirituais.

Com a Bíblia como o nosso Guia supremo, iluminada pelo Espírito Santo, e o Manual como a nossa declaração de fé, prática e política, acordadas como oficiais, olhamos com expectativa para o novo quadriénio com alegria e fé inabalável em Jesus Cristo.

A Junta de Superintendentes Gerais
EUGÉNIO R. DUARTE   GUSTAVO A. CROCKER
DAVID W. GRAVES   FILIMÃO M. CHAMBO
DAVID A. BUSIC   CARLA D. SUNBERG

PARTE I

Declaração Histórica

DECLARAÇÃO HISTÓRICA

A Igreja do Nazareno confessa ser um ramo da Igreja de Cristo "una, santa, universal e apostólica", adoptando, como sua, a história do povo de Deus registada no Antigo e Novo Testamentos e do povo de Deus através dos tempos, em qualquer expressão da Igreja de Cristo. A nossa denominação abraça os credos dos cinco primeiros séculos cristãos como expressões da sua própria fé. Identificamo-nos com a igreja histórica na pregação da Palavra, na administração dos sacramentos, na manutenção de um ministério de fé e prática apostólicos e nas disciplinas de um viver e serviço semelhantes a Cristo. A nossa denominação zela pela chamada bíblica para uma vida santa e de inteira devoção a Deus, a qual proclamamos através da teologia da inteira santificação.

A nossa herança cristã foi-nos transmitida através da Reforma Inglesa do século XVI e do reavivamento wesleyano do século XVIII. Pela pregação de John e Charles Wesley, pessoas de toda a Inglaterra, Escócia, Irlanda e País de Gales abandonaram o pecado e foram capacitadas para o serviço cristão. Este reavivamento caracterizou-se pela pregação feita por leigos e pelo testemunho, disciplina e círculos de discípulos(as) dedicados(as), conhecidos por "sociedades", "classes" e "bandas". Os marcos teológicos do reavivamento wesleyano foram: a justificação pela graça através da fé; a santificação ou perfeição cristã, também pela graça através da fé; e o testemunho do Espírito quanto à certeza da graça. Entre as contribuições específicas de John Wesley inclui-se uma ênfase à inteira santificação como provisão graciosa de Deus para a vida cristã.

Estas ênfases foram disseminadas por todo o mundo. Na América do Norte, a Igreja Metodista Episcopal foi organizada em 1784 para "reformar o Continente e espalhar a santidade escriturística sobre estas terras".

Em meados do século XIX desenvolveu-se uma ênfase renovada sobre a santidade cristã. Timothy Merritt, de Boston, Massachusetts, estimulou esse interesse, como editor do Guia da Perfeição Cristã. Phoebe Palmer, da cidade de Nova Iorque, liderava as reuniões de terça-feira para a Promoção da Santidade e tornou-se uma oradora, autora e editora muito solicitada. Em 1867 os pregadores metodistas J. A. Wood, John Inskip e outros iniciaram em Vineland, Nova Jérsia a primeira de uma longa série de campanhas de santidade que renovaram a busca wesleyana da santidade em todo o mundo. A santidade cristã foi enfatizada

DECLARAÇÃO HISTÓRICA

pelos Metodistas Wesleyanos, Metodistas Livres, o Exército de Salvação e alguns Menonitas, Irmãos e Quakers. Os evangelistas levaram este movimento para a Alemanha, Reino Unido, Escandinávia, Índia e Austrália. Surgiram novas igrejas de santidade, incluindo a Igreja de Deus (Anderson, Indiana, E.U.A.). Igrejas de santidade, missões urbanas e associações missionárias cresceram a partir desse empenho. A Igreja do Nazareno nasceu do impulso de unir muitas dessas organizações numa única igreja de santidade.

Unidade em torno da Santidade

Em 1887, Fred Hillery organizou a Igreja Evangélica do Povo (Providence, Rhode Island, E.U.A.). Seguiu-se a Igreja Missão (Lynn, Massachusetts, E.U.A.) em 1888. Em 1890, estas e outras oito congregações da Nova Inglaterra formaram a Associação Central Evangélica de Santidade. Anna S. Hanscome, ordenada em 1892, foi a primeira mulher ordenada na linhagem nazarena. Em 1894-95, William Howard Hoople organizou três congregações de santidade em Brooklyn, Nova Iorque, que formaram a Associação de Igrejas Pentecostais da América. Para estes e outros fundadores nazarenos "pentecostal" era um sinónimo de "santidade". Hillery e os grupos de Hoople fundiram-se em 1896, estabeleceram o trabalho na Índia (1899) e em Cabo Verde (1901); e o executivo de Missões, Hiram Reynolds, organizou congregações no Canadá (1902). Por volta de 1907 o grupo estendera-se da Nova Escócia no Canadá até Iowa, E.U.A.

Robert Lee Harris fundou a Igreja de Cristo do Novo Testamento (Milan, Tennessee, E.U.A.) em 1894. Mary Lee Cagle, sua viúva, espalhou o trabalho para o oeste do Texas, em 1895. C. B. Jernigan organizou a primeira Igreja Independente de Santidade (Van Alstyne, Texas, E.U.A.) em 1901. Essas igrejas uniram-se em Rising Star, Texas, E.U.A., em 1904, formando a Igreja de Cristo de Santidade. Por volta de 1908, já se estendia da Geórgia ao Novo México, E.U.A. ministrando aos marginalizados e necessitados, apoiando órfãos e mães solteiras e ocupando-se dos trabalhadores na Índia e Japão.

Phineas F. Bresee e Joseph P. Widney, com cerca de outras 100 pessoas, organizaram a Igreja do Nazareno, em Los Angeles, E.U.A., em 1895. Eles decidiram que os cristãos santificados pela fé deviam seguir o exemplo de Cristo e pregar o Evangelho aos menos favorecidos.

Acreditavam que o seu tempo e dinheiro deviam ser dados a ministérios à semelhança de Cristo, para a salvação de almas e socorro dos necessitados. A Igreja do Nazareno expandiu-se principalmente ao longo da costa oeste dos Estados Unidos até Illinois, com algumas congregações a leste das Montanhas Rochosas. Apoiaram uma missão autóctone em Calcutá, na Índia.

Em Outubro de 1907, a Associação de Igrejas Pentecostais da América e a Igreja do Nazareno reuniram-se em Chicago, E.U.A., para formar um governo de igreja que equilibrasse a superintendência com os direitos congregacionais. Competia aos superintendentes nutrir e cuidar das igrejas já organizadas, estabelecer e incentivar novas igrejas, mas não interferir com as acções independentes de uma igreja totalmente organizada. Os delegados da Igreja de Cristo de Santidade participaram. A primeira Assembleia Geral adoptou um nome resultante de ambas as organizações: Igreja Pentecostal do Nazareno. Bresee e Reynolds foram eleitos superintendentes gerais.

Em Setembro de 1908, a Conferência de Santidade da Igreja Cristã da Pensilvânia, sob a liderança de H. G. Trumbaur, uniu-se aos Nazarenos Pentecostais.

Em Outubro, a segunda Assembleia Geral reuniu-se em Pilot Point, Texas, com o Conselho Geral da Igreja de Cristo de Santidade. Terça-feira, 13 de Outubro, de manhã, R. B. Mitchum apresentou e C. W. Ruth secundou a proposta: "Que a união das duas igrejas seja agora consumada". Para alcançar este resultado, Breese empenhava-se continuamente, e às 10:40 da manhã, no meio de grande entusiamo, a moção para a união foi aprovada por unanimidade e aclamação.

Lideradas por J. O. McClurkan, pessoas que no Tennessee e estados adjacentes proclamavam a santidade uniram-se em Nashville, E.U.A., em 1898, para formar a Missão Pentecostal. Enviaram pastores e professores para Cuba, Guatemala, México e Índia. Em 1906 George Sharpe foi expulso da Igreja Congregacional de Parkhead, Glasgow, na Escócia, por pregar a doutrina wesleyana da santidade cristã. Formou-se a Igreja Pentecostal de Parkhead, organizaram-se outras congregações e, em 1909, fundou-se a Igreja Pentecostal da Escócia. A Missão Pentecostal e a Igreja Pentecostal da Escócia uniram-se aos Nazarenos Pentecostais em 1915.

A Quinta Assembleia Geral (1919) mudou o nome oficial da denominação para Igreja do Nazareno porque novos significados tinham sido associados à palavra "Pentecostal".

A Igreja Global

A índole essencial da Igreja do Nazareno foi moldada pelas igrejas-mães que se uniram em 1915. Havia uma dimensão internacional nesta índole, pois estas já apoiavam igrejas totalmente organizadas nos Estados Unidos, Índia, Cabo Verde, Cuba, Canadá, México, Guatemala, Japão, Argentina, Reino Unido, Suazilândia, China e Peru. Em 1930, a denominação alcançava a África do Sul, Síria, Palestina, Moçambique, Barbados e Trindade. Líderes nacionais, tais como os superintendentes distritais V. G. Santin (México), Hiroshi Kitagawa (Japão) e Samuel Bhujbal

(Índia), foram essenciais para esse processo. Este pendor internacional foi reforçado ainda mais por novas adesões.

Em 1922, J. G. Morrison levou muitos obreiros da Associação de Leigos de Santidade e mais de 1.000 membros nos dois estados de Dakota, e em Minnesota e Montana a unirem-se à igreja. Nos anos trinta, Robert Chung conduziu uma rede de congregações e pastores coreanos para a Igreja do Nazareno. As igrejas na Austrália sob a liderança de A. A. E. Berg uniram-se em 1945. Alfredo del Rosso levou igrejas italianas para a denominação em 1948. O trabalho Sul-Africano, Associação de Fé Missionária Hephzibah e a sua sede em Tabor, Iowa, uniram-se aos nazarenos por volta de 1950.

A Missão Internacional de Santidade, fundada em Londres, Inglaterra, por David Thomas, em 1907, desenvolveu um amplo trabalho na parte Sul da África, sob a liderança de David Jones. Em 1952, as suas igrejas na Inglaterra, lideradas por J. B. Maclagan, e o trabalho na África uniram-se aos nazarenos. Maynard James e Jack Ford formaram a Igreja de Santidade do Calvário na Grã-Bretanha, em 1934, e uniram-se aos nazarenos em 1955. A Igreja dos Obreiros do Evangelho, organizada em 1918 por Frank Goff, em Ontário, Canadá, uniu-se à Igreja do Nazareno em 1958. Nigerianos formaram uma Igreja do Nazareno autóctone na década de 40 e, de acordo com Jeremiah Ekaidem, esta uniu-se ao corpo internacional em 1988.

Conscientemente os nazarenos desenvolveram um modelo de igreja que difere da norma protestante. Em 1976, criaram uma comissão de estudos para examinar a condição futura da denominação. O seu relatório, em 1980, recomendou a *internacionalização* baseada em dois princípios. Primeiro, reconhecia-se que as igrejas e os distritos nazarenos a nível mundial constituem uma "comunidade mundial de crentes em que existe plena aceitação dos seus contextos culturais". Em segundo lugar, identificava-se um compromisso comum com "a missão distintiva da Igreja do Nazareno", a saber: "espalhar a santidade bíblica... [como] o elemento chave num núcleo de valores não-negociáveis que representam a identidade nazarena".

A Assembleia Geral de 1980 abraçou uma "uniformidade teológica internacional" em torno dos Artigos de Fé, afirmando a importância da formação teológica para todos os ministros, e para isso pediu o apoio adequado das instituições de ensino teológico em cada área mundial. Desafiou os nazarenos em direcção à maturidade como comunidade internacional de santidade, dentro de um único quadro conectivo, em que a mentalidade colonial, que avaliava os povos e nações em termos de "fortes e fracos, doadores e receptores", deu lugar a "uma mentalidade que assume uma forma completamente nova de ver o mundo: reconhecendo os pontos fortes e a igualdade de todos os parceiros".[1]

A Igreja do Nazareno tem tido um padrão de crescimento único entre os protestantes. Por volta de 1998, metade dos nazarenos não viviam nos Estados Unidos e Canadá, e 41 porcento dos delegados à Assembleia Geral de 2001 falavam o inglês como segunda língua ou nem o falavam. Um africano, Eugénio Duarte, de Cabo Verde, foi eleito um dos superintendentes gerais da igreja em 2009. Em 2013, Gustavo Crocker da Guatemala, América Central, foi eleito superintendente geral. Em 2017, outro africano, Filimão Chambo, nascido em Moçambique, foi também eleito superintendente geral, e, pela primeira vez, metade dos membros da Junta de Superintendentes Gerais eram pessoas que nasceram e cresceram fora da América do Norte.

Em 2017, a igreja tinha 2,5 milhões de membros em 471 distritos e mais de 160 áreas mundiais. Quase 28 porcento dos nazarenos eram africanos, 29 porcento viviam na América Latina e Caraíbas, enquanto cerca de um quarto vivia nos Estados Unidos e Canadá. Os distritos europeus estabelecidos ajudaram a alcançar a Europa de Leste; e a igreja na Ásia saiu das bases tradicionais na Coreia, Japão e Índia e estendeu-se para o sudeste da Ásia, entre outros lugares. Também, em 2017, os três maiores distritos nazarenos situavam-se na Ásia e África, e as três congregações com maior assistência nos cultos de adoração, ficavam na América do Sul e nas Caraíbas.

Características do Ministério Internacional

Em termos estratégicos, os ministérios nazarenos têm-se centrado historicamente em torno do evangelismo, ministérios sociais e educação. Florescem através da cooperação mútua de missionários transculturais e milhares de pastores e de obreiros leigos que têm aplicado os princípios wesleyanos nas suas respectivas culturas.

Evangelização. Hiram F. Reynolds foi uma personalidade estratégica na criação de ministérios nazarenos transculturais. Durante um quarto de século como superintendente geral, a sua constante militância ajudou a elevar missões a uma prioridade denominacional. Desde 1915, as Missões Nazarenas Internacionais (originalmente Sociedade Missionária de Senhoras) levantaram fundos e promoveram educação missionária em congregações ao redor de todo o mundo. As missões domésticas foram uma parte central da evangelização norte-americana, enquanto os missionários nacionais João Dias (Cabo Verde), Santos Elizondo (México), Samuel Krikorian (Palestina), J.I. Nagamatsu (Japão)

---

[1] *Journal of the Twentieth General Assembly*, Church of the Nazarene, (1980): 232. Franklin Cook, The International Dimension (1984): 49.

e Robert Chung (Coreia) foram líderes pioneiros. O Mid-Century Crusade for Souls direccionou novas energias para a evangelização mundial depois da II Guerra Mundial. As missões domésticas expandiram-se na América do Norte. Novos campos foram abertos noutros continentes. O evangelismo urbano compeliu a igreja a redescobrir a cidade como um local primário de ministério nos anos 70. Novos tipos de ministério urbano foram desenvolvidos e nos anos 80 a igreja adoptou uma ênfase internacional "Trust to the Cities". A igreja entrou na Europa Oriental nos anos 90. Os nazarenos participam no avivamento da África Oriental e servem em nações tão diversas como Bangladesh, onde a 24 de Março de 2010, num único culto, 193 presbíteros foram ordenados para o ministério – um evento marcante na história cristã.

Compaixão. Os primeiros nazarenos testificaram da graça de Deus, apoiando campanhas contra a fome na Índia, estabelecendo orfanatos, casas para mães solteiras e missões urbanas que ministravam a toxicodependentes e aos sem-abrigo. Nos anos 20, as prioridades do ministério social da igreja mudaram em direcção à medicina, com a construção de hospitais na China e Suazilândia, e mais tarde na Índia e Papua Nova Guiné. Profissionais nazarenos de medicina cuidaram dos doentes, realizaram cirurgias, treinaram enfermeiros e patrocinaram clínicas móveis entre alguns dos povos mais pobres do mundo. Foram criadas clínicas especializadas, tal como uma clínica para leprosos na África. A criação dos Ministérios Nazarenos de Compaixão, nos anos 80, permitiu uma ampla gama de ministérios sociais que perduram até hoje, incluindo o apadrinhamento de crianças, ajuda humanitária, educação acerca da SIDA, apoio a órfãos, projectos de água potável e distribuição de alimentos.

Educação. As escolas dominicais nazarenas e os estudos bíblicos sempre fizeram parte da vida congregacional e desempenham papéis significativos na formação de discípulos à semelhança de Cristo. A igreja tem investido na educação básica e na alfabetização desde os tempos da Escola Esperança para Moças, em Calcutá, fundada em 1905. As escolas nazarenas preparam pessoas ao redor do mundo para uma vida mais participativa a nível social, económico e religioso. Até meados do século XX, a maioria das primeiras faculdades nazarenas nos Estados Unidos possuía escolas anexadas de ensino básico e secundário. Os pioneiros nazarenos investiram significativamente no ensino superior, acreditando que este é essencial para o treinamento de pastores e outros obreiros cristãos, e também para moldar os leigos. A Junta Internacional de Educação enumera 53 instituições nazarenas de ensino superior em todo o mundo, incluindo faculdades de artes liberais e universidades na África, Canadá, Caraíbas, Coreia e Estados Unidos, além de 31 escolas bíblicas e institutos, escolas de enfermagem na Índia e Papua Nova Guiné, e as escolas de pós-graduação em teologia na Austrália, Costa Rica, Inglaterra, Filipinas e Estados Unidos da América.

Ao longo do tempo a Igreja do Nazareno mudou a sua posição de uma igreja com uma presença global, para a de uma comunidade global de crentes. Alicerçada na tradição wesleyana, os nazarenos entendem que são um povo cristão, de santidade e missionário, adoptando como sua declaração de missão: "Fazer discípulos à semelhança de Cristo nas nações".

ORGANIGRAMA DO GOVERNO DA IGREJA 15

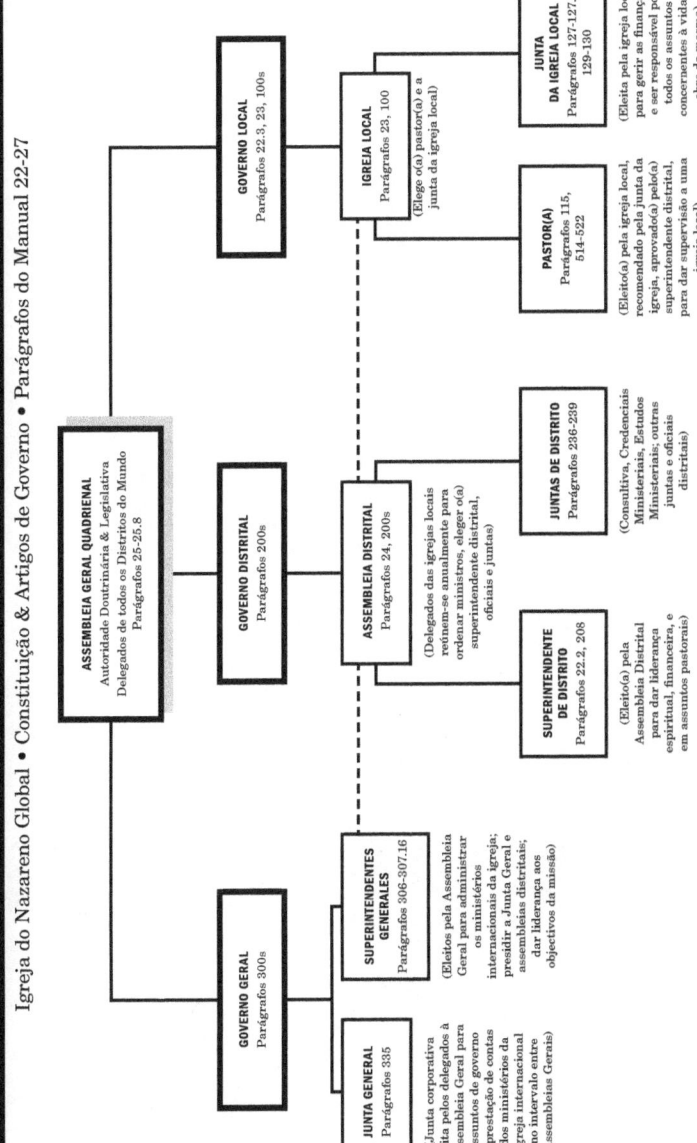

PARTE II
Constituição da Igreja

ARTIGOS DE FÉ

A IGREJA

ARTIGOS DE ORGANIZAÇÃO E GOVERNO

EMENDAS

PREÂMBULO À CONSTITUIÇÃO DA IGREJA

A fim de preservar a herança que nos foi dada por Deus, a fé que uma vez foi dada aos santos, especialmente a doutrina e a experiência da inteira santificação como uma segunda obra da graça, e também a fim de cooperar eficazmente com outros ramos da Igreja de Jesus Cristo no avanço do reino de Deus nós, os ministros e membros leigos da Igreja do Nazareno, em conformidade com os princípios da legislação constitucional estabelecida entre nós, por este meio, mandamos, adoptamos e publicamos como sendo lei fundamental ou Constituição da Igreja do Nazareno os *Artigos de Fé*, o Pacto de Carácter Cristão e os Artigos de Organização e Governo seguintes, a saber:

ARTIGOS DE FÉ

As referências bíblicas apoiam os Artigos de Fé e são aqui inseridas por acção da Assembleia Geral de 1976, mas não devem ser consideradas como parte do texto da Constituição.

I. Deus Trino

1. Cremos num só Deus infinito, eternamente existente, Soberano Criador e Sustentador do universo; que somente Ele é Deus, santo na Sua natureza, atributos e propósitos. O Deus que é amor santo e luz é Trino no Seu Ser, revelado como Pai, Filho e Espírito Santo.

Génesis 1; Levítico 19:2; Deuteronómio 6:4-5; Isaías 5:16; 6:1-7; 40:18- 31; Mateus 3:16-17; 28:19-20; João 14:6-27; 1 Coríntios 8:6; 2 Coríntios 13:14; Gálatas 4:4-6; Efésios 2:13-18; 1 João 1:5; 4:8

II. Jesus Cristo

2. Cremos em Jesus Cristo, a Segunda Pessoa da Santíssima Trindade; que Ele é eternamente um com o Pai; que encarnou pelo Espírito Santo e nasceu da Virgem Maria e assim, duas naturezas perfeitas e completas, isto é, a Divindade e a humanidade, se uniram em uma Pessoa, verdadeiro Deus e verdadeiro homem, o Deus-homem.

Cremos que Jesus Cristo morreu pelos nossos pecados e que Ele verdadeiramente ressuscitou dos mortos e tomou de novo o Seu corpo, juntamente com tudo o que pertence à perfeição da natureza humana, e com isto subiu ao céu, onde Se dedica a interceder por nós.

Mateus 1:20-25; 16:15-16; Lucas 1:26-35; João 1:1-18; Actos 2:22-36; Romanos 8:3, 32-34; Gálatas 4:4-5; Filipenses 2:5-11; Colossenses 1:12-22; 1 Timóteo 6:14-16; Hebreus 1:1-5; 7:22-28; 9:24-28; 1 João 1:1-3; 4:2-3,15

CONSTITUIÇÃO DA IGREJA

III. O Espírito Santo

3. Cremos no Espírito Santo, a Terceira Pessoa da Santíssima Trindade, que está sempre presente e operando eficazmente com a Igreja de Cristo e no seu interior; que está convencendo o mundo do pecado, regenerando aqueles que se arrependem e creem, santificando os crentes e guiando-os em toda a verdade que está em Jesus.

João 7:39; 14:15-18, 26; 16:7-15; Actos 2:33; 15:8-9; Romanos 8:1-27; Gálatas 3:1-14; 4:6; Efésios 3:14-21; 1 Tessalonicenses 4:7-8; 2 Tessalonicenses 2:13; 1 Pedro 1:2; 1 João 3:24; 4:13

IV. As Escrituras Sagradas

4. Cremos na inspiração plena das Escrituras Sagradas, pelas quais entendemos os 66 livros do Antigo e Novo Testamentos, dados por inspiração divina, revelando sem erros a vontade de Deus a nosso respeito em tudo o que é necessário para a nossa salvação pelo que, o que não se encontra nelas não pode ser imposto como artigo de fé.

Lucas 24:44-47; João 10:35; 1 Coríntios 15:3-4; 2 Timóteo 3:15-17; 1 Pedro 1:10-12; 2 Pedro 1:20-21

V. Pecado, Original e Pessoal

5. Cremos que o pecado veio ao mundo através da desobediência dos nossos primeiros pais (Adão e Eva) e, pelo pecado, veio a morte. Cremos que o pecado se manifesta de dois modos: pecado original ou depravação, e pecado actual ou pessoal.

5.1. Cremos que o pecado original ou depravação, é aquela corrupção da natureza de todos os descendentes de Adão, razão por que o homem está muito longe da rectidão original, ou seja do estado de pureza dos nossos primeiros pais (Adão e Eva) quando foram criados, é contrário a Deus, não tem vida espiritual e é inclinado para o mal, e isto continuamente. Cremos ainda, que o pecado original continua a existir com a nova vida do regenerado, até que o coração seja inteiramente limpo pelo baptismo com o Espírito Santo.

5.2. Cremos que o pecado original difere do pecado pessoal, na medida que constitui uma propensão herdada para pecar, pela qual ninguém é responsável até o momento em que negligencia ou rejeita o remédio divinamente providenciado.

5.3. Cremos que o pecado actual ou pessoal constitui a violação voluntária de uma lei de Deus conhecida, feita por uma pessoa moralmente responsável. Portanto, o pecado não deve ser confundido com limitações involuntárias e inevitáveis, enfermidades, faltas, erros, falhas ou outros desvios de um padrão de perfeita conduta, que são os efeitos residuais da Queda do Homem. Contudo, tais efeitos inocentes não incluem atitudes ou respostas contrárias ao espírito de Cristo, que podem ser correctamente consideradas pecados do espírito. Cremos que o pecado pessoal é, fundamental e essencialmente, uma violação da lei do amor e que, em relação a Cristo, pecado pode ser definido como descrença.

> Pecado Original: Génesis 3; 6:5; Job 15:14; Salmos 51:5; Jeremias 17:9-10; Marcos 7:21-23; Romanos 1:18-25; 5:12-14; 7:1-8:9; 1 Coríntios 3:1-4; Gálatas 5:16-25; 1 João 1:7-8
>
> Pecado Pessoal: Mateus 22:36-40 (com 1 João 3:4); João 8:34-36; 16:8-9; Romanos 3:23; 6:15-23; 8:18-24; 14:23; 1 João 1:9-2:4; 3:7-10

VI. Expiação

6. Cremos que Jesus Cristo, pelos Seus sofrimentos, pelo derramamento do Seu próprio sangue e pela Sua morte na Cruz, fez uma expiação completa para todo o pecado humano; que esta Expiação é a única base da salvação; e que é suficiente para cada pessoa da raça de Adão. A Expiação é graciosamente eficaz para a salvação daqueles que são incapazes de assumir a responsabilidade moral e para as crianças na idade da inocência mas, para aqueles que são moralmente responsáveis, somente é eficaz quando se arrependem e creem.

> Isaías 53:5-6, 11; Marcos 10:45; Lucas 24:46-48; João 1:29; 3:14-17; Actos 4:10-12; Romanos 3:21-26; 4:17-25; 5:6-21; 1 Corintios 6:20; 2 Coríntios 5:14-21; Gálatas 1:3-4; 3:13-14; Colossenses 1:19-23; 1 Timóteo 2:3-6; Tito 2:11-14; Hebreus 2:9; 9:11-14; 13:12; 1 Pedro 1:18-21; 2:19-25; 1 João 2:1-2

VII. Graça Preveniente

7. Cremos que a graça de Deus através de Jesus Cristo é concedida livremente a todas as pessoas, capacitando todas as que querem arrepender-se do pecado para a justiça, crendo em Jesus Cristo para perdão e purificação do pecado, seguindo as boas obras agradáveis e aceitáveis à Sua vista. Cremos também que a criação da raça humana à imagem de Deus inclui a capacidade de escolher entre o bem e o mal e que assim, seres humanos foram feitos moralmente responsáveis; que pela queda de Adão se tornaram depravados, de maneira que agora não podem voltar nem reabilitar-se à fé e à invocação de Deus pelas suas próprias forças e obras.

> A imagem de Deus e a responsabilidade moral: Génesis 1:26-27; 2:16-17; Deuteronómio 28:1-2; 30:19; Josué 24:15; Salmos 8:3-5; Isaías 1:8-10; Jeremias 31:29-30; Ezequiel 18:1-4; Miqueias 6:8; Romanos 1:19-20; 2:1-16; 14:7-12; Gálatas 6:7-8
>
> Incapacidade natural: Job 14:4; 15:14; Salmos 14:1-4; 51:5; João 3:6a; Romanos 3:10-12; 5:12-14, 20a; 7:14-25
>
> Graça gratuita e obras de fé: Ezequiel 18:25-26; João 1:12-13; 3:6b; Actos

CONSTITUIÇÃO DA IGREJA

5:31; Romanos 5:6-8, 18; 6:15-16, 23; 10:6-8; 11:22; 1 Coríntios 2:9-14; 10:1-12; 2 Coríntios 5:18-19; Gálatas 5:6; Efésios 2:8-10; Filipenses 2:12-13; Colossenses 1:21-23; 2 Timóteo 4:10a; Tito 2:11-14; Hebreus 2:1-3; 3:12-15; 6:4-6; 10:26-31; Tiago 2:18-22; 2 Pedro 1:10-11; 2:20-22

VIII. Arrependimento

A Assembleia Geral de 2017 adoptou mudanças constitucionais nesta secção. Estas mudanças estavam no processo de ratificação pelas assembleias distritais à data da publicação deste documento. O itálico indica palavras novas e os parêntesis rectos indicam palavras removidas.

8. Cremos que o Espírito de Deus dá a todos os que quiserem arrepender-se a ajuda gratuita da penitência do coração e a esperança da misericórdia, a fim de que possam crer para o perdão e para a vida espiritual. O arrependimento, que é uma sincera e completa mudança da mente no que diz respeito ao pecado, incluindo um sentimento de culpa pessoal e um afastamento voluntário do pecado, é exigido a todos aqueles que, por acto ou propósito, se fazem pecadores contra Deus.

Cremos que todas as pessoas podem cair da graça e apostatar-se e, a menos que se arrependam dos seus pecados, ficarão irremediável e eternamente perdidas. Cremos que as pessoas regeneradas não precisam voltar a pecar, mas podem viver numa comunhão inquebrável com Deus, através do poder e da habitação do Espírito Santo, que testifica com o nosso espírito que somos filhos(as) de Deus.

2 Crónicas 7:14; Salmos 32:5-6; 51:1-17; Isaías 55:6-7; Jeremias 3:12-14; Ezequiel 18:30-32; 33:14-16; Marcos 1:14-15; Lucas 3:1-14; 13:1-5; 18:9-14; Actos 2:38; 3:19; 5:31; 17:30-31; 26:16-18; Romanos 2:4; 2 Coríntios 7:8-11; 1 Tessalonicenses 1:9; 2 Pedro 3:9

IX. Justificação, Regeneração e Adopção

9. Cremos que a justificação é aquele acto gracioso e judicial de Deus, pelo qual Ele concede pleno perdão de toda a culpa, a remissão completa da pena pelos pecados cometidos e a aceitação como justos de todos aqueles que creem em Jesus Cristo e O recebem como Senhor e Salvador.

9.1. Cremos que a regeneração, ou o novo nascimento, é aquela obra da graça de Deus pela qual a natureza moral do crente arrependido é despertada espiritualmente, recebendo uma vida distintamente espiritual, capaz de fé, amor e obediência.

9.2. Cremos que a adopção é aquele acto gracioso de Deus pelo qual o(a) crente justificado(a) e regenerado(a) se constitui um(a) filho(a) de Deus.

9.3. Cremos que a justificação, a regeneração e a adopção são simultâneas na experiência daqueles que buscam a Deus e são recebidas pela fé, precedidas pelo arrependimento; e que o Espírito Santo testifica desta obra e estado de graça.

Lucas 18:14; João 1:12-13; 3:3-8; 5:24; Actos 13:39; Romanos 1:17; 3:21-26, 28; 4:5-9, 17-25; 5:1, 16-19; 6:4; 7:6; 8:1, 15-17; 1 Coríntios 1:30; 6:11; 2 Coríntios 5:17-21; Gálatas 2:16-21; 3:1-14, 26; 4:4-7; Efésios 1:6-7; 2:1, 4-5; Filipenses 3:3-9; Colossenses 2:13; Tito 3:4-7; 1 Pedro 1:23; 1 João 1:9; 3:1-2, 9; 4:7; 5:1, 9-13, 18

X. Santidade Cristã e Inteira Santificação

10. Cremos que a santificação é a obra de Deus, que transforma os crentes, tornando-os semelhantes a Cristo. Ela é efectuada pela graça de Deus, através do Espírito Santo na santificação inicial, ou regeneração (simultânea com a justificação), na inteira santificação, na obra contínua de aperfeiçoamento feita pelo Espírito Santo e culminando na glorificação. Na glorificação somos plenamente conformados à imagem do Filho.

Cremos que a inteira santificação é o acto de Deus, subsequente à regeneração, pelo qual os crentes são libertados do pecado original, ou depravação, e levados a um estado de inteira devoção a Deus e à santa obediência do amor tornado perfeito.

É operada pelo baptismo com, ou enchimento do Espírito Santo e envolve, numa só experiência, a purificação do coração do pecado e a presença íntima e permanente do Espírito Santo, capacitando o(a) crente para a vida e o serviço.

A inteira santificação é provida pelo sangue de Jesus, realizada instantaneamente pela graça mediante a fé, precedida pela inteira consagração; e desta obra e estado de graça o Espírito Santo testifica.

Esta experiência é também conhecida por vários termos que representam diferentes aspectos dela, tais como: "perfeição cristã," "perfeito amor," "pureza de coração," "baptismo com, ou enchimento do Espírito Santo," "plenitude da bênção," e "santidade cristã."

10.1 Cremos que há uma distinção bem definida entre um coração puro e um carácter maduro. O primeiro é obtido instantaneamente, como resultado da inteira santificação; o último resulta do crescimento na graça.

Cremos que a graça da inteira santificação inclui o impulso divino para crescer na graça como um discípulo à semelhança de Cristo. Contudo, este impulso deve ser conscientemente cultivado; e deve ser dada cuidadosa atenção aos requisitos e processos de desenvolvimento espiritual e avanço no carácter e personalidade semelhantes a Cristo. Sem tal esforço intencional, o testemunho do(a) crente pode ser enfraquecido e a própria graça comprometida e mesmo perdida.

Pela participação nos meios da graça, nomeadamente a comunhão, as disciplinas e os sacramentos da Igreja, os crentes crescem na graça e no pleno amor a Deus e ao próximo.

Jeremias 31:31-34; Ezequiel 36:25-27; Malaquias 3:2-3; Mateus 3:11-12;

CONSTITUIÇÃO DA IGREJA 23

Lucas 3:16-17; João 7:37-39; 14:15-23; 17:6-20; Actos 1:5; 2:1-4; 15:8-9; Romanos 6:11-13, 19; 8:1-4, 8-14; 12:1-2; 2 Coríntios 6:14-7:1; Gálatas 2:20; 5:16-25; Efésios 3:14-21; 5:17-18, 25-27; Filipenses 3:10-15; Colossenses 3:1-17; 1 Tessalonicenses 5:23-24; Hebreus 4:9-11; 10:10-17; 12:1-2; 13:12; 1 João 1:7, 9

"Perfeição cristã," "perfeito amor": Deuteronómio 30:6; Mateus 5:43-48; 22:37-40; Romanos 12:9-21; 13:8-10; 1 Coríntios 13; Filipenses 3:10-15; Hebreus 6:1; 1 João 4:17-18

"Pureza de coração": Mateus 5:8; Actos 15:8-9; 1 Pedro 1:22; 1 João 3:3

"Baptismo com o Espírito Santo": Jeremias 31:31-34; Ezequiel 36:25-27; Malaquias 3:2-3; Mateus 3:11-12; Lucas 3:16-17; Actos 1:5; 2:1-4; 15:8-9

"Plenitude da bênção": Romanos 15:29

"Santidade cristã": Mateus 5:1-7:29; João 15:1-11; Romanos 12:1-15:3; 2 Coríntios 7:1; Efésios 4:17-5:20; Filipenses 1:9-11; 3:12-15; Colossenses 2:20-3:17; 1 Tessalonicenses 3:13; 4:7-8; 5:23; 2 Timóteo 2:19-22; Hebreus 10:19-25; 12:14; 13:20-21; 1 Pedro 1:15-16; 2 Pedro 1:1-11; 3:18; Judas 20-21

XI. A Igreja

11. Cremos na Igreja, a comunidade que confessa Jesus Cristo como Senhor, o povo da aliança de Deus feito novo em Cristo, o Corpo de Cristo congregado pelo Espírito Santo através da Palavra.

Deus chama a Igreja a expressar a sua vida na unidade e comunhão do Espírito; na adoração através da pregação da Palavra, na observação dos sacramentos e no ministério em Seu nome; pela obediência a Cristo, viver santo e responsabilização mútua.

A missão da Igreja no mundo é a de participar no ministério de redenção e reconciliação de Cristo, no poder do Espírito. A igreja cumpre a sua missão fazendo discípulos através do evangelismo, ensino, compaixão, promoção da justiça, e dando testemunho do reino de Deus.

A Igreja é uma realidade histórica que se organiza em moldes culturalmente condicionados; existe não só como congregações locais, mas ainda como um corpo universal; também separa pessoas chamadas por Deus para ministérios específicos. Deus chama a Igreja para viver sob o Seu governo, em antecipação à consumação da vinda do nosso Senhor Jesus Cristo.

Êxodo 19:3; Jeremias 31:33; Mateus 8:11; 10:7; 16:13-19, 24; 18:15-20; 28:19-20; João 17:14-26; 20:21-23; Actos 1:7-8; 2:32-47; 6:1-2; 13:1; 14:23; Romanos 2:28-29; 4:16; 10:9-15; 11:13-32; 12:1-8; 15:1-3; 1 Coríntios 3:5-9; 7:17; 11:1, 17-33; 12:3, 12-31; 14:26-40; 2 Coríntios 5:11-6:1; Gálatas 5:6, 13-14; 6:1-5, 15; Efésios 4:1-17; 5:25-27; Filipenses 2:1-16; 1 Tessalonicenses 4:1-12; 1 Timóteo 4:13; Hebreus 10:19-25; 1 Pedro 1:1-2, 13; 2:4-12, 21; 4:1-2, 10-11; 1 João 4:17; Judas 24; Apocalipse 5:9-10

XII. Baptismo

12. Cremos que o baptismo cristão, ordenado pelo nosso Senhor, é um sacramento que significa a aceitação dos benefícios da expiação e a inclusão no Corpo de Cristo. O baptismo é um meio da graça que proclama a fé em Cristo Jesus como Salvador. É para ser administrado a crentes, indicando o seu firme propósito de obediência à santidade e justiça. Como participantes da nova aliança, as crianças de tenra idade e os moralmente inocentes podem ser baptizados a pedido dos pais ou tutores. A igreja garantirá o treinamento cristão. O baptismo pode ser administrado por aspersão, afusão ou imersão.

Mateus 3:1-7; 28:16-20; Actos 2:37-41; 8:35-39; 10:44-48; 16:29-34; 19:1-6; Romanos 6:3-4; Gálatas 3:26-28; Colossenses 2:12; 1 Pedro 3:18-22

XIII. A Ceia do Senhor

13. Cremos que a Ceia de Comunhão instituída pelo nosso Senhor e Salvador Jesus Cristo é um sacramento, que proclama a Sua vida, sofrimentos, morte sacrifical, ressurreição e a esperança da Sua segunda vinda. A Ceia do Senhor é um meio da graça em que Cristo está presente pelo Espírito. Todos são convidados a participar pela fé em Cristo e a ser renovados na vida, salvação e na unidade como Igreja. Todos devem chegar em reverente apreço pelo seu significado e através dela proclamar a morte do Senhor até que Ele venha. Aqueles que têm fé em Cristo e amor pelos santos são convidados por Cristo a participar tão frequentemente quanto possível.

Êxodo 12:1-14; Mateus 26:26-29; Marcos 14:22-25; Lucas 22:17-20; João 6:28-58; 1 Coríntios 10:14-21; 11:23-32

XIV. Cura Divina

14. Cremos na doutrina bíblica da cura divina e exortamos o nosso povo a oferecer a oração da fé para a cura dos doentes. Cremos também, que Deus cura através dos meios da ciência médica.

2 Reis 5:1-19; Salmos 103:1-5; Mateus 4:23-24; 9:18-35; João 4:46-54; Actos 5:12-16; 9:32-42; 14:8-15; 1 Coríntios 12:4-11; 2 Coríntios 12:7-10; Tiago 5:13-16

XV. Segunda Vinda de Cristo

15. Cremos que o Senhor Jesus Cristo voltará outra vez; que nós, os que estivermos vivos na Sua vinda, não precederemos aqueles que morreram em Cristo Jesus; mas que, se permanecermos n'Ele, seremos arrebatados com os santos ressuscitados para encontrarmos o Senhor nos ares, de sorte que estaremos para sempre com o Senhor.

Mateus 25:31-46; João 14:1-3; Actos 1:9-11; Filipenses 3:20-21; 1 Tessalonicenses 4:13-18; Tito 2:11-14; Hebreus 9:26-28; 2 Pedro 3:3-15; Apocalipse 1:7-8; 22:7-20

XVI. Ressurreição, Juízo e Destino

16. Cremos na ressurreição dos mortos, que tanto os corpos dos justos como dos injustos serão ressuscitados e unidos com os seus espíritos – "os que tiverem feito o bem, para a ressurreição da vida; e os que tiverem feito o mal, para a ressurreição da condenação."

16.1 Cremos no juízo vindouro, no qual cada pessoa terá de comparecer diante de Deus, para ser julgada segundo as suas obras nesta vida.

16.2 Cremos que uma vida gloriosa e eterna é assegurada a todos aqueles que creem em Jesus Cristo, nosso Senhor, para salvação e O seguem obedientemente; e que os que são impenitentes até ao fim sofrerão eternamente no inferno.

Génesis 18:25; 1 Samuel 2:10; Salmos 50:6; Isaías 26:19; Daniel 12:2-3; Mateus 25:31-46; Marcos 9:43-48; Lucas 16:19-31; 20:27-38; João 3:16-18; 5:25-29; 11:21-27; Actos 17:30-31; Romanos 2:1-16; 14:7-12; 1 Coríntios 15:12-58; 2 Coríntios 5:10; 2 Tessalonicenses 1:5-10; Apocalipse 20:11-15; 22:1-15

A IGREJA

I. A Igreja Universal

17. A Igreja de Deus é constituída por todas as pessoas espiritualmente regeneradas, cujos nomes estão escritos no Céu.

II. As Igrejas Individuais

18. As igrejas individuais são constituídas pelas pessoas regeneradas que, por permissão providencial e direcção do Espírito Santo, se associam para comunhão santa e ministérios.

III. A Igreja do Nazareno

19. A Igreja do Nazareno compõe-se daqueles que voluntariamente se associam segundo as doutrinas e forma de governo da dita igreja e procuram a santa comunhão cristã, a conversão de pecadores, a inteira santificação dos crentes, a sua edificação em santidade e a simplicidade e o poder espiritual manifestos na Igreja Neo-Testamentária, juntamente com a pregação do Evangelho a toda a criatura.

IV. Declaração de Fé Convencionada

20. Reconhecendo que o direito e privilégio de alguém ser membro de uma igreja se baseia no facto da sua regeneração, requereremos somente uma declaração de fé inerente à experiência cristã. Julgamos, portanto, que será suficiente crer nas seguintes breves declarações. Cremos:

20.1 Que há um só Deus—o Pai, Filho e Espírito Santo.

20.2 Que as Escrituras do Antigo e do Novo Testamentos, dadas por inspiração plenária, contêm toda a verdade necessária à fé e à vida cristã.

20.3 Que todo o ser humano nasce com uma natureza corrompida e é, portanto, inclinado para o mal, e isto continuamente.

20.4 Que aquele que continua impenitente até ao fim ficará irremediável e eternamente perdido.

20.5 Que a expiação mediante Jesus Cristo é para toda a raça humana; e que aquele que se arrepende e n'Ele crê é justificado, regenerado e salvo do domínio do pecado.

20.6 Que os crentes, depois da regeneração, deverão ser inteiramente santificados pela fé no Senhor Jesus Cristo.

20.7 Que o Espírito Santo testifica do novo nascimento e também da inteira santificação dos crentes.

20.8 Que o nosso Senhor voltará, os mortos serão ressuscitados e se realizará o juízo final.

V. Pacto de Carácter Cristão

21. A identificação com a Igreja visível é o privilégio bendito e dever sagrado de todos quantos estão salvos dos seus pecados e buscam ser completos em Cristo Jesus. É exigido de todos os que desejem unir-se à Igreja do Nazareno, e assim andar em comunhão connosco, que mostrem evidência de salvação dos seus pecados por um comportamento santo e piedade vital; que estejam, ou ardentemente desejem estar, purificados de todo o pecado inato; e que deem evidência da sua entrega a Deus—

21.1 PRIMEIRO. Fazendo aquilo que se ordena na Palavra de Deus, que não só é a nossa regra de fé como de prática, incluindo:

(1) Amar a Deus de todo o coração, alma, entendimento e força, e ao próximo como a si mesmo (Êxodo 20:3-6; Levítico 19:17-18; Deuteronómio 5:7-10; 6:4-5; Marcos 12:28-31; Romanos 13:8-10).

(2) Trazer insistentemente à atenção dos perdidos as exigências do evangelho, convidando-os para a casa do Senhor e procurando alcançar a sua salvação (Mateus 28:19-20; Actos 1:8; Romanos 1:14-16; 2 Coríntios 5:18-20).

(3) Ser cortês para com todas as pessoas (Efésios 4:32; Tito 3:2; 1 Pedro 2:17; 1 João 3:18).

(4) Ser útil àqueles que também são da fé, apoiando uns aos outros em amor (Romanos 12:13; Gálatas 6:2, 10; Colossenses 3:12-14).

(5) Procurar fazer o bem aos corpos e às almas das pessoas; alimentando os famintos, vestindo os nus, visitando os doentes e os presos, ministrando aos necessitados, conforme permitirem

CONSTITUIÇÃO DA IGREJA

as oportunidades e bens (Mateus 25:35-36; 2 Coríntios 9:8-10; Gálatas 2:10; Tiago 2:15-16; 1 João 3:17-18).

(6) Contribuir com dízimos e ofertas para o sustento do ministério, da igreja e da sua obra (Malaquias 3:10; Lucas 6:38; 1 Coríntios 9:14; 16:2; 2 Coríntios 9:6-10; Filipenses 4:15-19).

(7) Participar fielmente de todas as ordenanças de Deus e dos meios da graça, incluindo a adoração pública de Deus (Hebreus 10:25), o ministério da Palavra (Actos 2:42), o sacramento da Ceia do Senhor (1 Coríntios 11:23-30); examinar as Escrituras e meditar nelas (Actos 17:11; 2 Timóteo 2:15; 3:14-16); fazer devoções familiares e pessoais (Deuteronómio 6:6-7; Mateus 6:6).

21.2 SEGUNDO. Evitando o mal de toda a espécie, incluindo:

(1) Tomar o nome de Deus em vão (Êxodo 20:7; Levítico 19:12; Tiago 5:12).

(2) Profanar o dia do Senhor participando em actividades seculares desnecessárias, entregando-se a práticas que violam a sua santidade (Êxodo 20:8-11; Isaías 58:13-14; Marcos 2:27-28; Actos 20:7; Apocalipse 1:10).

(3) Praticar a imoralidade sexual, tal como relações pré-matrimoniais ou extra-matrimoniais, ou relações do mesmo sexo; perversões de qualquer forma, frouxidão e conduta imprópria (Génesis 19:4-11; Êxodo 20:14; Levítico 18:22; 20:13; Mateus 5:27-32; Romanos 1:26-27; 1 Coríntios 6:9-11; Gálatas 5:19; 1 Tessalonicenses 4:3-7; 1 Timóteo 1:10).

(4) Cultivar hábitos ou práticas que se sabe serem prejudiciais ao bem-estar físico e mental. Os cristãos devem considerar-se templos do Espírito Santo. (Provérbios 20:1; 23:1-3; 1 Coríntios 6:17-20; 2 Coríntios 7:1; Efésios 5:18).

(5) Disputar, pagar o mal com o mal, envolver-se em mexericos, caluniar, divulgar suspeitas prejudiciais ao bom nome de outros (2 Coríntios 12:20; Gálatas 5:15; Efésios 4:30-32; Tiago 3:5-18; 1 Pedro 3:9-10).

(6) Ser desonesto(a), procurar lucros indevidos nos negócios, levantar falso testemunho e praticar obras semelhantes das trevas (Levítico 19:10-11; Romanos 12:17; 1 Coríntios 6:7-10).

(7) Entregar-se à vaidade de vestuário ou comportamento. O nosso povo deve vestir-se com a simplicidade e modéstia cristãs que convêm à santidade. (Provérbios 29:23; 1 Timóteo 2:8-10; Tiago 4:6; 1 Pedro 3:3-4; 1 João 2:15-17).

(8) Entreter-se com música, literatura e divertimentos que desonram a Deus (1 Coríntios 10:31; 2 Coríntios 6:14-17; Tiago 4:4).

21.3 TERCEIRO. Permanecendo em comunhão sincera com a igreja, não invectivando contra as suas doutrinas e costumes, mas estando-lhes totalmente submetido e activamente envolvido na sua confirmação e expansão (Efésios 2:18-22; 4:1-3, 11-16; Filipenses 2:1-8; 1 Pedro 2:9-10).

ARTIGOS DE ORGANIZAÇÃO E GOVERNO

Artigo I. Forma de Governo

22. A Igreja do Nazareno tem uma forma representativa de governo.

22.1 Concordamos que existem três entidades legislativas na estrutura da Igreja do Nazareno: local, distrital e geral. As regiões servem como entidades administrativas para estratégia missionária e implementação.

22.2 Concordamos que é necessário haver uma superintendência que complemente e auxilie a igreja local no cumprimento da sua missão e objectivos. A superintendência deve encorajar, motivar, administrar e dar assistência quanto a métodos, organizar e estimular a organização de novas igrejas e missões por toda a parte.

22.3 Concordamos que a autoridade concedida aos superintendentes não interferirá com a acção independente de uma igreja organizada. Cada igreja terá o direito de escolher o(a) seu/sua próprio(a) pastor(a), de acordo com as normas de aprovação que a Assembleia Geral julgue razoável estabelecer. Cada igreja também elegerá delegados às diversas assembleias, administrará as suas próprias finanças e encarregar-se-á de todas as outras questões respeitantes à sua vida e obra locais.

Artigo II. Igrejas Locais

23. A lista de membros de uma igreja local será composta de todos quantos tenham sido organizados como igreja, por quem de direito, e que tenham sido publicamente recebidos por autoridade competente, depois de declararem a sua experiência de salvação, a sua crença nas nossas doutrinas e a disposição de se submeterem ao nosso governo. (100-107)

Artigo III. Assembleias Distritais

24. A Assembleia Geral organizará a lista de membros da igreja em Assembleias Distritais, dando-lhes a representação leiga e ministerial que julgue apropriada e justa, e determinará as qualificações de tais representantes, salvaguardando contudo, que todos os ministros ordenados designados são membros da Assembleia Distrital que representam. A Assembleia Geral também definirá as atribuições e responsabilidades das Assembleias Distritais. (200-207.6)

CONSTITUIÇÃO DA IGREJA

Artigo IV. A Assembleia Geral

25. Como Será Composta. A Assembleia Geral será composta pelos delegados ministeriais e leigos em igualdade numérica, eleitos pelas Assembleias Distritais da Igreja do Nazareno; pelos membros ex officio conforme indicado de tempos a tempos pela Assembleia Geral; e pelos delegados conforme for estabelecido pela Assembleia Geral.

25.1 Eleição de Delegados. A Assembleia Distrital elegerá um número igual de delegados ministeriais e leigos à Assembleia Geral, por pluralidade de votos, devendo os delegados ministeriais ser ministros ordenados designados da Igreja do Nazareno. A eleição ocorrerá dentro dos 16 meses anteriores à reunião da Assembleia Geral, ou dentro de 24 meses em áreas onde sejam necessários preparativos extraordinários ou obtenção de vistos. Cada distrito de Fase 3 tem direito a pelo menos um(a) delegado(a) ministerial e um leigo, bem como tantos delegados adicionais a que tiver direito, de acordo com o número de membros, segundo a base de representação fixada pela Assembleia Geral. Cada distrito elegerá delegados suplentes cujo número não exceda o dobro de delegados titulares. Nas situações em que a obtenção de vistos de viagem é problemática, uma Assembleia Distrital poderá autorizar a Junta Consultiva a seleccionar delegados suplentes adicionais. (205.23, 301-301.1)

25.2 Credenciais. O secretário de cada Assembleia Distrital providenciará certificados de eleição para os diferentes delegados e suplentes eleitos à Assembleia Geral, e também enviará certificados dessas eleições ao secretário geral da Igreja do Nazareno, imediatamente após o encerramento da Assembleia Distrital.

25.3 Quorum. Em qualquer reunião da Assembleia Geral, o quorum será a maioria dos delegados votantes que se tenham registado no local junto da Comissão de Credenciais da Assembleia Geral. Uma vez alcançado um "quorum", um número inferior poderá aprovar a acta não aprovada, e encerrar a reunião.

25.4 Superintendentes Gerais. A Assembleia Geral elegerá por escrutínio secreto, entre os presbíteros da Igreja do Nazareno, seis superintendentes gerais, que constituirão a Junta de Superintendentes Gerais. Qualquer vaga no ofício de superintendente geral, que ocorra no intervalo entre as Assembleias Gerais, será preenchida através da eleição dos candidatos necessários mediante votação de dois terços dos membros da Junta Geral da Igreja do Nazareno. (305.2, 316)

25.5 Oficiais Presidentes. Um superintendente geral, indicado pela Junta de Superintendentes Gerais, presidirá as reuniões diárias da Assembleia Geral. Caso nenhum superintendente geral seja assim nomeado ou esteja presente, a Assembleia

Geral elegerá um dos seus membros como oficial presidente temporário. (300.1)

25.6 Regras de Ordem. A Assembleia Geral adoptará Regras de Ordem que governem a sua forma de organização, procedimento, comissões e todas as demais questões relativas à condução correcta das suas actividades. Ela ratificará a eleição dos seus próprios membros. (300.2-300.3)

25.7 Tribunal Geral de Apelações. A Assembleia Geral elegerá, dentre os membros da Igreja do Nazareno, um Tribunal Geral de Apelações e definirá a sua jurisdição e poderes. (305.7)

25.8 Poderes e Restrições.

(1) A Assembleia Geral terá o poder de legislar para a Igreja do Nazareno e de estabelecer regras e regulamentos para todos os departamentos que com ela estejam relacionados ou associados a qualquer nível, desde que não entrem em conflito com esta Constituição. (300, 305-305.8)

(2) Nenhuma igreja local será destituída do direito de chamar o(a) seu/sua próprio(a) pastor(a), dependendo a sua aprovação das normas que a Assembleia Geral julgue razoável estabelecer. ((115)

(3) Todas as igrejas locais, oficiais, ministros e leigos terão sempre o direito a um julgamento justo e correctamente organizado, assim como o direito de apelar.

EMENDAS

26. As provisões desta Constituição poderão ser revogadas ou emendadas por dois terços dos votos dos membros presentes e votantes da Assembleia Geral e posteriormente ratificadas por não menos de dois terços de todas as Assembleias Distritais da Igreja do Nazareno dos Distritos de Fases 3 e 2. Uma votação de dois terços é exigida às Assembleias Distritais dos Distritos antes referidos, para cada um dos itens emendados da Constituição. Tanto a Assembleia Geral como qualquer Assembleia Distrital dos Distritos de Fases 3 ou 2 poderá tomar a iniciativa de propor tais emendas. Logo que estas emendas sejam adoptadas conforme aqui especificado, o resultado da votação será anunciado pela Junta de Superintendentes Gerais e essas entrarão imediatamente em vigor.

27. Resoluções emendando os Artigos de Fé (parágrafos 1—16.2) serão encaminhadas pela Assembleia Geral à Junta de Superintendentes Gerais para revisão por uma comissão de estudos, que inclua teólogos e ministros ordenados, nomeados por essa Junta, que reflicta a natureza global da nossa Igreja. A Comissão apresentará um relatório, com quaisquer recomendações ou resoluções, à Junta de Superintendentes Gerais, que reportará à Assembleia Geral seguinte.

PARTE III
O Pacto de Conduta Cristã

A VIDA CRISTÃ

SANTIDADE DA VIDA HUMANA

SEXUALIDADE HUMANA E CASAMENTO

MORDOMIA CRISTÃ

OFICIAIS DA IGREJA

REGRAS DE ORDEM

EMENDA DO PACTO DE CONDUTA CRISTÃ

A. A VIDA CRISTÃ

28. A igreja proclama alegremente as boas novas de que podemos ser libertos de todo o pecado para uma nova vida em Cristo. Pela graça de Deus, como cristãos, devemos "despojar-nos do velho homem"—os velhos padrões de conduta, bem como a velha mente carnal — e "revestir-nos do novo homem"—um novo e santo modo de viver, e a mente de Cristo.

(Efésios 4:17-24)

28.1. A Igreja do Nazareno pretende transmitir à sociedade contemporânea princípios bíblicos atemporais, de tal modo que as doutrinas e pactos da igreja possam ser conhecidos e compreendidos em muitas nações e múltiplas culturas. Aceitamos que os Dez Mandamentos, reafirmados nos ensinos de Jesus Cristo no Novo Testamento e demonstrados de forma mais completa e concisa no Grande Mandamento e Sermão da Montanha, constituem a ética cristã básica.

28.2. Reconhecemos também que há valor no conceito da consciência cristã colectiva iluminada e dirigida pelo Espírito Santo. A Igreja do Nazareno, como expressão internacional do Corpo de Cristo, está consciente da sua responsabilidade de buscar meios de particularizar a vida cristã que resulte numa ética de santidade. Os padrões éticos históricos da igreja são expressos, em parte, nos parágrafos seguintes. Devem ser observados cuidadosa e conscientemente, como orientação e auxílio para o viver santo. Os que violam a consciência da igreja fazem-no por sua conta e risco e em detrimento do testemunho da igreja. Adaptações devido a diferenças culturais devem ser encaminhadas para a Junta de Superintendentes Gerais e por ela aprovadas.

28.3. A Igreja do Nazareno crê que este novo e santo modo de viver envolve práticas, que devem ser evitadas e actos redentores de amor realizados em prol da alma, mente e corpo do nosso próximo. Uma demonstração de amor, que traz redenção, envolve o relacionamento especial que Jesus teve e ordenou que os seus discípulos tivessem, com os pobres deste mundo; a Sua Igreja deve, primeiramente, manter-se simples e livre de uma ênfase em riqueza e extravagância; em segundo lugar, dar-se a si mesma para cuidar, alimentar, vestir e abrigar os necessitados e marginalizados. Por toda a Bíblia e na vida e no exemplo de Jesus, Deus reconhece e auxilia os pobres, os oprimidos e aqueles na sociedade, que não podem ser porta-voz de si próprios. Do mesmo modo, também nós somos chamados a identificarmo-nos e a solidarizarmo-nos com os pobres. Aceitamos que o ministério de compaixão inclui actos de caridade, bem como um esforço para proporcionar oportunidade, igualdade, e justiça aos desprotegidos. Acreditamos ainda que a responsabilidade cristã a favor dos necessitados é um aspecto essencial da vida de todo o crente, que busca uma fé que opera através do amor. Cremos que a santidade cristã é inseparável do ministério aos desprotegidos e que ela leva o crente, para além da sua perfeição individual, à criação de uma sociedade e um mundo mais justos e equitativos. A santidade, longe de distanciar os crentes das pessoas com tremendas necessidades económicas, motiva-os a disponibilizar os seus recursos de modo a mitigar tais necessidades e a ajustar as suas dificuldades em conformidade com as privações dos outros.

(Êxodo 23:11; Deuteronómio 15:7; Salmos 41:1; 82:3; Provérbios 19:17; 21:13; 22:9; Jeremias 22:16; Mateus 19:21; Lucas 12:33; Actos 20:35; 2 Coríntios 9:6; Gálatas 2:10)

28.4. Ao enumerar as práticas a serem evitadas, reconhecemos que nenhum catálogo, por mais completo que seja, pode pretender abarcar todas as formas do mal no mundo. Portanto, é imperativo que o nosso povo procure seriamente a ajuda do Espírito para desenvolver uma sensibilidade contra o mal que transcenda a mera letra da lei, recordando a admoestação: "Julgai todas as coisas. retende o que é bom; abstende-vos de toda a forma de mal."

1 Tessalonicenses 5:21-22

28.5. Espera-se que os nossos líderes e pastores deem grande ênfase, nos nossos periódicos e dos nossos púlpitos, a verdades bíblicas fundamentais que desenvolvam a faculdade de discernir entre o bem e o mal.

28.6. A educação é de maior importância para o bem-estar social e espiritual da sociedade. Organizações e instituições educativas nazarenas, tais como Escolas Dominicais, escolas (da creche à secundária), centros de cuidado infantil, centros de apoio a adultos, faculdades e seminários, têm como alvo ensinar os princípios bíblicos e padrões éticos a crianças, jovens e adultos, de tal modo que as nossas doutrinas possam ser conhecidas. Esta prática pode ser exercida em vez de, ou em adição às escolas públicas. A educação de origem secular deve ser complementada pelo ensino da santidade no lar. Os cristãos devem também ser encorajados a trabalhar nessas instituições públicas e junto delas darem o seu testemunho influenciando-as para o reino de Deus.

(Mateus 5:13-14)

29. Entendemos especificamente que as seguintes práticas devem ser evitadas:

29.1. Diversões que subvertam a ética cristã. O nosso povo, tanto individualmente como as famílias cristãs, deve reger-se por três princípios. Primeiro, a mordomia cristã do tempo livre/de lazer. Segundo, o reconhecimento do dever cristão de aplicar à vida cristã os mais elevados padrões morais. Porque vivemos dias de grande confusão moral, em que enfrentamos a possível infiltração dos males actuais nos recintos sagrados dos nossos lares, através de vários meios, tais como literatura, rádio, televisão, computadores de uso pessoal e internet, é essencial que observemos a mais rígida protecção para evitar que os nossos lares se tornem secularizados e mundanos. Contudo, aceitamos que o entretenimento, que apoia e encoraja o viver santo, afirma valores bíblicos e fortalece a santidade dos votos do casamento e a exclusividade do pacto matrimonial, deve ser assegurado e estimulado. Encorajamos, especialmente os nossos jovens a usarem os seus dons nos meios de comunicação social e das artes para influenciarem positivamente esta parte dominante da cultura. O terceiro princípio é o dever de testificar contra tudo quanto trivialize ou blasfeme contra Deus, bem assim males sociais como a violência, a sensualidade, a pornografia, a profanidade e o ocultismo, conforme apresentados pelas indústrias comerciais de diversão nas suas inúmeras formas; empenhar-se na extinção de empresas conhecidas como patrocinadoras desse tipo de diversões. Isto incluirá evitar todos os tipos de diversão e meios de comunicação social que produzem, promovem ou destacam o violento, o sensual, o pornográfico, o profano ou o ocultismo; que espelham ou embelezam as filosofias mundanas do secularismo, sensualismo e materialismo, e assim corroem os padrões divinos de santidade de coração e vida.

Assim torna-se necessário o ensino e a pregação destes padrões morais do viver cristão, e que o nosso povo seja instruído a discernir em oração a escolha contínua do "caminho elevado" do viver santo. Por isso, exortamos os nossos líderes e pastores a darem ênfase vigorosa, nos nossos periódicos e dos nossos púlpitos, a verdades fundamentais, que desenvolvam o princípio da distinção entre o bem e o mal que se encontram nesses meios de comunicação.

Sugerimos que as bases desse ensino sejam formadas pelo padrão dado a João Wesley por sua mãe, nomeadamente: "Tudo o que enfraqueça a tua razão, diminua a sensibilidade da tua consciência, obscureça a tua percepção de Deus ou atenue o teu gosto pelas coisas espirituais; tudo o que aumente a autoridade do teu corpo sobre a mente, isso para ti é pecado". (28.2-28.4, 926-931)

(Romanos 14:7-13; 1 Coríntios 10:31-33; Efésios 5:1-18; Filipenses 4:8-9; 1 Pedro 1:13-17; 2 Pedro 1:3-11)

29.2. Lotarias e outras formas de jogos de azar, quer sejam legais ou ilegais. A igreja entende que o resultado final destas práticas é nocivo tanto ao indivíduo como à sociedade.

(Mateus 6:24-34; 2 Tessalonicenses 3:6-13; 1 Timóteo 6:6-11; Hebreus 13:5-6; 1 João 2:15-17)

29.3. Ser membro de ordens ou sociedades secretas sujeitas a juramento, e outras tais como a Maçonaria. A natureza quase religiosa de tais organizações dilui a lealdade do cristão, e o caráter secreto das mesmas opõe-se ao testemunho público cristão. Este assunto será considerado em conjunto com o parágrafo 112.1 no que se refere a membros da igreja.

(1 Coríntios 1:26-31; 2 Coríntios 6:14-7:1; Efésios 5:11-16; Tiago 4:4; 1 João 2:15-17)

29.4. Todas as formas de dança que desviam do crescimento espiritual e destroem a inibição moral e recato apropriados.

(Mateus 22:36-39; Romanos 12:1-2; 1 Coríntios 10:31-33; Filipenses 1:9-11; Colossenses 3:1-17)

29.5. O uso, como bebida, de líquidos embriagantes, ou o seu comércio; exercer influência ou votar a favor da existência de lugares para a venda de tais bebidas; o uso de drogas ilícitas ou o seu comércio; o uso do tabaco, em qualquer das suas formas, ou o seu comércio.

À luz das Escrituras Sagradas e da experiência humana quanto às consequências nocivas do uso do álcool como bebida, e tendo em conta as descobertas da ciência médica quanto ao efeito prejudicial do álcool e do tabaco ao corpo e à mente, a nossa posição e prática, como uma comunidade de fé empenhada no alcance duma vida santa, é a abstinência, em vez da moderação. As Escrituras Sagradas ensinam que o nosso corpo é o templo do Espírito Santo. Como demonstração de amor e por consideração por nós mesmos e os demais, pedimos ao nosso povo abstinência total de todos os inebriantes.

Além disso, a nossa responsabilidade social cristã manda que usemos quaisquer meios legítimos e legais para minimizar a acessibilidade a outros, tanto de bebidas alcoólicas como do tabaco. A vasta incidência do abuso do álcool no nosso mundo exige que assumamos uma posição, que se afirme como testemunho diante de outros indivíduos. (929-931)

(Provérbios 20:1; 23:29-24:2; Óseias 4:10-11; Habacuque 2:5; Romanos 13:8; 14:15-21; 15:1-2; 1 Coríntios 3:16-17; 6:9-12, 19-20; 10:31-33; Gálatas 5:13-14, 21; Efésios 5:18)

(Somente vinho não fermentado deve ser usado no sacramento da Ceia do Senhor.) (515.9, 532.7, 533.2, 534.1, 700)

29.6. O uso de estimulantes, depressores, alucinogénios e outros intoxicantes, sem o cuidado e prescrição médicos adequados . Tendo em conta a evidência médica descrevendo os perigos de tais substâncias, e as admoestações escriturísticas para se manter um controlo responsável da mente e do corpo, escolhemos abster-nos de intoxicantes, estimulantes e alucinogénios, a despeito da legalidade e disponibilidade de tais substâncias.

(Mateus 22:37-39; 27:34; Romanos 12:1-2; 1 Coríntios 6:19-20; 9:24-27)

B. SANTIDADE DA VIDA HUMANA

30. A Igreja do Nazareno acredita na santidade da vida humana e empenha-se em lutar contra a prática do aborto, pesquisa de células estaminais (células-tronco) em embriões humanos, eutanásia e a negação do tratamento médico justo aos fisicamente incapacitados e aos idosos.

30.1. Aborto Induzido. A Igreja do Nazareno afirma a santidade da vida humana como estabelecida por Deus o Criador, e crê que essa santidade se estende à criança que ainda não nasceu. A vida é uma dádiva de Deus. Toda a vida humana, incluindo a que está em desenvolvimento no útero materno, é criada por Deus à Sua imagem e, portanto, deve ser nutrida, cuidada e protegida. Desde o momento da concepção, a criança é um ser humano com todas as características da vida humana em desenvolvimento e, essa vida, depende totalmente da mãe para a continuidade desse desenvolvimento. Por isso, acreditamos que a vida humana precisa ser respeitada e protegida a partir do momento da sua concepção. Opomo-nos ao aborto induzido por qualquer meio, por conveniência pessoal ou controlo populacional. Opomo-nos a leis que permitam o aborto. Cientes de que há condições médicas raras, porém reais, em que a mãe e/ou a criança por nascer não poderiam sobreviver à gravidez, a interrupção só poderá ser feita após opinião médica segura e aconselhamento cristão adequado.

A oposição responsável ao aborto exige o nosso compromisso e apoio a programas destinados a proporcionar cuidados adequados às mães e às crianças. A crise de uma gravidez indesejada pede que a comunidade de crentes (representada apenas por aqueles a quem seja apropriado o conhecimento da crise) ofereça um contexto de amor, oração e aconselhamento. Em tais casos, o apoio poderá tomar a forma de centros de aconselhamento, casas para mulheres grávidas e a criação ou utilização de serviços cristãos de adopção.

A Igreja do Nazareno reconhece que, optar pelo aborto como um meio de terminar uma gravidez indesejada, muitas vezes acontece, por que se ignoraram princípios cristãos da responsabilidade sexual. Assim, a Igreja pede que as pessoas pratiquem a ética do Novo Testamento no que se refere à sexualidade humana, e que lidem com a questão do aborto situando-a no seu contexto mais vasto de princípios bíblicos, que dão orientação para se tomar uma decisão moral correcta.

(Génesis 2:7, 9:6; Êxodo 20:13; 21:12-16, 22-25; Levítico 18:21; Job 31:15; Salmos 22:9; 139:3-16; Isaías 44:2, 24; 49:5; Jeremias 1:5; Lucas 1:15, 23-25, 36-45; Actos 17:25; Romanos 12:1-2; 1 Coríntios 6:16; 7:1ss.; 1 Tessalonicenses 4:3-6)

A Igreja do Nazareno também reconhece que muitos já foram afectados pela tragédia do aborto. Desafiam-se as congregações locais e os crentes a oferecerem a mensagem do perdão de Deus às pessoas que já passaram pela experiência do aborto. As nossas congregações locais devem ser comunidades de esperança e redenção para todos os que sofrem dores físicas, emocionais e espirituais resultantes da interrupção voluntária de uma gravidez.

(Romanos 3:22-24; Gálatas 6:1)

30.2. Engenharia e Terapia Genética. A Igreja do Nazareno apoia o uso da engenharia genética para alcançar a terapia genética. Reconhecemos que a terapia genética pode levar à prevenção e cura de doenças, desordens mentais e anatómicas. Opomo-nos à utilização da engenharia genética que promova injustiça social, despreze a dignidade da pessoa ou tente alcançar superioridade racial, intelectual ou social sobre outros (Eugenia). Opomo-nos também à iniciação de estudos do ADN, cujo resultado possa encorajar ou apoiar o aborto humano, como uma alternativa para interrupção da vida antes do nascimento. Em todos os casos, humildade, respeito pela inviolabilidade da dignidade da vida humana, igualdade humana diante de Deus e a prática da misericórdia e justiça devem reger a engenharia e a terapia genéticas.

30.3. Pesquisa de Células Estaminais (Células-tronco) em Embriões Humanos e Outras Experiências Médico/Científicas que Destroem a Vida Humana após a Concepção. A Igreja do Nazareno encoraja fortemente a comunidade científica a prosseguir agressivamente os avanços na tecnologia de células estaminais (células-tronco) obtidas a partir de fontes tais como tecidos humanos adultos, placenta, sangue do cordão umbilical, fontes animais e outras fontes embrionárias não humanas. Isto tem como fim correcto a tentativa de trazer saúde para muitos, sem se violar a santidade da vida humana. A nossa posição sobre a pesquisa de células estaminais (células-tronco) em embriões humanos surge a partir da nossa afirmação de que o embrião humano é uma pessoa feita à imagem de Deus. Por isso, opomo-nos ao uso de células estaminais (células-tronco) produzidas a partir de embriões humanos para pesquisa, intervenções terapêuticas ou qualquer outro propósito.

À medida que avanços científicos disponibilizam novas tecnologias, apoiamos fortemente esta pesquisa quando ela não viola a santidade da vida humana ou qualquer outra lei moral ou bíblica. Contudo, opomo-nos à destruição do embrião humano, que tire a vida de um ser humano após a concepção, para qualquer propósito e qualquer tipo de pesquisa. Coerente com este ponto de vista, opomo-nos ao uso, para qualquer propósito, de tecidos derivados de fetos humanos abortados.

30.4. Clonagem Humana. Opomo-nos à clonagem de um ser humano. A humanidade é valorizada por Deus, que nos criou à Sua imagem, e a clonagem de um ser humano trata este ser como um objecto, negando desta forma a dignidade pessoal e o valor que nos são conferidos pelo nosso Criador.

30.5. Eutanásia (Incluindo Suicídio Medicamente Assistido). Cremos que a eutanásia (morte intencional, com o propósito de pôr fim ao sofrimento de uma pessoa com uma doença terminal, ou portadora de uma doença degenerativa e incurável, mas que não está ameaçada de fim de vida imediato) é incompatível com a fé cristã.

Isto aplica-se quer no caso em que a eutanásia é requerida ou consentida pela pessoa com doença terminal (eutanásia voluntária), ou quando a pessoa, em estado terminal, não está mentalmente capacitada para dar o seu consentimento (eutanásia involuntária). Acreditamos que a rejeição histórica da eutanásia pela Igreja cristã é confirmada pelas convicções cristãs derivadas da Bíblia e que são fundamentais à confissão de fé da Igreja em Jesus Cristo, como Senhor. Ao reivindicar o senhorio da pessoa sobre si mesma, a eutanásia viola a confiança cristã em Deus, como Senhor soberano da vida; viola também o nosso papel como mordomos diante de Deus; contribui para a erosão do valor que a Bíblia coloca na vida e comunidade humanas; dá demasiada importância à cessação do sofrimento; e evidencia a arrogância humana diante de um Deus graciosamente soberano. Desafiamos o nosso povo a opor-se veementemente a todos os esforços de legalização da eutanásia.

30.6. Permitindo Morrer. Cremos que, quando a morte humana é iminente, tanto o não iniciar como o retirar de sistemas artificiais de apoio à vida, são permitidos dentro dos limites da fé e prática cristãs. Esta posição aplica-se a pessoas que estejam num persistente estado vegetativo e àquelas em que a aplicação de meios extraordinários para o prolongamento da vida não traz nenhuma esperança razoável de retorno à saúde. Cremos que, quando a morte é iminente, nada na fé cristã requer que o processo de morrer seja artificialmente adiado. Como cristãos confiamos na fidelidade de Deus e temos a esperança da vida eterna. Isto faz com que os cristãos aceitem a morte como uma expressão de fé em Cristo, que venceu a morte no nosso lugar e retirou-lhe a vitória.

C. SEXUALIDADE HUMANA E CASAMENTO

31. A Igreja do Nazareno vê a sexualidade humana como uma expressão da santidade e da beleza pretendidas por Deus, o

O PACTO DE CONDUTA CRISTÃ

Criador. Todos os humanos são seres criados à imagem de Deus, e portanto, de inestimável valor e dignidade. Como resultado disto, acreditamos que a sexualidade humana destina-se a incluir mais que a experiência sensual: é uma dádiva de Deus designada para reflectir na íntegra a qualidade física e relacional com que fomos criados.

Enquanto povo de santidade, a Igreja do Nazareno afirma que o corpo humano é importante para Deus. Como cristãos somos chamados e capacitados pela obra transformadora e santificadora do Espírito Santo para glorificar a Deus em e com os nossos corpos. Os nossos sentidos, o nosso apetite sexual, a nossa capacidade de experimentar prazer e o desejo de nos conectarmos com uma outra pessoa, são formados a partir do próprio carácter de Deus. Os nossos corpos são bons, muito bons.

Afirmamos e cremos num Deus, cuja criação é um acto de amor. Tendo experimentado Deus como santo amor, entendemos a Trindade como sendo uma união de amor entre Pai, Filho e Espírito Santo. Portanto, somos feitos com um anseio de nos unirmos a outras pessoas na essência do nosso ser. Esse anseio é finalmente satisfeito quando vivemos num relacionamento de aliança com Deus, com a criação e amando ao próximo como a nós mesmos. A nossa criação como seres sociais é boa e bela. Reflectimos a imagem de Deus na nossa capacidade e no desejo de nos relacionarmos.

O povo de Deus é formado como um em Cristo, uma preciosa comunidade de amor e graça. Dentro desta comunidade, os crentes são desafiados a viver como membros fiéis do corpo de Cristo. O celibato entre o povo de Deus deve ser valorizado e apoiado pela generosa comunhão da igreja e a comunhão dos santos. Viver como solteiro é envolver-se, como Jesus fez, na intimidade da comunidade, cercado por amigos, acolhendo e sendo hospitaleiro e expressando testemunho fiel.

Também dentro desta comunidade, afirmamos que alguns crentes tomam a decisão de se casarem. Como foi definido em Génesis, "deixará o varão o seu pai e a sua mãe e apegar-se-á à sua mulher, e serão ambos uma carne" (Génesis 2:24). O pacto do casamento, como reflexo da aliança entre Deus e o Seu povo, é de fidelidade sexual exclusiva, serviço altruísta e testemunho social. Uma mulher e um homem devotam-se publicamente um ao outro como sinal da forma como Deus ama. A intimidade matrimonial pretende reflectir a união de Cristo e a Igreja, um mistério da graça. Também é intenção de Deus que, nesta união sacramental, o homem e a mulher possam experimentar a alegria e o prazer da intimidade sexual e deste acto de amor íntimo, vida nova possa entrar no mundo e numa comunidade de cuidado afectuoso. O lar centrado em Cristo deve servir como local principal para a formação espiritual. A igreja deve cuidar da preparação para o casamento através do aconselhamento pré-matrimonial e de ensinamentos que denotem o aspecto sagrado do casamento.

A história das Escrituras, no entanto, também inclui o triste capítulo da desobediência humana na queda, resultando em comportamentos que elevam a auto-soberania, danificam e tornam o outro num objecto, e obscurecem o caminho do desejo humano. Como seres caídos, experimentamos este mal a todos os níveis – pessoal e colectivo. Os principados e potestades de um mundo caído saturaram-nos com mentiras sobre a nossa sexualidade. Os nossos desejos foram torcidos pelo pecado e nos viramos para nós mesmos. Também contribuímos para a ruptura da criação pela nossa escolha intencional de violar o amor de Deus e viver nos nossos próprios termos, distantes de Deus.

A nossa destruição nas áreas da sexualidade toma muitas formas, algumas devido às nossas escolhas e outras trazidas para as nossas vidas por um mundo corrompido. Porém a graça de Deus é suficiente na nossa fraqueza, bastante para trazer convicção, transformação e santificação às nossas vidas. Portanto, para que possamos resistir ao aumento dessa destruição pelo pecado e testemunhar sobre a beleza e a singularidade dos propósitos santos de Deus para os nossos corpos, acreditamos que os membros do Corpo de Cristo, capacitados pelo Espírito, podem e devem abster-se de:

- **Acto sexual fora do casamento e outras formas de relacionamento sexual inapropriadas.** Porque acreditamos que a intenção de Deus para a nossa sexualidade é que ela seja vivida dentro do pacto de união entre uma mulher e um homem, entendemos que há práticas num relacionamento que, muitas vezes, levam a fazer do outro um objecto. Em todas as suas formas, também danificam potencialmente a nossa capacidade de entrar na beleza e santidade do casamento cristão com todo o nosso ser.

- **Actividade sexual entre pessoas do mesmo sexo.** Acreditamos que a intenção de Deus é que a nossa sexualidade seja vivida dentro da união pactual entre uma mulher e um homem; por isso cremos que a prática da intimidade sexual entre pessoas do mesmo sexo é contrária à vontade de Deus para a sexualidade humana. Porquanto a atracção homossexual ou bissexual de uma pessoa possa ter origens complexas e diferentes, e a implicação do apelo à pureza sexual ser de alto custo, acreditamos que a graça de Deus é suficiente para tal apelo. Reconhecemos a responsabilidade compartilhada do Corpo de Cristo em ser uma comunidade acolhedora, que perdoa e ama, em que a hospitalidade, o encorajamento, a transformação e a responsabilidade mútua estão disponíveis para todos.

- **Relacionamentos sexuais extraconjugais.** Acreditamos que este comportamento é uma violação dos votos feitos diante de Deus e dentro do Corpo de Cristo; por isso o adultério é um acto

egoísta, uma escolha que destrói famílias e uma ofensa a Deus, que nos tem amado em pureza e devoção.
- **Divórcio.** Porque se entende que o casamento deve ser um compromisso para toda a vida, quebrar o pacto do casamento, por iniciativa pessoal ou pela escolha do cônjuge, não corresponde aos propósitos de Deus. A igreja deve fazer por preservar os laços matrimoniais onde for sábio e possível, e oferecer conselho e graça àqueles que foram feridos pelo divórcio.
- **Práticas tais como a poligamia ou poliandria.** Acreditamos que a fidelidade de Deus se reflecte no compromisso monogâmico entre marido e mulher, pelo que essas práticas destroem a fidelidade única e exclusiva pretendida no casamento.

O pecado sexual e a destruição não são apenas pessoais, mas permeiam os sistemas e estruturas do mundo. Por isso acreditamos que, à medida que a igreja dá testemunho da realidade da beleza e singularidade dos propósitos santos de Deus, ela deve abster-se e ser contra:
- **Pornografia em todas as suas formas, que é tendência para um comportamento desviado.** Transforma a pessoa em objecto para deleite sexual egocêntrico. Este hábito destrói a capacidade de amar desinteressadamente.
- **Violência sexual de qualquer forma**, incluindo o estupro, agressão sexual, bullying sexual, linguagem odiosa, abuso matrimonial, incesto, tráfico de sexo, casamento forçado, mutilação genital feminina, bestialidade, assédio sexual, abuso de menores e de outras populações vulneráveis. Todas as pessoas e sistemas que perpetuam a violência sexual transgridem o mandamento de amar e proteger o próximo. O corpo de Cristo deve ser sempre um lugar de justiça, protecção e cura para aqueles que foram e continuam a ser afectados pela violência sexual. Um menor é definido como qualquer ser humano abaixo de 18 anos, a menos que a maioridade seja atingida mais tarde de acordo com a legislação de um estado ou de um país.

Portanto afirmamos que:
- **Onde abunda o pecado superabunda a graça.** Ainda que os efeitos do pecado sejam universais e holísticos, a eficácia da graça também é universal e holística. Em Cristo, através do Espírito Santo, somos renovados à imagem de Deus. O que era velho já passou e tudo se faz novo. Ainda que a formação das nossas vidas como uma nova criação possa ser um processo gradativo, a cura de Deus é eficaz para lidar com a decadência da humanidade na área da sexualidade.
- **O corpo humano é o templo do Espírito Santo.** Afirmamos a necessidade da nossa sexualidade estar em harmonia com a vontade de Deus. Os nossos corpos não nos pertencem, mas foram sim comprados por um preço. Portanto, somos exortados a

glorificar a Deus em nossos corpos, através de uma vida submissa à obediência.
- **O povo de Deus é caracterizado por amor santo.** Afirmamos que, acima de todas as virtudes, o povo de Deus deve revestir-se de amor. O povo de Deus sempre acolheu as pessoas destroçadas nas suas reuniões. Esta hospitalidade cristã não é nem uma desculpa para desobediência individual, nem uma rejeição de participar de maneira redentora no discernimento das raízes da destruição. Restaurar os seres humanos à semelhança de Jesus requer confissão, perdão, práticas formativas, santificação e conselho divino – mas acima de tudo, inclui o acolhimento de amor que convida a pessoa destroçada para dentro do círculo da graça, conhecido como igreja. Se falharmos em confrontar honestamente o pecado e a corrupção, não estamos amando. Se falharmos em amar, não podemos participar na cura de Deus para a situação de decadência.

À medida que a igreja global recebe e ministra aos povos do nosso mundo, a aplicação fiel dessas declarações nas congregações é complexa e deve ser exercida com cuidado, humildade, coragem e discernimento.

D. MORDOMIA CRISTÃ

32. Significado de Mordomia. As Escrituras ensinam que Deus é Dono de todas as pessoas e de todas as coisas. Portanto, nós somos Seus mordomos, tanto da vida como das possessões. Cabe-nos reconhecer que Deus é Dono e nós somos mordomos, e que todos prestaremos contas diante de Deus pelo desempenho da nossa mordomia. Deus, como um Deus de sistema e ordem em todas as Suas relações, estabeleceu um sistema de contribuições que reconhece o Seu senhorio sobre todos os recursos e relacionamentos humanos. Por esta razão, todos os Seus filhos devem trazer fielmente os seus dízimos e ofertas para sustento do evangelho. (140)

(Malaquias 3:8-12; Mateus 6:24-34; 25:31-46; Marcos 10:17-31; Lucas 12:13-24; 19:11-27; João 15:1-17; Romanos 12:1-13; 1 Coríntios 9:7-14; 2 Coríntios 8:1-15; 9:6-15; 1 Timóteo 6:6-19; Hebreus 7:8; Tiago 1:27; 1 João 3:16-18)

32.1. Dízimos à Casa do Tesouro. Trazer o dízimo à Casa do Tesouro é um procedimento bíblico e prático de fiel e regularmente entregar o dízimo na igreja de que se é membro. Assim, o financiamento da igreja deve basear-se no plano de trazer o dízimo à Casa do Tesouro, e a Igreja do Nazareno local deve ser considerada pelo seu povo como a Casa do Tesouro. Todos quantos fazem parte da Igreja do Nazareno são exortados a contribuir fielmente com a décima parte de todos os seus proventos, como

O PACTO DE CONDUTA CRISTÃ

uma obrigação financeira mínima para com o Senhor, e com ofertas voluntárias adicionais, consoante as posses que Deus der, para o sustento de toda a igreja local, distrital, geral e do programa educativo. O dízimo, que é entregue à Igreja do Nazareno local, deve ser considerado uma prioridade sobre todas as outras oportunidades de ofertar, que Deus colocar nos corações dos Seus fiéis mordomos, para apoio de toda a igreja.

32.2. Levantamento e Distribuição de Fundos. À luz do ensino bíblico quanto à contribuição de dízimos e ofertas para o sustento do evangelho e para construção de edifícios da igreja, nenhuma congregação nazarena deve usar qualquer método para a arrecadação de fundos que menospreze estes princípios, crie obstáculos à mensagem do evangelho, manche o nome da igreja, discrimine os menos favorecidos ou canalize erroneamente as energias do nosso povo, em vez de as dedicar totalmente à expansão do evangelho.

Exortamos as igrejas locais a adoptarem e colocarem em prática um plano de divisão proporcional dos fundos arrecadados no financiamento dos programas local, distrital, geral e de educação da Igreja do Nazareno; as contribuições (excepto as que se destinam às despesas da igreja local) devem ser enviadas mensalmente para financiamento dos programas atrás referidos. (130, 153, 154, 154.2, 516.13)

32.3. Sustento do Ministério. "Assim, ordenou também o Senhor aos que pregam o evangelho, que vivam do evangelho" (1 Coríntios 9:14). A igreja tem o dever de sustentar os seus ministros, chamados por Deus e que, sob a direcção da igreja, se entregaram inteiramente ao ministério. Exortamos, portanto, que os membros da igreja se dediquem voluntariamente à tarefa de sustentar o ministério, mediante ofertas semanais para este santo ofício, e que o salário do pastor seja pago com regularidade. (115.4, 115.6, 129.8)

32.4. Doações em Vida, Planeadas e Diferidas. No cumprimento da mordomia cristã é essencial que se dê atenção cuidadosa ao que deve ser feito com os rendimentos e posses sobre os quais o Senhor colocou o cristão como mordomo, no decurso desta vida. A Igreja do Nazareno, reconhecendo a necessidade de uma mordomia fiel nesta vida e a visão dada por Deus de deixar um legado para o futuro, estabeleceu a Fundação da Igreja do Nazareno, para incrementar a mordomia cristã através da doação planeada e diferida. Frequentemente a lei civil não estabelece cláusulas para que, os bens deixados por alguém, ao morrer, sejam utilizados para a glória de Deus. Cada cristão deve dar atenção à preparação do seu testamento de forma cuidada e legal; recomendamos que, ao fazê-lo, se lembre da Igreja do Nazareno e dos seus diversos ministérios— missões, evangelismo, educação e benevolência, a nível local, distrital e geral.

32.5. Responsabilidade Partilhada para a Missão Denominacional. O governo da Igreja do Nazareno é representativo. Cada congregação local apoia a missão global da igreja no evangelismo mundial, programas de educação, apoio ministerial, e ministérios distritais conforme é definido pela Assembleia Geral e implementado através da liderança da Junta de Superintendentes Gerais.

A Junta de Superintendentes Gerais e a Junta Geral estão autorizadas a desenvolver, rever, e manter um sistema para o levantamento do Fundo de Evangelismo Mundial; e ainda estabelecer alvos de fundos e responsabilidades para as igrejas locais através das assembleias distritais.

Sujeito ao parágrafo 337.1, as Juntas Nacionais e/ou os Conselhos Consultivos Regionais estão autorizados a estabelecer planos de poupança para a aposentação de ministros nas suas respectivas Regiões. Um relatório de tais planos será apresentado em conformidade com o parágrafo 337.2. As disposições do parágrafo 32.5 não se aplicarão à Junta de Aposentação e Benefícios dos EUA.

As Juntas Nacionais e/ou os Conselhos Consultivos Regionais estão também autorizados a estabelecer a forma de custear as instituições de ensino superior na sua Região.

Através da Comissão de Finanças da Assembleia Distrital, cada distrito está autorizado a estabelecer alvos de fundos e responsabilidades para as igrejas locais para apoio do ministério distrital. (238.1, 317.10, 345, 346.3)

E. OFICIAIS DA IGREJA

33. Ordenamos que as nossas igrejas locais elejam, como oficiais da igreja, pessoas que sejam membros activos da igreja local, professem ter a experiência da inteira santificação e cujas vidas deem testemunho público da graça de Deus que nos chama para um viver santo; que estejam de acordo com as doutrinas, governo e práticas da Igreja do Nazareno; e que, fielmente, apoiem a igreja local com assistência regular, serviço activo e com os seus dízimos e ofertas. Os oficiais da igreja devem estar completamente envolvidos em "fazer discípulos à semelhança de Cristo nas nações." (113.11, 127, 145-147)

F. REGRAS DE ORDEM

34. Sujeitos às leis aplicáveis, os Artigos de Incorporação e os Regulamentos de governo no *Manual*, as reuniões e procedimentos dos membros da Igreja do Nazareno local, distrital e geral, bem como as comissões da corporação, serão regulados e controlados de acordo com *Regras Parlamentares de Robert Recentemente Revistas* (última edição) para procedimentos parlamentares. (113, 205, 300.3)

G. EMENDA DO PACTO DE CONDUTA CRISTÃ

35. As cláusulas do Pacto de Conduta Cristã podem ser rejeitadas ou rectificadas por um voto de dois terços dos membros votantes presentes numa determinada Assembleia Geral.

PARTE IV
Governo da Igreja

GOVERNO LOCAL

GOVERNO DISTRITAL

GOVERNO GERAL

PREÂMBULO AO GOVERNO DA IGREJA

A tarefa da Igreja do Nazareno é levar ao conhecimento de todos os povos a graça transformadora de Deus, através do perdão de pecados e a limpeza do coração em Jesus Cristo. A nossa primeira e principal missão é "fazer discípulos à semelhança de Cristo nas nações," integrar crentes na comunhão e lista de membros (congregações), e equipar (ensinar) para o ministério todos quantos respondam em fé. O alvo final da "comunidade de fé" é apresentar todos perfeitos em Cristo (Colossenses 1:28) no dia final.

É na igreja local que a salvação, o aperfeiçoamento, o ensino e o comissionamento ocorrem. A igreja local, o Corpo de Cristo, é a representação da nossa fé e missão. Estas igrejas acham-se agrupadas, administrativamente, em distritos e regiões.

As bases da unidade na Igreja do Nazareno são as crenças, princípios, definições e procedimentos, como articulados no *Manual da Igreja do Nazareno*.

A essência desta unidade está declarada nos *Artigos de Fé* do *Manual*. Encorajamos a igreja em todas as regiões e línguas a traduzir, a distribuir amplamente e a ensinar estas crenças ao nosso povo. Este é o fio dourado entrelaçado em tudo o que somos e fazemos como nazarenos.

Um reflexo visível desta unidade é representado pela Assembleia Geral, que é "a autoridade máxima na Igreja do Nazareno, na formulação da doutrina, legislação e eleições".

Um segundo reflexo é a Junta Geral internacional, que representa a igreja inteira.

Um terceiro reflexo é a Junta de Superintendentes Gerais, que pode interpretar o *Manual*, aprovar adaptações culturais e ordenar para o ministério.

O governo da Igreja do Nazareno é representativo e, assim, evita os extremos do episcopado, por um lado, e do congregacionalismo ilimitado, por outro.

Em regiões mundiais servidas pela igreja, onde as diferenças culturais e políticas o exijam, podem ser feitas adaptações nos procedimentos referentes ao governo da igreja, a nível local, distrital e regional, contidas na Parte IV, secções 100, 200, 300. Os pedidos para todas essas adaptações devem ser apresentados por escrito e aprovados pela Junta de Superintendentes Gerais (300).

I. GOVERNO LOCAL

A. Organização, Nome, Incorporação, Propriedade, Restrições, Uniões, Dissolução da Igreja Local

100. Organização. As igrejas locais podem ser organizadas pelo(a) superintendente distrital, ou pelo(a) superintendente geral com jurisdição ou ainda por um presbítero autorizado por qualquer dos dois. Um relatório oficial de cada nova igreja deve ser enviado para o escritório do(a) Secretário(a) Geral através do respectivo escritório jurisdicional. (23, 107,211.1,538.15)

100.1. Missão Tipo-Igreja. Novas congregações que não foram ainda organizadas de acordo com o parágrafo 100, podem ser registadas pelo(a) secretário(a) geral como missão tipo-igreja, com a aprovação do(a) superintendente distrital onde o novo trabalho estiver localizado. Um membro do clero, servindo uma missão tipo-igreja como pastor(a) ou pastor(a)-adjunto(a), será considerado(a) ministro(a) designado(a) com a aprovação do(a) superintendente distrital. Uma missão tipo-igreja pode ser incorporada de acordo com o parágrafo 102 e receber e relatar membros .(100.2, 107.2, 138.1,159, 211.6)

100.2. A Igreja Multicongregacional. Igrejas locais organizadas podem alargar o seu ministério através do estabelecimento de classes de estudo bíblico em várias línguas, utilizando as instalações das igrejas. Essas classes de estudo da Bíblia podem desenvolver-se em missões tipo-igreja ou em igrejas organizadas. Isto pode resultar em mais do que uma congregação existindo sob o nome de uma única igreja, com a aprovação do(a) superintendente distrital. Em tais igrejas multicongregacionais, onde nem todas as congregações individuais são igrejas organizadas, a Junta Consultiva, com a aprovação do(a) superintendente distrital e do(a) superintendente geral com jurisdição, pode conceder a essas congregações os direitos e privilégios de uma igreja local organizada, sujeitas às seguintes condições:

1. Tais congregações não podem ser incorporadas separadamente da igreja local organizada.
2. Essas congregações não terão o direito de fazer a escritura de propriedades independentemente da igreja local organizada.
3. Tais congregações não devem contrair dívidas sem a aprovação do(a) superintendente distrital, da junta da igreja local organizada e da Junta Consultiva.
4. Nenhuma destas congregações pode separar-se como um corpo independente da igreja local organizada ou, de qualquer modo, cortar relações com esta, excepto com a

permissão expressa do(a) superintendente distrital ouvido o(a) pastor(a) da igreja local. (100-100.1)

101. Nome. O nome de uma igreja recém-organizada será escolhido pela igreja local, consultado o(a) superintendente distrital e com a aprovação da Junta Consultiva. (102.4)

101.1. Mudança de Nome. Uma Igreja do Nazareno local pode mudar o seu nome através do seguinte processo:

1. A junta da igreja local apresenta a mudança proposta ao superintendente distrital, que obterá a aprovação escrita da Junta Consultiva;
2. Uma votação por maioria, mediante cédula, numa reunião anual ou extraordinária dos membros da igreja;
3. A Junta Consultiva informa a Assembleia Distrital acerca da mudança, e esta vota a aprovação da mesma. (102.4)

102. Incorporação. Em todos os lugares onde a lei o permita, os ecónomos incorporarão a igreja local, e eles e os seus sucessores serão os procuradores dessa corporação. Quando não incompatível com a lei civil, os Estatutos da Incorporação (personalidade jurídica) especificarão as atribuições da corporação, esclarecendo que estará sujeita ao governo da Igreja do Nazareno, conforme autorizado de tempos a tempos e publicado no seu *Manual* pela Assembleia Geral da dita igreja. Todas as propriedades desta corporação serão administradas e controladas pelos ecónomos, sujeito à aprovação da igreja local.

102.1. Quando uma propriedade é comprada e cedida pela Junta Consultiva para uma igreja local, ou quando se forma uma nova igreja, recomenda-se que a Junta Consultiva, ao receber da dita igreja o pagamento do dinheiro investido por essa Junta, transfira a escritura da propriedade para a igreja local.

102.2. Quando uma igreja local for incorporada, todas as propriedades adquiridas serão directamente transferidas, por meio de escritura, para a igreja no seu nome corporativo, logo que seja possível fazê-lo. (102.6)

102.3. O(A) pastor(a) e o(a) secretário(a) da junta da igreja serão o(a) presidente e o(a) secretário(a) da igreja, incorporada ou não, e executarão e assinarão todas as transacções de bens imóveis, hipotecas, distrate da hipotecas, contratos e quaisquer outros documentos legais da igreja não mencionados no *Manual* e sujeitos às restrições estabelecidas nos parágrafos 104-104.3.

102.4. Os Artigos de Incorporação de cada igreja local incluirão as seguintes disposições:

1. O nome corporativo incluirá as palavras "Igreja do Nazareno."
2. Os estatutos da corporação serão o *Manual da Igreja do Nazareno.*
3. Os Artigos de Incorporação não incluirão qualquer cláusula que possa impedir a igreja local de se qualificar para

qualquer isenção de taxas/impostos disponível para as igrejas da mesma área.
4. Após dissolução, os bens da corporação serão transferidos para a Junta Consultiva.

Os Artigos de Incorporação podem conter disposições adicionais quando estas forem ajustadas à lei local. Porém, não deverá ser incluída qualquer cláusula que possa provocar o desvio da propriedade da igreja local da Igreja do Nazareno. (101-101.1, 104.3, 106.1-106.3)

102.5. Em igrejas multicongregacionais, onde mais do que uma igreja organizada compartilha as mesmas instalações, a incorporação pode ser feita em parceria desde que seja permitido pelas leis locais.

102.6. Em localidades onde a incorporação não seja possível, o nome da igreja deve conter as palavras "Igreja do Nazareno" em todos os documentos legais, incluindo e não só, os títulos de propriedade e títulos de responsabilidade. (102.2)

103. Propriedades. Uma igreja local que, por qualquer razão, esteja a considerar a compra ou venda de bens imóveis, a construção de igrejas ou de edifícios relacionados com a igreja, uma remodelação grande de um edifício ou obter propriedades por locação financeira, apresentará a proposta ao/à superintendente distrital e à Junta de Propriedades da Igreja, para análise, conselho e aprovação. Nenhuma dívida, envolvendo ou não a constituição de uma hipoteca, será contraída para a compra de bens imóveis, construção ou grande remodelação de edifícios, sem a aprovação escrita do(a) superintendente distrital e da Junta de Propriedades da Igreja. A igreja local deverá apresentar, a esta junta, relatórios trimestrais financeiros e do progresso da obra ao longo do processo de construção. (236-237.5)

103.1. Caso a junta da igreja, o(a) superintendente distrital e a Junta de Propriedades da Igreja não cheguem a acordo, o assunto pode ser apresentado ao/à superintendente geral com jurisdição para que ele(a) tome uma decisão. Tanto a igreja como o(a) superintendente distrital podem apelar desta decisão para a Junta de Superintendentes Gerais, para uma veredicto final. Todos estes apelos, refutação de apelos ou argumentos correspondentes, quer sejam feitos ao superintendente geral em jurisdição ou à Junta de Superintendentes Gerais, devem ser efectuados por escrito. Uma cópia do apelo, refutação de apelo ou argumentos correspondentes, quer da junta da igreja ou do(a) superintendente distrital, deve ser enviada à outra entidade envolvida. A acta de um apelo feito pela junta da igreja deve incluir a resolução do apelo, os argumentos que o apoiam e o registo do número de votos recebidos.

104. Restrições. A igreja local não pode comprar ou obter por locação financeira bens imóveis, nem vender, hipotecar, refinanciar com dívida adicional, permutar, ou de qualquer outra forma colocar em causa a livre utilização da propriedade, ou dispor de bens imóveis, a menos que seja aprovado por votação de dois terços dos membros presentes numa reunião anual ou numa reunião extraordinária, devidamente convocada com essa finalidade. Se uma igreja pretender refinanciar uma dívida existente, e o plano de refinanciamento não aumentar a dívida da igreja, nem sobrecarregar o imóvel da igreja, a aprovação para o refinanciamento pode ser garantida por votação de dois terços dos membros da junta, sem necessidade de recorrer à votação da congregação sobre o assunto. A junta da igreja poderá aprovar, por votação de dois terços dos seus membros presentes e votantes, a alienação de propriedades doadas para o propósito específico de angariar fundos para a igreja local. Todos os itens acima requerem a aprovação por escrito tanto do superintendente distrital como da Junta de Propriedades da Igreja. (113.3-113.4, 113.7-113.8, 237.3-237.4)

104.1. Os bens imóveis de uma igreja local não poderão ser hipotecados para pagar despesas correntes.

104.2. Uma igreja que hipoteque ou venda bens imóveis, ou receba pagamentos de seguro de bens imóveis, usará os proventos somente para a compra ou melhoramento do capital de bens imóveis, a plantação de uma nova igreja, ou para reduzir outras dívidas de bens imóveis. Somente com a aprovação do(a) superintendente distrital e da Junta Consultiva poderão quaisquer proventos ser usados para outros propósitos.

104.3. Os ecónomos e/ou a igreja local não poderão desviar qualquer propriedade do uso da Igreja do Nazareno. (113-113.1)

104.4. Afastamento de Igrejas. Nenhuma igreja local poderá retirar-se, como corpo, da Igreja do Nazareno, ou de qualquer modo romper relações com ela, excepto por determinação da Assembleia Geral, e depois de se concordar sobre as condições e planos. (106.2-106.3)

105. Uniões. Duas ou mais igrejas locais podem unir-se mediante voto secreto favorável de dois terços dos membros presentes das igrejas envolvidas e votando numa reunião especialmente convocada, contanto que: a união seja recomendada por maioria de votos, mediante cédula, de todos os membros das respectivas juntas das igrejas, e que a união tenha sido aprovada por escrito pelo(a) superintendente distrital, pela Junta Consultiva e pelo superintendente geral com jurisdição.

A união será concretizada numa reunião extraordinária da nova congregação, com o propósito de eleger oficiais e fazer acordos pastorais. O(A) superintendente distrital ou um presbítero por ele(a) designado presidirá a reunião.

A organização assim criada combinará o número total de membros das igrejas que se uniram, o número de membros de todos os seus departamentos, e pode combinar parte ou a totalidade dos seus fundos activos e passivos, sujeitos à aprovação do(a) superintendente distrital, da Junta Consultiva e do(a) superintendente geral com jurisdição. A união também combinará a atribuição proporcional de fundos das cotas gerais, de educação e distritais.

Mediante notificação do(a) superintendente distrital, o(a) secretário(a) geral da Igreja do Nazareno está autorizado(a) a remover da lista de igrejas os nomes das igrejas inactivas.

106. Declarando Igrejas Inactivas ou Dissolvidas. As igrejas podem ser declaradas inactivas, por um período de transição, por acção da Junta Consultiva, antes de serem oficialmente dissolvidas, reactivadas ou reorganizadas.

106.1. Uma igreja local pode ser dissolvida como segue:
1. recomendação do(a) superintendente distrital;
2. resposta afirmativa do(a) superintendente geral com jurisdição; e,
3. dois terços de votos da Junta Consultiva.

106.2. No caso de uma igreja local se tornar inactiva ou dissolvida, ou no caso de se afastar ou tentar afastar-se da Igreja do Nazareno (conforme certificado pela Junta Consultiva), qualquer propriedade que porventura pertença à igreja, de maneira nenhuma poderá ser desviada para outras finalidades; antes, o seu título de propriedade passará para a Junta Consultiva, que funcionará como procuradora do distrito onde se realizou a incorporação, ou para outro procurador autorizado, para uso da Igreja do Nazareno no geral, conforme orientar a Assembleia Distrital. Os ecónomos da igreja local, portadores do título de propriedade da igreja local inactiva ou dissolvida, só venderão ou disporão dos referidos bens por ordem e sob orientação da Junta Consultiva ou de outro procurador, designado pela Assembleia Distrital, mediante aprovação escrita do(a) superintendente geral com jurisdição; e o farão ou pela transferência do direito de propriedade ou pela entrega do produto da venda da propriedade, conforme determinação da Assembleia Distrital ou da sua Junta Consultiva. (104.4, 106,225.23)

106.3. Nenhum ecónomo ou grupo de ecónomos de uma igreja inactiva ou dissolvida, ou de uma igreja que se retirou ou tentou retirar-se da Igreja do Nazareno, poderá desviar propriedades do uso da Igreja do Nazareno. (104.4, 141-144,225.23)

106.4. Só as igrejas que tenham sido oficialmente dissolvidas poderão ser retiradas dos registos do secretário geral.

106.5. Quando uma igreja local for declarada inactiva, os signatários de todas as contas bancárias e/ou certificados de valores têm de transferir os proventos dos mesmos para a Junta Consultiva, para depósito. Recusa em cumprir, autoriza a Junta Consultiva, por deliberação, a fechar todas as contas e a assumir jurisdição de todos os bens, onde a lei o permitir.

B. Lista de Membros da Igreja Local

107. Lista de Membros em Plena Comunhão. A lista de membros em plena comunhão da igreja local será composta por todas as pessoas que tenham sido recebidas como membros aquando da organização dessa igreja local por aqueles que estão autorizados a fazê-lo, e todos quantos posteriormente tenham sido publicamente recebidos pelo(a) pastor(a), pelo(a) superintendente distrital ou pelo(a) superintendente geral, depois de terem declarado a sua experiência de salvação, crença nas doutrinas da Igreja do Nazareno e disposição de se submeterem ao seu governo. A liderança da igreja local procurará colocar cada membro num ministério de serviço e num grupo de cuidado e apoio mútuos. (23, 107.2, 111, 113.1, 516.1, 520, 532.8, 538.8-538.9)

107.1. Quando existam pessoas que desejem unir-se à igreja, o(a) pastor(a) explicar-lhes-á os privilégios e responsabilidades de ser membro da igreja, os *Artigos de Fé*, os preceitos do Pacto de Carácter Cristão e do Pacto de Conduta Cristã, assim como o propósito e missão da Igreja do Nazareno.

Depois de consultar a Comissão de Evangelismo e de Lista de Membros da Igreja, o(a) pastor(a) receberá os candidatos que cumpram os requisitos para ser membro da igreja, num culto público e usando a forma aprovada para a recepção de membros. (21, 28-33, 110-110.4, 228, 704)

107.2. Membros de uma Missão Tipo-Igreja. Onde ainda não tiver sido realizada a organização de uma igreja local, uma missão tipo-igreja receberá e prestará relatório do número de membros da igreja, nas estatísticas anuais, de acordo com os parágrafos 107 e 107.1.

107.3. Votação e Ocupação de Cargos. Apenas aqueles que são membros em plena comunhão activos da igreja local, e tenham atingido o seu 15º aniversário podem, onde as leis locais permitam, ocupar cargos na igreja, votar nas reuniões anuais ou extraordinárias da igreja, ou representar a igreja como delegados à Assembleia Distrital.

108. Membros Associados. Onde tiver sido aprovado por um distrito, uma igreja local pode ter membros associados; estes gozarão de todos os privilégios de membros da igreja, excepto o de votarem e serviram como oficiais da igreja. (205.24)

108.1. Os membros associados podem ser recebidos em plena comunhão ou excluídos em qualquer altura, de acordo com a ponderação do(a) pastor(a) e da Comissão de Evangelismo e Lista de Membros da Igreja.

109. Membros Inactivos. Uma igreja local pode designar pessoas como "membros inactivos" pelas razões citadas nos parágrafos 109.1 e 109.2. (112.3, 133)

109.1. Um membro de uma igreja local que se tenha mudado para outra comunidade e deixe de estar activo na igreja de que é membro, deve ser encorajado a assistir à Igreja do Nazareno nesse lugar e a requerer a sua transferência como membro para a dita igreja.

109.2. Quando um membro de uma igreja local se ausentar de todos os cultos religiosos da igreja por seis meses consecutivos, sem uma justificação que seja aceite pela junta da igreja, e tenham sido feitas tentativas para o encorajar a se tornar activo, essa pessoa pode ser declarada membro inactivo, sob recomendação da Comissão de Evangelismo e Lista de Membros da Igreja e acção da junta da igreja. A pessoa em questão será informada através de carta enviada pelo(a) pastor(a), dentro de sete dias após a acção da junta da igreja. Depois de tal acção ser tomada pela junta da igreja, o(a) pastor(a) actualizará a lista de membros da igreja local e escreverá: "Colocado na Lista de Membros Inactivos, pela junta da igreja (data)."

109.3. Os membros inactivos serão incluídos na lista de membros em plena comunhão da igreja local, com os membros activos. O número de membros será comunicado à assembleia distrital em categorias separadas, nomeadamente (1) membros activos e (2) membros inactivos.

109.4. Os membros inactivos não terão direito a votar nas reuniões anuais ou extraordinárias da igreja, ou a exercerem cargos.

109.5. Um membro inactivo pode requerer por escrito, que a junta da igreja volte a colocar o seu nome na lista de membros activos da igreja. Esse pedido tem de incluir uma reafirmação dos votos de membro e uma participação regular nas actividades de adoração da igreja local. A junta da igreja deverá responder ao pedido dentro de 60 dias. A pessoa em questão poderá voltar à situação de membro em plena comunhão, mediante recomendação da Comissão de Evangelismo e Lista de Membros da Igreja e acção da junta da igreja.

C. Comissão de Evangelismo e Lista de Membros da Igreja Local

110. A junta da igreja criará uma Comissão de Evangelismo e Lista de Membros da Igreja, composta de não menos de três pessoas, com função consultiva junto do(a) pastor(a) que será o presidente da Comissão. Serão seus deveres: (138.3)

110.1. Promover o evangelismo e procurar conservar os frutos na igreja local. (107-107.1, 129.24)

110.2. Estudar e recomendar à junta da igreja e seus departamentos estratégias de evangelismo na vida total da igreja.

110.3. Servir na qualidade de comissão local para implementar os programas denominacionais de evangelismo, tanto gerais como distritais.

110.4. Exortar os novos convertidos a cumprirem os requisitos para serem membros da igreja, mediante uma vida devocional consistente, estudo da Bíblia e do *Manual,* individualmente e/ou numa classe de membros dirigida pelo(a) pastor(a), lembrando que membros recebidos por profissão de fé ajudam a conservar os frutos do evangelismo. (20-21,)

110.5. Esforçar-se por levar os novos membros à completa comunhão e total serviço da igreja.

110.6. Trabalhar juntamente com o(a) pastor(a) no desenvolvimento de um programa contínuo de orientação espiritual dos novos membros.

110.7. Recomendar à junta da igreja, com o apoio do(a) pastor(a), nomes de evangelistas para campanhas locais. Aconselha-se que, pelo menos uma campanha por ano seja conduzida por um(a) evangelista titulado(a), comissionado(a) ou registado(a).

110.8. Nenhuma pessoa será recebida na igreja local como membro em plena comunhão, sem que o(a) pastor(a) primeiramente consulte a Comissão de Evangelismo e Lista de Membros da Igreja. (107.1)

D. Mudança de Membro de uma Igreja Local

111. Transferência. Quando um membro o solicitar, o(a) pastor(a) pode conceder-lhe a transferência de membro (veja-se formulário no parágrafo 813.5) para qualquer outra Igreja do Nazareno local, indicada pelo solicitante; esta transferência será válida por apenas três meses. Quando a recepção da transferência for confirmada pela igreja local receptora, cessará o registo de membro dessa pessoa na igreja local anterior. (818)

111.1. Recomendação. Quando um membro o solicitar, o(a) pastor(a) pode conceder-lhe um certificado de recomendação (veja-se formulário no parágrafo 813.3) para qualquer igreja evangélica mencionada pelo solicitante; essa pessoa deixará imediatamente de ser membro da igreja que emitir tal certificado. (112.2, 539.5, 815)

E. Cessação de Membro

112. Ministros. Quando um(a) ministro(a) licenciado(a) ou ordenado(a) se unir como membro ou ao ministério duma igreja que não a Igreja do Nazareno, o(a) pastor(a) da igreja local de que o(a) ministro(a) é membro deverá imediatamente dar conhecimento do facto à Junta de Credenciais Ministeriais ou à Junta de Ministério. A Junta de Credenciais Ministeriais ou a Junta de Ministério deverá investigar e confirmar a situação do membro do clero. Se a Junta de Credenciais Ministeriais ou a Junta de Ministério determinar que o membro do clero seja removido da Lista de Ministros, o(a) pastor(a) da igreja local removerá também o nome da pessoa da lista de membros da igreja e escreverá,

"Removido por se ter unido a outra igreja, denominação ou ministério." (532.9, 538.10, 5389.13-538.14)

112.1. Leigos. Quando um membro leigo de uma igreja local aceitar ser membro, receber licença para pregar ou tiver sido ordenado por qualquer outra organização religiosa, ou estiver envolvido em alguma igreja ou trabalho missionário independente, a sua situação de membro na igreja local cessará imediatamente, excepto se obtiver autorização anual, por escrito, da junta da igreja local de que é membro e aprovação anual por escrito da Junta Consultiva do respectivo distrito.

112.2. Despedida de Membro. Quando um membro o solicitar, o(a) pastor(a) pode conceder-lhe uma carta de despedida (veja-se formulário no parágrafo 816), deixando essa pessoa imediatamente de ser membro da igreja. (111.1, 112)

112.3. Dois anos após a data da declaração de membro inactivo, o nome dessa pessoa pode ser removido da lista de membros, por acção da junta da igreja. Seguidamente o pastor escreverá ao lado do nome do membro, "Removido pela junta da igreja (data)." (109, 133)

F. Reuniões da Igreja

113. Uma reunião dos membros de uma igreja local para fins de consulta, discussão e deliberação de quaisquer assuntos será conhecida como reunião da igreja. As reuniões e os procedimentos dos membros da Igreja do Nazareno local, distrital e geral e as comissões da corporação, estarão sujeitos a leis aplicáveis, os Artigos de Incorporação e os Estatutos de governo no *Manual* e serão regulados e controlados de acordo com as *Regras de Ordem de Robert Recentemente Revistas* (última edição) para procedimentos parlamentares. (34, 104, 113.7-113.8, 115, 518)

113.1. Somente as pessoas que sejam membros activos e em plena comunhão, e tenham completado quinze anos de idade, terão direito a votar nas reuniões da igreja. (107.3, 109-109.4)

113.2. As pessoas ausentes não têm direito a voto nas reuniões da igreja (não existe o voto por correspondência).

113.3. Deliberações. Quaisquer assuntos, inclusive eleições, que estejam em harmonia com o espírito e ordem da igreja, e para os quais não haja disposição específica, podem ser resolvidos em qualquer reunião da igreja.

113.4. Obediência à Lei Civil. Em todos os casos em que a lei civil requer um procedimento específico na convocação e condução das reuniões da igreja, o mesmo deverá ser rigorosamente observado. (142)

113.5. O Oficial Que Preside. O(A) pastor(o), que será presidente ex officio da igreja local, ou o(a) superintendente distrital, ou ainda o(a) superintendente geral com jurisdição, ou alguém nomeado pelo(a) superintendente distrital ou geral, presidirá as reuniões anuais ou extraordinárias da igreja. (213.1, 307.10, 51615)

113.6. O(A) Secretário(a). O(A) secretário(a) da junta da igreja será o(a) secretário(a) de todas as reuniões da igreja; na sua ausência, eleger-se-á um(a) secretário(a) interino(a). (135.4)

113.7. Reunião Anual. Uma reunião anual da igreja será realizada dentro dos 90 dias anteriores à Assembleia Distrital. A reunião anual deve ser publicamente anunciada do púlpito pelo menos nos dois domingos anteriores à reunião. Esta reunião anual pode ser conduzida em mais do que um dia, ou em mais do que um culto, mediante aprovação da junta da igreja.

113.8. Reuniões Extraordinárias. Reuniões extraordinárias da igreja podem ser convocadas em qualquer momento pelo(a) pastor(a), ou pela junta da igreja, depois de obtido o consentimento do(a) pastor(a) ou do(a) superintendente distrital ou do(a) superintendente geral com jurisdição. O anúncio público de reuniões extraordinárias da igreja será sempre feito do púlpito, pelo menos nos dois cultos regulares precedentes ou de uma maneira que esteja conforme as exigências da lei civil. (104, 113.1, 115-115.1, 123-123.7, 137, 139, 142.1, 144)

113.9. Relatórios. O(a) pastor(a), o(a) superintendente dos MEDDI, o(a) presidente da JNI, o(a) presidente da MNI, as diaconisas, os ministros locais, o(a) secretário(a), e o(a) tesoureiro(a) (136.5) da junta da igreja apresentarão relatórios na reunião anual da igreja, (135.2, 136.5, 146.6, 152.2, 508, 516.7, 531.1).

113.10. Comissão de Recomendações. Uma comissão de recomendações terá como função propôr oficiais, juntas e delegados à Assembleia Distrital, cujas recomendações não estejam previstas noutros parágrafos ou secção.

A Comissão de Recomendações consistirá de não menos de três, nem mais de sete membros da igreja, incluindo o(a) pastor(a). A Comissão de Recomendações será designada pelo(a) pastor(a), e aprovada anualmente pela junta da igreja. O(A) pastor(a) será o(a) presidente da comissão. Todas as pessoas propostas por esta comissão devem garantir que preenchem os requisitos exigidos a oficiais da igreja, estipuladas no parágrafo33.

113.11. Eleições. Os mordomos, os ecónomos, o(a) superintendente dos MEDDI, e os membros da Junta dos MEDDI serão eleitos, através de cédula, na reunião anual da igreja; servirão durante o próximo ano eclesiástico e até que os seus sucessores sejam eleitos e empossados. Todos os que forem eleitos podem servir durante um termo de dois anos, desde que seja permitido por lei e quando aprovado pela votação maioritária dos membros da igreja presentes, Todos os eleitos serão membros activos dessa Igreja do Nazareno local.

Ordenamos às nossas igrejas que elejam, como oficiais da igreja, membros activos da igreja local, que professem a experiência da inteira santificação e cujas vidas deem testemunho público da graça de Deus que nos chama para uma vida santa; que estejam em harmonia com as doutrinas, governo e práticas da Igreja do Nazareno; e que apoiem fielmente a igreja local na assistência, serviço activo e com dízimos e ofertas. Os oficiais da igreja devem estar completamente envolvidos em "fazer discípulos à semelhança de Cristo nas nações." (33, 127, 137, 141, 142.1, 145-147)

113.12. Onde for permitido por lei e em igrejas em que tal procedimento e o número dos que serão eleitos for aprovado por um voto maioritário dos membros da igreja presentes, a junta da igreja pode ser eleita globalmente e então, de ente os seus elementos designar, em proporções apropriadas, mordomos e ecónomos, de harmonia com os parágrafos 137 e 141.

Após ser eleita deste modo, a junta da igreja organizar-se-á em comissões, para executar as responsabilidades que lhe sejam cometidas. Se uma igreja eleger uma comissão de educação como parte da sua junta, de harmonia com o parágrafo 145, tal comissão constituirá a Comissão de Educação da junta da igreja. Ao organizar-se para o ministério e acção missional, uma igreja local pode criar juntas e comissões alternativas, desde que tais alternativas sejam aprovadas por escrito pelo(a) superintendente distrital e pela Junta Consultiva, e que tais estruturas estejam de acordo com os requisitos civis. (145-145.10)

113.13. Desde que o seguinte procedimento seja permitido por lei, tenha recebido a aprovação escrita do(a) superintendente distrital e um voto maioritário dos membros da igreja presentes numa reunião anual, convocada de forma apropriada, uma igreja pode eleger metade dos membros da sua junta para um mandato de dois anos, ou um terço dos membros da sua junta para um mandato de três anos, designando em qualquer dos casos um número equivalente a ser eleito anualmente. Quando a junta da igreja for eleita deste modo, o número de mordomos e ecónomos escolhidos, deve estar em harmonia com os parágrafos 137 e 141.

113.14. Os delegados leigos à Assembleia Distrital, serão eleitos mediante cédula de voto, na reunião anual da igreja; se for aprovado por voto maioritário dos membros da igreja presentes na reunião anual, os delegados podem ser recomendados pelo(a) pastor(a) e aprovados pela junta da igreja local de acordo com os critérios de representação estipulados pela Assembleia Geral, nos termos dos parágrafos 201-201.2. Todos os delegados eleitos serão membros activos dessa Igreja do Nazareno local. (107.3, 113.11)

113.15. Delegados à Assembleia Distrital de uma missão tipo-igreja poderão ser nomeados pelo(a) seu/sua pastor(a) baseando-se nos critérios estabelecidos nos parágrafos 33, 201.1, e 201.2. O(A) pastor(a) da missão tipo-igreja poderá também nomear delegados às convenções distritais, de acordo com a Constituição da

Juventude Nazarena Internacional, das Missões Nazarenas Internacionais e os Estatudos dos Ministérios da Escola Dominical e Discipulado Internacionais (100.1, 810, 811, 812)

G. O Ano Eclesiástico

114. O ano administrativo deve decorrer concomitantemente com o ano estatístico da igreja local e será reconhecido como o ano eclesiástico.

114.1. O ano estatístico terminará dentro de 90 dias antes da abertura da Assembleia Distrital; e o novo ano estatístico começará no dia seguinte ao término do ano anterior. A data exacta do início e encerramento do ano estatístico, dentro desses limites, será estabelecida pela Junta Consultiva. (225.1)

H. Chamada de um(a) Pastor(a)

115. Um presbítero ou ministro(a) licenciado(a) (seguindo o programa de estudos para a ordenação ao presbitério) pode ser chamado(a) a pastorear uma igreja por votação favorável de dois terços, através de cédula, dos membros da igreja que, tendo idade de votar, estejam presentes e votem numa reunião anual ou extraordinária da igreja, convocada de forma apropriada, e desde que previamente:
1. A recomendação tenha a aprovação do(a) superintendente distrital.
2. A recomendação tenha sido aprovada pela Junta Consultiva, quando o(a) ministro(a) recomendado(a) for membro ou servir como um assistente pago ou não, na igreja local que o chama.
3. O(A) ministro(a) tenha sido proposto(a) à igreja pela respectiva junta após votação de dois terços, através de cédula, de todos os membros dessa junta.

A chamada de um(a) ministro(a) está sujeita a revisão e a continuação nos termos dos parágrafos a seguir indicados. (119, 122-125.5, 129.2, 159.8, 211.10, 225.16, 514, 532, 533.4, 534.3)

115.1. A aceitação de uma relação pastoral pelo(a) ministro(a) terá lugar em data não posterior aos 15 dias que se seguem à reunião da igreja, que votou tal chamada.

115.2. A junta da igreja e o(a) pastor(a) devem comunicar entre si claramente e por escrito, os alvos e as expectativas de cada um. (122, 129.3-129.4)

115.3. Logo que seja possível e após o início do ministério, o(a) pastor(a) e a congregação devem participar num culto de instalação ou pacto. O objectivo do culto deve ser o de celebrar a unidade e direcção respeitante à vontade de Deus. Onde seja prático, o(a) superintendente distrital deverá presidir.

115.4. Ao fazer uma chamada, a igreja local deve especificar a remuneração proposta. O montante desta remuneração será estabelecida pela junta da igreja. Quando houver acordo entre a igreja local ou a sua junta e o(a) pastor(a), o pagamento do salário pastoral na sua totalidade deve ser considerado pela igreja como uma obrigação moral. Se, entretanto, a igreja não puder continuar a pagar o salário acordado, este incumprimento ou falha não será considerado causa suficiente para processo civil contra a igreja, por parte do(a) pastor(a); e em caso algum a igreja ou a Junta Consultiva serão legalmente responsáveis pelo excedente de fundos arrecadados durante o termo do serviço do(a) actual pastor(a), e que não estejam doutra forma designados. Se for instaurada uma acção cível contra a igreja ou a Junta Consultiva, pelo(a) pastor(a) actual ou pelo anterior, um distrito poderá agir no sentido de obter a credencial do(a) ministro(a) e subsequentemente remover o seu nome do Rol de Ministros.

A igreja local também deve financiar as despesas de viagem e a mudança do(a) pastor(a). (32.32.3, 129.8-129.9)

115.5. A remuneração do(a) pastor(a) deve começar na segunda-feira antes do seu primeiro domingo de serviço oficial na igreja local.

115.6. As igrejas locais podem considerar planos alternativos para apoio pastoral em cooperação com os seus respectivos distritos. (32.3, 129.8)

116. Afirmando o valor da família e a importância dos pastores serem o exemplo de vidas paz e completas, as igrejas locais devem considerar conceder uma licença de maternidade ou paternidade para o(a) pastor(a) e pastores adjuntos. Os superintendentes distritais devem encorajar as igrejas locais a adoptarem políticas de licenças de maternidade ou paternidade e incentivar ver a sua implementação. Tais políticas podem ter as seguintes provisões:
1. O tempo e a duração da licença de maternidade ou paternidade devem ser estabelecidas por mútuo acordo entre o(a) pastor(a) e a junta da igreja antes do nascimento da criança ou da adopção.
2. A licença de maternidade ou paternidade deve ser considerada em adição e separadamente das férias.
3. A igreja local deverá consultar o(a) pastor(a) e o(a) superintendente distrital sobre um pastor(a) substituto(a) durante o período da licença de maternidade ou paternidade.
4. Durante o período da licença de maternidade ou paternidade, continuarão os benefícios e salário completos do(a) pastor(a). Qualquer outro acordo deverá ser feito por escrito e assinado pelo(a) pastor(a), pelo(a) secretário(a) da junta da igreja e pelo(a) superintendente distrital.

117. O(A) pastor(a) de uma igreja que tenha sido organizada há menos de cinco anos ou que tenha tido menos de 35 membros votantes na reunião anual anterior da igreja, ou que receba assistência financeira regular do distrito, pode ser nomeado(a) ou renomeado(a) pelo(a) superintendente distrital, com o consentimento da Junta Consultiva. (211.17)

117.1. Quando uma igreja exceder os 35 membros votantes ou tenha sido organizada há pelo menos cinco anos, e o(a) seu/sua pastor(a) tenha servido como seu/sua pastor(a) designado(a) por pelo menos dois anos, pode-se iniciar um processo para deixar a "posição de designado". Esse processo tem de incluir uma revisão do relacionamento igreja/pastor(a), o voto maioritário dos membros da junta da igreja presentes, a aprovação do(a) superintendente distrital, e a aprovação da Junta Consultiva. A data da aprovação final do processo de revisão do relacionamento igreja/ pastor(a), será a data que marcará as revisões regulares seguintes, de quatro em quatro anos.

118. Em caso de desacordo entre a junta da igreja e o(a) superintendente distrital no que respeita a arranjos pastorais, a junta da igreja ou o(a) superintendente distrital poderão levar o assunto ao/à superintendente geral com jurisdição, para que este(a) decida. Desta decisão, tanto a junta da igreja como o(a) superintendente distrital poderão apelar para a Junta de Superintendentes Gerais. Todos estes apelos, refutação de apelos ou argumentos correspondentes, quer sejam dirigidos ao/à superintendente geral com jurisdição ou à Junta de Superintendentes Gerais, deverão ser feitos por escrito. Uma cópia do apelo, refutação do apelo ou argumentos correspondentes, quer da junta da igreja ou do(a) superintendente distrital, deve ser enviada à outra entidade envolvida. A acta do apelo de uma junta da igreja deve incluir a deliberação de apelar, argumentos que o apoiem e o registo dos votos recebidos. Se um(a) ministro(a) proposto(a) e em análise remover o seu nome da lista ou se um(a) candidato(a) pastoral não estiver disponível para ser analisado(a), o processo de apelo termina imediatamente e o(a) superintendente distrital e a junta da igreja devem retomar o processo de chamada de um(a) pastor(a).

119. A chamada de um(a) pastor(a) que é ministro(a) licenciado(a) (seguindo o programa de estudos para a ordenação ao presbitério) terminará no final da Assembleia Distrital se não for renovada a sua licença.

120. O(A) pastor(a) desejando renunciar a uma designação pastoral deve:
1. Conferenciar com o(a) superintendente distrital;
2. Apresentar a sua demissão por escrito à junta da igreja pelo menos 30 dias antes do término do pastorado; e
3. Enviar uma cópia desse documento para o(a) superintendente distrital.

GOVERNO LOCAL

Quando o pedido de demissão for recebido pela junta da igreja e aprovado por escrito pelo(a) superintendente distrital, o término do pastorado deverá ocorrer dentro de 30 dias.

120.1. O(A) pastor(a) que renuncia deve, em colaboração com o(a) secretário(a) da junta da igreja, preparar uma lista actualizada dos membros da igreja, com os respectivos endereços. Esta lista deve corresponder numericamente às últimas actas distritais publicadas, indicando cortes e adições feitos no ano corrente.

121. Sob recomendação da junta da igreja e aprovação do(a) superintendente distrital, uma congregação pode eleger co-pastores para servirem. Neste caso, devem verificar-se as seguintes condições:

1. Os co-pastores trabalharão com a junta da igreja, sob a direcção do(a) superintendente distrital, para desenvolverem um plano para responsabilidade e autoridade partilhadas.
2. Os co-pastores têm direitos e obrigações iguais no serviço pastoral. Se a lei o exigir, uma pessoa será oficialmente designada pela junta da igreja para ser o(a)oficial dirigente, servindo como presidente da corporação e da junta da igreja.
3. O processo de revisão do relacionamento igreja/pastor(a) será conduzido nos termos dos parágrafos 123-123.7.
4. Uma igreja local, cujo(a) pastor(a) não tenha sido nomeado(a) e que tenha servido por pelo menos dois anos, pode adicionar um ou mais ministros como co-pastores conforme as normas do parágrafo 115 deste processo. Após aprovação do(a) superintendente distrital e de dois terços de votos de todos os membros da junta da igreja, a igreja votará se deve chamar um(a) co-pastor(a). Um(a) candidato(a) a co-pastor(a) precisará de dois terços de votos da congregação para ser aprovado como co-pastor(a) dessa igreja local.
5. Se os dois terços de votos necessários forem alcançados, o período de dois anos começará nessa data para cada um dos ministros. Nos sessenta dias anteriores ao fim do período de dois anos como co-pastor, será marcada uma revisão regular do relacionamento igreja/pastor(a). (115, 123-123.7)

121.1 Dentro de sessenta dias após a resignação ou fim de actividade de um(a) co-pastor(a), o(a) superintendente distrital, ou representante nomeado, conduzirá uma revisão regular do relacionamento igreja/pastor(a) conforme delineado nos parágrafos 123-123.7. Se a junta da igreja decidir não mais chamar um(a) co-pastor(a), tal decisão requererá a aprovação do superintendente distrital e de dois terços de votos dos membros da igreja local.

I. O Relacionamento Igreja/Local Pastor(a)

122. Todos os anos, o(a) pastor(a) e a junta da igreja devem realizar uma sessão de planeamento para renovar as expectativas e alvos da igreja e do(a) pastor(a). O entendimento escrito dos alvos, planos e objectivos entre a igreja e o(a) pastor(a) serão actualizados. A cópia desse entendimento escrito deverá ser enviada ao(à) superintendente distrital e arquivada. (115.2, 129.4)

122.1. Pastores e congregações devem empenhar-se em articular uma compreensão clara das expectativas de cada um e conciliar as diferenças, seguindo sinceramente os princípios bíblicos encontrados em Mateus 18:15-20 e Gálatas 6:1-5. Assim, num espírito de cooperação e reconciliação dentro da igreja,

1. Membros individuais ou colectivos da congregação serão encorajados a conciliar diferenças debatendo-as face-a-face com o(a) pastor(a) ou discretamente com um membro da junta da igreja. Membros individuais ou colectivos da junta da igreja devem procurar conciliar diferenças debatendo-as face-a-face com o(a) pastor(a).
2. Se os debates face-a-face acima mencionados, falharem na conciliação, o(a) queixoso(a) procurará ajuda de um ou dois membros espiritualmente maduros da congregação ou da junta da igreja para a resolução das diferenças.
3. Somente depois dos debates face-a-face e das tentativas de pequenos grupos terem falhado, as pessoas envolvidas, em tais esforços nos grupos pequenos, deverão trazer as diferenças a toda a junta da igreja. Se for chamada a isso, a junta da igreja trabalhará na conciliação das diferenças num espírito de amor, aceitação e perdão, e de acordo com a disciplina da igreja. (123-126.2, 129.1)

J. Renovação do Relacionamento Igreja Local/pastor(a)

123. A Revisão Regular do Relacionamento Igreja Local/pastor(a). O relacionamento igreja/pastor(a) será revisto pela junta da igreja, em reunião com o(a) superintendente distrital ou com um(a) ministro(a) ordenado(a) ou leigo designado pelo(a) superintendente distrital, dentro dos 60 dias anteriores ao término do período de dois anos do serviço pastoral e, daí em diante, de quatro em quatro anos. Nesta reunião de revisão, a questão da continuação do relacionamento igreja/pastor(a) será debatida. O objectivo é chegar a consenso sem necessidade de uma votação formal por parte da junta da igreja.

123.1. O(A) superintendente distrital, ou um(a) ministro(a) ordenado(a) ou leigo designado pelo(a) superintendente distrital, será responsável pela(s) marcação(ões) da(s) reunião(ões) de revisão com a junta da igreja. O(A) superintendente do distrito determinará a metodologia desta(as) reunião(ões) de revisão. A(s) reunião(ões) de revisão será(ão) marcada(s) depois de consultado o(a) pastor(a). A(s) reunião(ões) de revisão será(ão) conduzida(s) em sessão executiva (junta da igreja, incluindo o(a) pastor(a)). O(a) superintendente distrital, pode determinar que uma porção da revisão seja conduzida na ausência do(a) pastor(a). No caso do cônjuge do(a) pastor(a) ser um membro eleito da junta, ele(a) não deverá participar na revisão. Adicionalmente, outros parentes imediatos do(a) pastor(a) podem ser dispensados da revisão, a pedido do(a) superintendente distrital ou do(a) seu/sua representante designado(a).

123.2. Um anúncio público e/ou escrito, explicando o propósito desta reunião da junta, deve ser feito à congregação no domingo antes da junta da igreja e o(a) superintendente se reunirem para a revisão regular do relacionamento igreja local/pastor(a).

123.3. Se a junta da igreja deliberar não apresentar aos membros da igreja a questão da continuação do relacionamento igreja/pastor(a), esse relacionamento continuará.

123.4. A junta da igreja pode deliberar apresentar a questão da continuação da chamada pastoral aos membros da igreja. Esta deliberaão será tomada por voto secreto da junta e aprovada por uma maioria de dois terços dos votos de todos os membros presentes .

123.5. Se a junta da igreja deliberar colocar a questão da continuação do relacionamento igreja/pastor(a) aos membros da igreja, o assunto deve ser apresentado numa reunião da igreja convocada de forma apropriada para este propósito e realizada dentro de 30 dias após tal acção. A questão será apresentada da seguinte maneira, "Deverá continuar o presente relacionamento igreja/pastor(a)?" A votação será por escrutínio secreto e a sua aprovação exigirá uma maioria de dois terços dos votos, excepto quando a lei civil do país requeira o contrário.

123.6. Se os membros da igreja votarem pela continuação do relacionamento igreja/pastor(a), esse relacionamento continuará como se a votação não tivesse sido feita; caso contrário, o relacionamento igreja/pastor(a) terminará na data marcada pelo(a) superintendente distrital, mas não menos do que 30 nem mais de 180 dias depois da votação. Se o(a) pastor decidir não se sujeitar a uma votação da congregação ou escolher não aceitar o resultado da votação, ele(a) apresentará a sua demissão. Neste caso, o relacionamento igreja/pastor(a) terminará numa data estabelecida pelo(a) superintendente distrital, não menos do que 30 dias nem mais de 180 dias após uma das decisões do(a) pastor(a) atrás referidas. (120)

123.7. Como parte da revisão regular do relacionamento igreja/pastor(a) um relatório, respeitante à progressão do cumprimento da missão, visão e valores fundamentais da igreja, será elaborado pelo pastor e a junta da igreja e enviado ao/à superintendente distrital.

124. O(A) presidente da Junta de Escrutinadores informará o(a) pastor(a), pessoalmente, dos resultados da votação pastoral, antes que seja feito qualquer anúncio público.

125. Revisão Extraordinária do Relacionamento Igreja Local/Pastor(a). Entre revisões regulares, uma reunião da junta da igreja local tornar-se-á oficialmente uma revisão extraordinária, apenas por uma maioria de votos de toda a junta da igreja eleita, estando presente o(a) superintendente distrital ou um presbítero designado pelo(a) superintendente distrital servindo como presidente.

125.1. Esta reunião de revisão extraordinária do relacionamento igreja local/pastor(a) será conduzida em sessão executiva (junta da igreja, incluindo o(a) pastor(a)). O(a) superintendente distrital, pode determinar que uma porção da revisão seja conduzida na ausência do(a) pastor(a). No caso do cônjuge do(a) pastor(a) ser um membro eleito da junta, ele(a) não deverá participar na revisão. Em adição, outros parentes próximos do(a) pastor(a) podem ser dispensados da reunião pelo(a) superintendente distrital ou pelo(a) representante nomeado(a).

125.2. Se o(a) superintendente distrital e a junta da igreja local forem de opinião que a questão da continuação do relacionamento igreja/pastor(a) seja submetida à igreja, e se essa deliberação for aprovada por uma maioria de dois terços, numa votação por escrutínio secreto, de todos os membros da junta presentes, excepto quando a lei do país requeira o contrário, o(a) superintendente distrital e a junta da igreja podem determinar que a questão seja sujeita a votação, numa reunião extraordinária da igreja. A questão será apresentada da seguinte maneira: "Deverá continuar o presente relacionamento igreja/pastor(a)?"

125.3. Se após votação, por escrutínio secreto, dos membros da igreja presentes e com idade para votar, excepto quando a lei do país determine o contrário, e a igreja, por maioria de dois terços, deliberar continuar com o actual relacionamento igreja local/pastor, esse relacionamento prosseguirá como se essa votação não tivesse ocorrido.

125.4. Contudo, se através dessa votação, a igreja decidir não continuar com o actual relacionamento igreja/pastor(a), o(a) pastor(a) cessará as suas funções, não mais de 180 dias a seguir à votação, numa data marcada pelo(a) superintendente distrital.

125.5. Se o(a) pastor(a) decidir não se sujeitar a uma votação da congregação ou escolher não aceitar o resultado da votação, ele(a) apresentará a sua demissão. Neste caso, o relacionamento igreja/pastor(a) terminará numa data estabelecida pelo(a) superintendente distrital, não menos do que 30 dias nem mais de 180 dias após a decisão do(a) pastor(a). (113.8, 123- 124)

126. Igreja Local em Crise. Ao tomar conhecimento que uma igreja local está em risco de uma situação de crise, o(a) superintendente distrital, com a aprovação da Junta Consultiva, terá autoridade de nomear uma comissão para analisar a situação e implementar procedimentos para evitar a crise. A Comissão será formada por dois presbíteros designados e dois membros leigos da Junta Consultiva nomeados, e o(a) superintendente distrital que servirá como presidente. (211.3)

126.1. Quando, na opinião do(a) superintendente distrital e da Junta Consultiva, uma igreja local é declarada em crise — financeira, moral ou de outra natureza — e esta crise afectar seriamente a estabilidade e o futuro da igreja: *(a)* a questão da continuação do relacionamento igreja/pastor(a) pode ser apresentada à congregação local pelo(a) superintendente distrital ou um membro da Junta Consultiva designado pelo(a) superintendente distrital, sem que a junta da igreja tenha votado, de acordo com os parágrafos 123-123.7, ou *(b)*a permanência do(a) pastor(a) ou da junta da igreja ou de ambos pode cessar com a aprovação do(a) superintendente geral com jurisdição e por maioria de votos da Junta Consultiva., Os membros para a junta de uma igreja declarada em crise podem ser designados pelo(a) superintendente distrital, com a aprovação da Junta Consultiva. A notificação da acção da Junta Consultiva deverá ser enviada ao/à superintendente geral com jurisdição no espaço de 30 dias. (211.3)

126.2. Quando, na opinião do(a) superintendente distrital, uma igreja local declarada em crise de acordo com o parágrafo 126.1 tiver cumprido as determinações estabelecidas e estiver pronta para continuar o seu ministério em circunstâncias normais, a igreja local poderá ser declarada fora de crise por voto maioritário da Junta Consultiva Distrital. O(A) superintendente geral com jurisdição deve ser notificado(a) da acção da Junta Consultiva no espaço de 30 dias. (211.4)

K. A Junta da Igreja

127. Membros da Junta. Cada igreja local terá uma junta da igreja composta pelo(a) pastor(a), pelo(a) superintendente dos MEDDI, pelo(a) presidente da JNI, pelo(a) presidente das MNI, pelos mordomos e ecónomos da igreja e pelos membros da Junta do MEDDI, quando eleitos na reunião anual da igreja como Comissão de Educação da junta da igreja. Se o(a) presidente das MNI for cônjuge do(a) pastor(a) e ele(a) escolher não servir na junta, o vice-presidente pode ocupar o lugar; contudo, se o(a) presidente for cônjuge do(a) pastor(a) e escolher servir na junta, ele(a) não deverá tomar parte no processo de revisão do relacionamento igreja local/pastor(a).

O número de membros regulares da junta da igreja não poderá exceder 25. Ministros ordenados e ministros licenciados distritais, excepto os indivíduos aprovados pelo(a) pastor(a) e pelo(a) superintendente do distrito, e funcionários remunerados pela igreja local não são elegíveis para servir na junta da igreja local. O(A) superintendente do distrito, com a recomendação do(a) pastor(a) e da junta da igreja, pode conceder uma excepção para um(a) ministro(a) sem designação pelo distrito, que seja um estudante no Curso de Estudos ou numa Instituição Nazarena de educação superior. Esses ministros ficam escusados da acção da junta da igreja no que diz respeito à recomendação do(a) ministro(a) à assembleia distrital para renovação da licença de ministro(a) do distrito. Ordenamos que as nossas igrejas elejam, como oficiais da igreja, membros activos da igreja local, que professem a experiência da inteira santificação e cujas vidas deem testemunho público da graça de Deus que nos chama para um viver santo; que estejam de acordo com as doutrinas, governo e práticas da Igreja do Nazareno; e que apoiem fielmente a igreja local com a sua presença, serviço activo e com dízimos e ofertas. Os oficiais da igreja devem estar inteiramente envolvidos em "fazer discípulos à semelhança de Cristo nas nações." (33, 113.11, 137, 141, 145-147, 152.2, 159.4)

127.1. Quando a reunião anual de uma igreja local acontecer durante o período de transição pastoral, a comissão local de recomendações, presidida pelo(a) superintendente distrital, poderá, com a aprovação do(a) superintendente distrital, apresentar uma proposta à congregação, nos 30 dias antes da reunião anual, para que seja mantida a presente junta da igreja para o ano eclesiástico seguinte. Esta proposta poderá ser aprovada, através de cédula, pelo voto maioritário favorável dos membros da igreja presentes e com idade para votar, numa reunião extraordinária da igreja, convocada de forma apropriada. No caso da resolução não ser aprovada a junta da igreja deverá ser eleita pela reunião anual como habitualmente.

128. Reuniões. A junta da igreja assumirá funções no começo do ano eclesiástico e terá pelo menos reuniões bimestrais e reunir-se-á extraordinariamente quando convocada pelo(a) pastor(a) ou pelo(a) superintendente distrital. O(A) secretário(a) da junta da igreja convocará uma reunião extraordinária da junta apenas com a aprovação do(a) pastor(a), ou do(a) superintendente distrital quando não houver pastor(a). As reuniões da junta da igreja, incluindo votação, podem ser conduzidas electronicamente. Essas reuniões e votações terão a mesma força e efeito que os votos numa reunião de membros num mesmo espaço ou área. Entre a reunião anual da igreja e o começo do ano eclesiástico, a junta da igreja recém-eleita poderá reunir-se para fins de organização, e nessa ocasião serão eleitos o(a) secretário(a) da junta da igreja e o(a) tesoureiro(a) da igreja, conforme se estabelece adiante, bem como quaisquer outros oficiais que seja seu dever eleger. (129.19-130)

129. Funções. As funções da junta da igreja serão:

129.1. Cuidar dos interesses e trabalho da igreja, em harmonia com o(a) pastor(a) e para os quais não haja provisão específica. (155, 518)

129.2. Propor à igreja, depois de haver consultado o(a) superintendente distrital, qualquer presbítero ou ministro(a) licenciado(a) (seguindo o programa de estudos para a ordenação ao presbitério) que a junta julgar pessoa apropriada para servir como pastor(a), contanto que a proposta seja aprovada de acordo com os parágrafos 115, 159.8, 211.10, 225.16)

129.3. Cooperar com o(a) novo(a) pastor(a) no desenvolvimento de um acordo escrito quanto a alvos e expectativas. (115.2)

129.4. Realizar com o(a) pastor(a), pelo menos uma vez em cada ano, uma sessão de planeamento com o propósito de actualizar um entendimento claro e escrito de expectativas, alvos, planos e objectivos. (122)

129.5. Fazer arranjos pastorais temporários, com a aprovação do(a) superintendente, até que a igreja chame um(a) pastor(a) de forma permanente. (212, 224)

129.6. Elaborar um orçamento anual para a igreja, MNI, JNI, MEDDI, e quaisquer creches/escolas (da creche até à secundária) projectando créditos e despesas.

129.7. Designar uma comissão da junta cujas responsabilidades incluam: (a) fiscalizar a execução do orçamento da igreja, (b) relatar à junta as condições e preocupações financeiras da igreja.

129.8. Determinar o valor da remuneração e benefícios, incluindo os benefícios da reforma, que o(a) pastor(a) deverá receber, e revê-los pelo menos uma vez por ano. (32.3, 115.4, 115.16, 123 -123.7)

129.9. Providenciar recursos para o sustento do(a) pastor(a), do(a) pastor(a) temporário(a) ou de qualquer outro obreiro pago pela igreja; encorajar e apoiar através de planeamento e financiamento o compromisso de aprendizagem ao longo da vida, do(a) pastor(a) e equipa. (115.4)

129.10. Para encorajar um ministério saudável e uma vida espiritual forte do(a) pastor(a), a junta da igreja, ouvido o(a) superintendente distrital, deverá conceder uma licença sabática ao(à) pastor(a) de sete em sete anos de serviço consecutivo prestado a uma congregação. A duração da licença sabática será determinada em conjunto pelo(a) pastor(a), a junta da igreja e o(a) superintendente distrital. Recomenda-se vivamente que se continue a pagar o salário completo ao(à) pastor(a) e que a junta da igreja prepare a substituição no púlpito durante o período sabático. Este assunto deve ser abordado pelo(a) superintendente distrital como parte do processo de revisão do relacionamento igreja/pastor(a) após dois anos, e novamente no sexto ano, uma vez estabelecida a viabilidade da continuação do relacionamento. O escritório Global de Desenvolvimento do Clero deverá desenvolver e distribuir materiais que orientem as congregações locais no estabelecimento e implementação de regras e procedimentos para uma licença sabática. Se a junta da igreja assim o entender, tal programa poderá também ser implementado para um membro da equipa pastoral.

129.11. Estabelecer o apoio financeiro e alojamento para um(a) evangelista e informá-lo(a), quando for chamado(a) pela junta da igreja.

129.12. Emitir ou renovar a licença, se assim o entender, de qualquer pessoa que tenha sido recomendada pelo(a) pastor(a) para (a) ministro(a) local, ou (b) ministro(a) leigo(a). (503. 3-503. 5, 531.1-531.3, 813)

129.13. Recomendar, a seu critério, à Assembleia Distrital, sob proposta do(a) pastor(a), qualquer pessoa que deseje receber um certificado para qualquer dos cargos de ministério, incluindo todos os candidatos leigos e ministeriais que aspirem a ser reconhecidos para ministérios para além da igreja local, se tal recomendação for exigida pelo *Manual*.

129.14. Recomendar, a seu critério, à Assembleia Distrital, sob proposta do(a) pastor(a), qualquer pessoa que deseje obter as Credenciais de Ministro(a) Licenciado(a), ou a renovação das mesmas. (531.5, 532.1)

129.15. Recomendar, a seu critério, à Assembleia Distrital, sob proposta do(a) pastor(a), a renovação da licença de diaconisa, em harmonia com o parágrafo 508.

129.16. Eleger, sob proposta da Junta dos MEDDI com a aprovação do(a) pastor(a), um(a) director(a) de Ministérios para Crianças e um(a) director(a) de Ministérios para Adultos. (145.6)

129.17. Aprovar o(a) presidente da JNI eleito(a) pela organização da JNI da igreja local, como estabelecido nos Estatutos da JNI.

129.18. Aprovar a selecção de administradores de creches/escolas (da creche até à secundária). (152, 160.1, 208.13, 515.10)

129.19. Eleger um(a) secretário(a), de entre os membros da igreja, que preencha as qualificações para oficiais da igreja, como especificado no parágrafo 33. Essa eleição deverá ocorrer na primeira reunião da nova junta. O indivíduo, assim eleito, servirá até o término do ano eclesiástico e até que um sucessor seja eleito e empossado, e terá privilégios de voto somente se for eleito para a junta da igreja numa reunião convocada de forma apropriada dos membros da congregação. (33, 113.6-113.8, 113.11, 128, 135.1-135.7)

129.20. Eleger um(a) tesoureiro(a) entre os membros da igreja que preencha as qualificações para oficiais da igreja, como especificado no parágrafo 33. Essa eleição deverá ocorrer na primeira reunião da nova junta. O indivíduo, assim eleito, servirá até o término do ano eclesiástico e até que um sucessor seja eleito e empossado, e terá privilégios de voto somente se for eleito para a junta da igreja numa reunião devidamente convocada dos membros da congregação. Nenhum membro da família imediata do(a) pastor(a) pode servir como tesoureiro(a) da igreja local, sem aprovação do(a) superintendente distrital e da Junta Consultiva. Família imediata incluirá cônjuge, filhos, irmãos ou pais. (33, 113.7-113.8, 113.11, 128, 136.1-136.6)

129.21. Fazer que seja mantida cuidadosa contabilidade de todo o dinheiro recebido e gasto pela igreja, incluindo quaisquer creches/escolas (da creche até à secundária) e MNI, JNI, MEDDI, e apresentar relatório sobre a mesma por ocasião das reuniões mensais regulares, bem como por ocasião da reunião anual da igreja. (136.3-136.5)

129.22. Indigitar uma comissão de pelo menos dois membros que deverão contar e prestar contas de todo o dinheiro recebido pela igreja.

129.23. Designar uma comissão de auditoria ou uma comissão de examinadores independentes, ou outras pessoas devidamente qualificadas, que farão auditoria ou examinarão os registos financeiros do(a) tesoureiro(a) da igreja, da JNI, da Junta dos MEDDI, das creches/escolas nazarenas (da creche até à secundária), e quaisquer outros registos financeiros da igreja, satisfazendo o padrão mínimo requerido pela lei nacional ou estadual quando aplicável. O(A) pastor(a) terá acesso a todos os registos da igreja local.

129.24. Nomear uma Comissão de Evangelismo e Lista de Membros da Igreja, composta de pelo menos três pessoas. (110)

129.25. Funcionar, se aconselhável, como Junta dos MEDDI em igrejas com 75 membros ou menos (145)

129.26. Designar uma comissão de disciplina, composta de cinco membros, no caso de serem apresentadas acusações escritas contra um membro da igreja. (605)

129.27. Havendo aprovação escrita do(a) superintendente distrital, e sob proposta do(a) pastor(a), eleger auxiliares remunerados conforme designação da igreja local. (151, 159-159.1, 211.13)

129.28. Havendo aprovação anual por escrito do(a) superintendente distrital, eleger um(a) ministro(a) local ou um(a) ministro(a) licenciado(a) como pastor(a) adjunto(a) não remunerado(a).

129.29. Nomear uma comissão de planeamento a longo prazo para a igreja, sendo o(a) pastor(a) o(a) presidente ex officio do mesmo.

129.30. Adoptar e implementar um plano para reduzir o risco de que, indivíduos colocados em posição de autoridade na igreja, usem a posição de confiança ou autoridade para se envolverem em má conduta. O plano para cada igreja local deve ter em consideração as suas circunstâncias peculiares.

130. A junta da igreja, em colaboração com o(a) pastor(a), seguirá os planos adoptados pela Junta de Superintendentes Gerais e pela Junta Geral, para o levantamento do Fundo de Evangelismo Mundial e do Fundo de Ministérios Distritais; a igreja local levantará e remeterá regularmente tais montantes ao/à tesoureiro(a) geral e ao/à tesoureiro(a) distrital respectivamente. (317.10, 335.7)

131. Significado de Mordomia. Vejam-se os parágrafos 32-32.5.

132. A junta da igreja exercerá as funções da Junta dos MEDDI numa igreja recém-organizada, até que essa junta seja devidamente eleita. (145)

132.1. A junta da igreja e o(a) pastor(a) da igreja recém-organizada, decidirão quando será eleito(a) o(a) superintendente dos MEDDI. (129.25, 145, 146)

133. A junta da igreja pode remover da lista de membros o nome de um membro inactivo depois de decorrido um período de dois anos desde a data em que esse membro foi declarado inactivo. (109-109.4, 112.3)

134. A junta da igreja pode suspender ou revogar a licença de qualquer pessoa com licença local.

135. Secretário(a) da Igreja. Os **deveres do(a) secretário(a) da junta da igreja são:**

135.1. Registar com exatidão e conservar fielmente as actas de todas as reuniões da igreja e das reuniões da junta da igreja, e desempenhar todas as funções que lhe são cometidas. As actas da junta deverão identificar todos os membros votantes da junta, como presentes ou ausentes, para que o quórum fique claramente documentado. (120.1, 129.19)

135.2. Apresentar à reunião anual da igreja local um relatório anual de todas as actividades da igreja local, incluindo estatística do número de membros. (113.9)

135.3. Assegurar-se que todos os documentos oficiais, registos e documentos legais pertencentes à igreja local, incluindo escrituras, extractos, apólices de seguro, documentos referentes a empréstimos, lista de membros da igreja, registos históricos, actas da junta da igreja e documentos de incorporação estão guardados com máxima segurança, dentro de cofres à prova de fogo, nas instalações da igreja local; ou quando possível, estes podem ser colocados em instalações de segurança oferecidas pelos bancos locais ou por instituições semelhantes. O acesso a esses documentos deve ser sempre compartilhado com o(a) pastor(a) e o(a) tesoureiro(a) da igreja e o cuidado de tais documentos deve ser confiado imediatamente ao sucessor do(a) secretário(a) da igreja no cargo.

135.4. Secretariar todas as reuniões anuais e extraordinárias da igreja; arquivar as actas e outros documentos de tais reuniões anuais e extraordinárias. (113.6)

135.5. Escrever ao/à superintendente distrital, informando-o(a) dos resultados da votação sobre a chamada de um(a) pastor(a) e a continuação do relacionamento igreja/pastor(a). Essa informação será enviada dentro de uma semana após a votação.

GOVERNO LOCAL

135.6. Quando a igreja local estiver sem pastor(a), enviar ao/à superintendente distrital uma cópia das actas de todas as reuniões da igreja e da junta da igreja, dentro dos três dias após tais reuniões.

135.7. Em conjunto com o(a) pastor(a), assinar todas as transações de bens imóveis, hipotecas, distrate de hipotecas, contratos e outros documentos legais não contidos nas disposições do *Manual*. (102.3, 103-104.2)

136. Tesoureiro(a) da Igreja. Os deveres do(a) tesoureiro(a) da junta da igreja são:

136.1. Receber todo o dinheiro para o qual não haja designação especial e desembolsar o mesmo somente sob ordem da junta da igreja. (129.21)

136.2. Remeter mensalmente todos os fundos distritais ao/à tesoureiro(a) distrital, e todos os fundos gerais ao/à tesoureiro(a) geral, através do escritório próprio, excepto quando houver outra determinação. (516.9)

136.3. Registar no livro correctamente todos os fundos recebidos e desembolsados. (129.21)

136.4. Apresentar um relatório financeiro mensal detalhado a todos os membros da junta da igreja. (129.21)

136.5. Apresentar um relatório financeiro anual à reunião anual da igreja. (113.9, 129.21)

136.6. Entregar à junta da igreja os registos completos da tesouraria, no término do seu mandato como tesoureiro(a).

L. Os Mordomos

137. Os mordomos da igreja não serão em número inferior a três, nem superior a treze. Serão eleitos, de entre os membros da igreja, através de votação por meio de cédula na reunião anual ou numa reunião extraordinária da igreja, a fim de servirem durante o próximo ano eclesiástico e até que os seus sucessores sejam eleitos e empossados. (33, 113.7, 113.11, 127)

138. Os deveres dos mordomos são:

138.1. Servir como comissão de crescimento da igreja, a não ser que haja outra indicação, com responsabilidades na busca de pessoas, no evangelismo e na expansão da igreja, incluindo o patrocínio de novas igrejas e missões tipo-igreja, sendo o(a) pastor(a) o(a) presidente ex officio desta comissão.

138.2. Providenciar assistência e apoio aos necessitados e aflitos. Um dos papéis bíblicos dos dirigentes leigos é ministrar em áreas de serviço prático (Romanos 12:6-8). Portanto, os mordomos devem oferecer o seu tempo e dons espirituais em serviço prático, administração, encorajamento, misericórdia, visitação e outros ministérios.

138.3. Servir, conforme determinado pela junta da igreja, como Comissão de Evangelismo e Lista de Membros da Igreja, tal como está especificado nos parágrafos 110-110.8.

138.4. Assessorar o(a) pastor(a) na organização da igreja, de modo que haja oportunidades de serviço cristão para todos os membros. Uma atenção especial deve ser prestada ao desenvolvimento de ministérios entre indivíduos de outras estruturas culturais e sócio-económicas, nas comunidades próximas e vizinhas da igreja.

138.5. Servir de ligação com organizações da comunidade para actividades e serviço cristãos.

138.6. Ajudar o(a) pastor(a) na adoração pública e na nutrição cristã na igreja local.

138.7. Preparar os elementos para a Ceia do Senhor e, quando solicitados pelo(a) pastor(a), ajudar na distribuição dos mesmos. (29.5, 515.4)

139. Uma vaga nas funções de mordomo(a) poderá ser preenchida pela igreja local numa reunião da mesma, convocada de forma apropriada. (113.8)

140. Os mordomos constituirão a Comissão de Mordomia, cujo dever será, em colaboração com o(a) pastor(a) e com o escritório de Ministérios de Mordomia, desenvolver na igreja local, os recursos que estão na origem da vida de mordomia cristã. (32-32.5)

M. Os Ecónomos

141. Os ecónomos da igreja não serão em número inferior a três, nem superior a nove. Serão eleitos, de entre os membros da igreja local, a fim de servirem durante o ano eclesiástico seguinte e até que os seus sucessores sejam eleitos e empossados. (33, 113.11, 127)

142. Em todos os casos em que a lei civil exigir uma forma específica de eleição dos ecónomos da igreja, esta será rigorosamente observada. (113.4)

142.1. Onde a lei civil não exigir uma forma específica de eleição, os ecónomos serão eleitos por cédula, na reunião anual da igreja local, ou numa reunião extraordinária convocada para esse fim. (113.7, 113.11)

143. Os **deveres dos ecónomos** são:

143.1. Conservar o título das propriedades da igreja e geri-las como administradores da igreja local, quando esta não for incorporada, ou onde a lei civil o exigir, ou quando, por outros motivos, for julgado conveniente pelo(a) superintendente distrital ou pela Junta Consultiva, sujeitos à orientação e às restrições dos parágrafos 102-104.4.

143.2. Orientar o incremento das instalações e o planeamento financeiro, a não ser que a junta da igreja determine de outro modo.

144. Uma vaga nas funções de ecónomo(a) será preenchida em reunião da igreja local devidamente convocada. (113.8)

N. Junta Local de Ministérios da Escola Dominical e Discipulado Internacionais

145. Cada igreja local organizará uma Junta de **MEDDI** ou uma **Comissão de Educação**, na reunião anual da igreja, como parte da junta da igreja, para ser responsável pelos ministérios de educação cristã da igreja. Nas igrejas com 75 membros ou menos, a responsabilidade pode recair na junta da igreja. Serão membros ex officio: o(a) superintendente dos MEDDI; o(a) pastor(a); o(a) presidente das MNI; o(a) presidente da JNI; o(a) director(a) de Ministérios para Crianças; o(a) director(a) de Ministérios para Adultos; e três a nove pessoas do rol de membros da igreja eleitas na reunião anual da igreja. Os membros podem ser eleitos por períodos escalonados de dois anos e até que seus sucessores sejam eleitos e empossados. Quando ocorrer alguma vaga dum membro eleito, ela será preenchida numa reunião da igreja convocada de forma apropriada. Se uma igreja eleger uma Comissão de Educação como parte da junta da igreja, deve seguir os requisitos do *Manual* no que respeita ao número mínimo de mordomos e ecónomos. Os oficiais ex officio serão membros da comissão, embora alguns possam não ser membros da junta da igreja.

Ordenamos que as nossas igrejas elejam, como oficiais da igreja, membros activos da igreja local, que professem a experiência da inteira santificação e cujas vidas deem testemunho público da graça de Deus que nos chama para um viver santo; que estejam de acordo com as doutrinas, governo e práticas da Igreja do Nazareno; e que apoiem fielmente a igreja local na assistência, serviço activo e com dízimos e ofertas. Os oficiais da igreja devem estar inteiramente envolvidos em "fazer discípulos à semelhança de Cristo nas nações." (33, 137, 141, 146)

Os **deveres e poderes da Junta dos MEDDI** ou da Comissão **de Educação** são:

145.1. Planear, organizar, promover e coordenar o ministério de educação cristã na igreja local. Isto deve estar sujeito ao cuidado directo do(a) pastor(a), à liderança do(a) superintendente dos MEDDI e à direção da junta da igreja local, de acordo com os objectivos e padrões denominacionais estabelecidos pela Junta Geral e promovidos através da Comissão de Missão Global e dos escritórios dos Ministérios para Adultos, JNI, e Ministérios para Crianças. Isto inclui tanto o currículo como os programas orientados para os ministérios de adultos, jovens e crianças. A Escola Dominical/Estudos Bíblicos/Pequenos Grupos, e o ministério de pregação, proporcionam o essencial quanto ao estudo da Sagrada

Escritura e doutrina na igreja. Creches/Escolas (da creche até à secundária), ministérios especiais/anuais e treinamento, tais como Caravanas, Escola Bíblica de Férias e ministérios para solteiros, oferecem oportunidades através das quais as doutrinas escriturísticas são vividas e integradas na vida da congregação. (516.15)

145.2. Trazer para Cristo e a igreja o maior número de pessoas sem igreja, admitindo-as na comunhão dos fiéis, ensinando-lhes eficazmente a Palavra de Deus e conduzindo-as à salvação; transmitindo-lhes as doutrinas da fé cristã e ajudando-as a aperfeiçoar o carácter, atitudes e hábitos à semelhança de Cristo; apoiando-as na edificação de lares cristãos; preparando crentes para serem membros da igreja e equipando-os para ministérios cristãos apropriados.

145.3. Determinar os currículos dos vários ministérios, usando sempre materiais da Igreja do Nazareno que constituem a base para o estudo bíblico e a interpretação doutrinal.

145.4. Planear e organizar, na sua totalidade, os MEDDI da igreja local de acordo com os Estatutos dos MEDDI. (812)

145.5. Submeter à reunião anual da igreja um ou mais nomes, aprovados pelo(a) pastor(a), para a eleição do cargo de superintendente dos MEDDI. As recomendações serão feitas numa reunião em que o(a) superintendente em exercício não estará presente.

145.6. Recomendar à junta da igreja pessoas aprovadas pelo(a) pastor(a), para servirem como director(a) de Ministérios para Crianças e director(a) de Ministérios para Adultos.

145.7. Eleger os conselhos dos Ministérios para Crianças e dos Ministérios para Adultos, mediante propostas feitas pelos directores desses ministérios com a aprovação do(a) pastor(a) e do(a) superintendente dos MEDDI.

145.8. De entre as recomendações feitas pelo(a) presidente da JNI e os directores dos Ministérios para Crianças e Ministérios para Adultos, eleger os supervisores, professores e oficiais para todos os grupos etários da Escola Dominical/Grupos de Estudo Bíblico/Pequenos Grupos; esses devem ser cristãos professos, de vida exemplar e em harmonia total com as doutrinas e governo da Igreja do Nazareno. As pessoas propostas devem ser aprovadas pelo(a) pastor(a) e pelo(a) superintendente dos MEDDI.

145.9. Eleger um(a) director(a) local de Treinamento Contínuo para Leigos que organizará, incentivará e terá a supervisão das oportunidades de treinamento regular para os obreiros dos MEDDI e para todos os membros da igreja. A Junta dos MEDDI terá o direito de nomear o director de Treinamento Contínuo para Leigos como membro ex officio da mesma.

145.10. Realizar reuniões regulares; eleger um(a) secretário(a) e outros oficiais considerados necessários, no começo do ano dos MEDDI, que será o mesmo do ano eclesiástico. O(A) pastor(a) ou o(a) superintendente dos MEDDI podem convocar reuniões extraordinárias.(144)

146. O(A) Superintendente dos MEDDI. A reunião anual da igreja elegerá de entre os seus membros, mediante cédula e por maioria absoluta de votos dos membros presentes e votantes, um(a) superintendente dos MEDDI para servir durante um ano, ou até que o seu ou a sua sucessor(a) seja eleito(a). A Junta dos MEDDI, com a aprovação do(a) pastor(a), pode pedir que o(a) superintendente dos MEDDI em exercício seja reeleito por voto de "sim" ou "não". Qualquer vaga será preenchida pela igreja local numa reunião da igreja devidamente convocada. O(A) superintendente dos MEDDI, recém-eleito(a), será um membro ex officio da Assembleia Distrital, da junta da igreja local e da Junta dos MEDDI .

Ordenamos que as nossas igrejas elejam, como oficiais da igreja, membros activos da igreja local, que professem a experiência da inteira santificação e cujas vidas deem testemunho público da graça de Deus que nos chama para uma vida santa; que estejam em harmonia com as doutrinas, governo e práticas da Igreja do Nazareno; e que apoiem fielmente a igreja local na assistência, serviço activo e com dízimos e ofertas. Os oficiais da igreja devem estar inteiramente envolvidos em "fazer discípulos à semelhança de Cristo nas nações." (33, 113.11, 127, 145, 145.5, 201)

Os **deveres e poderes do(a) superintendente dos MEDDI** são:

146.1. Exercer a supervisão dos MEDDI na igreja local.

146.2. Administrar os MEDDI em conformidade com os Estatutos dos MEDDI. (812)

146.3. Promover programas de crescimento na matrícula, e na assistência e de treinamento da liderança.

146.4. Presidir às reuniões regulares da Junta dos MEDDI ou da Comissão de Educação da junta da igreja, e dirigir a Junta dos MEDDI no cumprimento dos seus deveres.

146.5. Apresentar à junta da igreja um orçamento anual para os MEDDI.

146.6. Apresentar um relatório mensal à junta da igreja e um relatório escrito à reunião anual da igreja.

147. Conselhos de Grupos Etários. O trabalho dos MEDDI é mais bem organizado por grupos etários: crianças, jovens e adultos. Para cada grupo etário haverá um conselho responsável, para organizar e administrar o trabalho. Esse conselho é composto pelo(a) director(a) do grupo etário e representantes da Escola Dominical/Grupos de Estudo Bíblico/Pequenos Grupos e outros ministérios que a igreja estipule para esse grupo etário. A função do conselho é trabalhar com o(a) director(a) do grupo etário no planeamento de ministérios para esse grupo etário, e buscar recursos para a implementação desses planos. Todo o trabalho dos conselhos dos Ministérios para Crianças e Ministérios para Adultos está sujeito à aprovação do(a) seu/sua director(a) e da Junta dos MEDDI.

Os **deveres dos directores de grupos etários** são:

147.1. Presidir o conselho do grupo etário que ele(a) dirige, e liderar o conselho na organização, incentivo e coordenação do ministério total dos MEDDI para pessoas desse grupo etário.

147.2. Liderar o respectivo grupo etário dos MEDDI através do desenvolvimento de programas que visem o crescimento na matrícula e assistência de crianças, jovens e adultos na igreja local, em cooperação com a Junta dos MEDDI.

147.3. Dar orientação aos ministérios adicionais de domingo, creches/escolas (da creche até à secundária), anuais e especiais, actividades evangelísticas e de comunhão para o grupo etário que ele(a) representa.

147.4. Recomendar à Junta dos MEDDI a liderança para os vários ministérios designados para o seu grupo etário, incluindo supervisores, professores e oficiais da Escola Dominical/Grupos de Estudo Bíblico/Pequenos Grupos, com excepção da JNI que recomendará supervisores, professores e oficiais para a Escola Dominical/Grupos de Estudo Bíblico/Pequenos Grupos de jovens. Os nomes propostos serão aprovados pelo(a) pastor(a) e pelo(a) superintendente dos MEDDI.(33)

147.5. Obter a aprovação da Junta dos MEDDI antes de usar qualquer material curricular suplementar.

147.6. Proporcionar treinamento de liderança para obreiros de grupos etários em cooperação com a Junta dos MEDDI e o(a) director(a) do Treinamento Contínuo para Leigos.

147.7. Apresentar um orçamento anual à Junta dos MEDDI e/ ou à junta da igreja ou ambas e administrar os fundos de acordo com a aprovação do orçamento.

147.8. Receber todos os relatórios dos vários ministérios que funcionam dentro dos grupos etários da igreja local sob sua orientação. Um relatório mensal de todos os ministérios de Discipulado (Escola Dominical/Lista de Ministérios de Extensão/Discipulado/Estudo Bíblico) deve ser entregue ao/à superintendente dos MEDDI.

147.9. Sugerir um calendário trimestral das actividades do seu grupo etário à Junta dos MEDDI a ser coordenado com os MEDDI total da igreja local.

148. Conselho de Ministérios para Crianças. O Conselho de Ministérios para Crianças é responsável pelo planeamento de todos os MEDDI para crianças desde o nascimento até à idade de 12 anos, na igreja local. O conselho é composto por, no mínimo, um representante da Escola Dominical/Grupos de Estudo Bíblico/Pequenos Grupos e os directores de quaisquer outros ministérios para crianças oferecidos pela igreja local, tais como: igreja

GOVERNO LOCAL

infantil, Caravanas, Escola Bíblica de Férias, concursos bíblicos, educação missionária, Rol do Berço, e quaisquer outros considerados necessários. O tamanho do conselho variará de acordo com o número de ministérios oferecidos às crianças na igreja local, à medida que forem identificadas as necessidades e se encontrem líderes dispovíves.

Os **deveres do director dos Ministérios para Crianças** são:

148.1. Cumprir os deveres designados nos parágrafos 147.1-147.9, para os directores de todos os grupos etários.

148.2. Trabalhar com a Comissão Executiva das MNI da igreja local para nomear um(a) director(a) de educação missionária para crianças. A pessoa nomeada torna-se membro dos conselhos das MNI e dos Ministérios para Crianças. Os nomes propostos para este cargo serão aprovados pelo(a) pastor(a) e pelo(a) superintendente dos MEDDI.

149. Conselho de Ministérios para Adultos. O Conselho de Ministérios para Adultos será responsável pelo planeamento de todos os MEDDI para adultos na igreja local. O Conselho de Ministérios para Adultos compõe-se de, pelo menos, um representante da Escola Dominical/Grupos de Estudo Bíblico/Grupos Pequenos e dos directores de quaisquer outros ministérios oferecidos na igreja local, tais como: vida matrimonial e familiar, ministérios para adultos seniores, ministérios para adultos solteiros, ministérios para leigos, ministérios para mulheres, ministério para homens, e outros que se julguem necessários. O tamanho do conselho variará consoante o número de ministérios oferecidos a adultos na igreja local, à medida que se identifiquem necessidades e se encontrem líderes disponíveis.

Os **deveres do director dos Ministérios para Adultos** são:

149.1. Cumprir os deveres designados nos parágrafos 147.1-147.9, para todos os directores dos grupos etários.

O. Conselho da Juventude Nazarena Internacional

150. O ministério Nazareno para jovens é organizado na igreja local sob os auspícios da JNI. Grupos locais são organizados segundo os Estatutos da Juventude Nazarena Internacional e a autoridade da junta da igreja local.

150.1. A JNI local será organizada de acordo com o Plano de Ministério Local da JNI (parágrafos 810.100-810.118), o qual pode ser adaptado como resposta às necessidades locais de ministérios para jovens, (ver parágrafo 810.103) conforme os Estatutos da JNI e o *Manual da Igreja do Nazareno*.

P. Creches/Escolas Nazarenas (da Creche até à Secundária)

151. Creches/Escolas Nazarenas (da creche até à secundária) podem ser organizadas pela junta da igreja local, depois da aprovação do(a) superintendente distrital e da Junta Consultiva, e seguindo os critérios estabelecidos pelos Ministérios para Crianças/Ministérios da Escola Dominical e Discipulado Internacionais. O(A) director(a) e a junta da escola prestarão contas e apresentarão um relatório anual à(s) junta(s) da igreja local. (129.18, 211.13-211.14, 225.14, 516.15, 517)

151.1. Encerramento de Escola. Caso uma igreja local tenha a necessidade de suspender as actividades da sua(s) creche(s)/ escola(s), (da creche até à secundária), poderá fazê-lo somente depois de consultar o(a) superintendente distrital e a Junta Consultiva e de apresentar um relatório financeiro.

Q. Missões Nazarenas Internacionais da Igreja Local

152. Organizações locais das MNI podem ser formadas, dentro de qualquer grupo etário, com a autorização da junta da igreja, e harmonia com a Constituição das MNI aprovada pela Convenção Global das MNI e pela Comissão de Missão Global da Junta Geral. (811)

152.1. As MNI local será parte integrante da igreja local e estará sujeita à supervisão e orientação do(a) pastor(a) e da junta da igreja. (516)

152.2. O(A) presidente das MNI local será proposto(a) por uma comissão de três a sete membros das MNI, designada e presidida pelo(a) pastor(a. Essa comissão apresentará à junta da igreja para aprovação, um ou mais nomes para o cargo de presidente. O(A) presidente será eleito(a) através de cédula, por uma maioria absoluta de votos dos membros (excluindo associados) presentes e votantes. O(A) presidente será membro da igreja local onde serve como presidente das MNI, membro ex officio da junta da igreja (ou em igrejas onde o(a) presidente é o conjuge do(a) pastor(a), o(a) vice-presidente pode servir na junta da igreja), e membro da Assembleia Distrital reunida imediatamente antes do início do seu mandato. O(A) presidente apresentará um relatório à reunião anual da igreja local. (113.9, 114, 123, 127, 201)

153. Todos os fundos levantados pelas Missões Nazarenas Internacionais (MNI), para os interesses gerais da Igreja do Nazareno, serão aplicados ao Fundo de Evangelismo Mundial; exceptuam-se as ofertas para projectos missionários especiais que tenham sido aprovados pela Comissão dos Dez Por Cento.

153.1. Após considerar em primeiro lugar o pagamento total do Fundo de Evangelismo Mundial, as igrejas locais são desafiadas a apoiar outro "trabalho missionário" global através de "ofertas missionárias especiais aprovadas."

154. Os fundos para o sustento dos interesses gerais serão levantados da seguinte maneira:

154.1. Por meio de doações e ofertas designadas para o Fundo de Evangelismo Mundial e para interesses gerais.

GOVERNO LOCAL

154.2. Por meio de ofertas especiais, tais como a da Páscoa ou de Gratidão.

154.3. Nenhuma porção dos fundos acima citados será usada para despesas no plano local ou distrital da igreja, nem para fins caritativos.

R. Proibição de Apelos Financeiros

155. Não será legítimo que uma igreja local, seus oficiais ou membros, enviem apelos a outras igrejas locais, aos seus oficiais ou membros, a solicitar dinheiro ou assistência financeira para as necessidades da igreja local ou para os benefícios que queiram apoiar. Fica previsto, entretanto, que tal solicitação pode ser feita a igrejas locais e a membros de igrejas situadas dentro dos limites do distrito em que o(a) solicitador(a) estiver localizado(a), mas sob a condição exclusiva de que o pedido seja aprovado por escrito pelo(a) superintendente distrital e pela Junta Consultiva.

156. Os membros da Igreja do Nazareno que não forem autorizados pela Junta Geral ou por uma da suas comissões, não poderão solicitar às congregações de igrejas locais, ou aos membros dessas igrejas fundos separados do Fundo de Evangelismo Mundial, para actividades missionárias ou congéneres.

S. Uso do Nome da Igreja

157. O nome da igreja do Nazareno ou parte dele, de qualquer igreja local, corporação ou instituição que esteja de algum modo filiada à Igreja do Nazareno, não poderá ser usado por um ou mais dos seus membros, por qualquer corporação, parceria, associação, grupo ou entidade em conexão com qualquer actividade (comercial, social, educativa, caritativa, ou de qualquer outra natureza) sem a prévia aprovação, por escrito, da Junta Geral da Igreja do Nazareno e da Junta de Superintendentes Gerais, conquanto esta provisão não se aplique às actividades da Igreja do Nazareno, autorizadas pelo seu *Manual*.

T. Corporação Patrocinada pela Igreja

158. Nenhuma igreja local, junta de igreja local, corporação distrital, junta distrital, ou dois ou mais membros de qualquer delas, agindo individualmente ou doutra forma, poderão formar directa ou indirectamente ou mesmo tornar-se membros de qualquer corporação, associação, parceria, grupo ou outra entidade que promova, patrocine, encoraje ou de alguma outra maneira se envolva em alguma actividade (de natureza comercial, social, educacional, caritativa ou de outra natureza) em que os membros da Igreja do Nazareno sejam solicitados ou de qualquer maneira procurados como participantes prospectivos, fregueses, locatários, clientes, membros ou associados, ou em qualquer actividade (comercial, social, educacional, caritativa ou de outra natureza) que directa ou indirectamente dê a entender que é patrocinada ou executada, principal ou exclusivamente, pelos ou para o benefício ou serviço dos membros da Igreja do Nazareno, sem o expresso consentimento prévio por escrito do(a) superintendente distrital, da Junta Consultiva e da Junta de Superintendentes Gerais.

U. Auxiliares na Igreja Local

159. Pode haver pessoas que se sintam chamadas para se prepararem para certos serviços leigos vitais na igreja, a tempo parcial ou integral. A igreja reconhece o lugar de tais obreiros leigos, embora se considere basicamente constituída como uma instituição voluntária, cujo serviço a Deus e aos homens é o dever e privilégio de todos os seus membros, em conformidade com as suas aptidões. Quando, para maior eficiência na igreja local ou em quaisquer corporações subsidiárias e/ou afiliadas, houver necessidade de algum(a) auxiliar pago(a), quer ministerial quer leigo(a), deve ser feito de tal modo a não desvirtuar o espírito de serviço gratuito por parte de todos os seus membros, nem sobrecarregar os recursos financeiros da igreja, incluindo o pagamento de todas as quotas financeiras. Contudo, pode ser feito, por escrito, um pedido de excepção, ao/à superintendente distrital e à Junta Consultiva, para casos especiais. (129.27)

159.1. Todos os auxiliares locais remunerados ou não, que prestam ministério especializado dentro do contexto da igreja local e entram num relacionamento de ministério vocacional dentro da igreja, incluindo directores de creches/escolas (da creche até à secundária), serão eleitos pela junta da igreja, depois de terem sido propostos pelo(a) pastor(a). Todas as recomendações devem ter a aprovação prévia escrita do(a) superintendente distrital, que deverá responder dentro de 15 dias após recebimento do pedido. (159.4, 211.13)

159.2. O contrato de tais auxiliares terá a duração de um ano e poderá ser renovado por recomendação do(a) pastor(a), aprovado previamente por escrito pelo(a) superintendente distrital e pelo voto favorável da junta da igreja. O(A) pastor(a) terá a responsabilidade de fazer uma avaliação anual do desempenho de cada membro da equipa. O(A) pastor(a), ouvida a junta da igreja, pode fazer recomendações para o desenvolvimento da equipa ou modificações nas descrições do cargo, decorrentes da avaliação do desempenho. A demissão ou não renovação de todos os auxiliares locais, antes do termo do contrato (fim do ano eclesiástico) far-se-á por recomendação do(a) pastor(a), aprovação do(a) superintendente distrital e maioria dos votos da junta da igreja. A notificação da demissão ou da não renovação deve ser entregue por escrito, não menos de 30 dias antes do término do contrato. (129.27)

159.3. Os deveres e serviços de tais auxiliares são determinados e dirigidos pelo(a) pastor(a). Uma descrição, por escrito, esclarecendo essas responsabilidades (descrição do trabalho) será posta à disposição desses auxiliares, dentro de 30 dias a partir da data do início das suas responsabilidades para com a igreja local.

159.4. Nenhum(a) empregado(a) remunerado(a) da igreja será elegível para a junta da igreja. Se um membro da junta da igreja se tornar empregado remunerado da igreja, deixará de ser membro da dita junta.

159.5. Em tempos de transição pastoral, é crucial a estabilidade, a unidade e o prosseguimento do ministério da igreja local. Consequentemente, o(a) superintendente distrital (ou um(a) representante por ele nomeado(a) trabalhará de perto com a junta da igreja local para implementar os passos que (a) permitirão a igreja local reter alguns elementos ou toda a equipa de trabalho, pelo menos por algum tempo durante a transição; (b) possibilitem ainda que o(a) novo(a) pastor(a) tenha a liberdade de desenvolver a sua própria equipa de auxiliares, se assim o entender; e (c) possibilitem que a junta e o(a) superintendente, a seu critério, estipulem um tempo razoável para a equipa de transição fazer os ajustamentos pessoais e profissionais necessários. Primeiro, depois da renúncia ou do término do serviço do(a) pastor(a), quaisquer auxiliares apresentarão também a sua demissão, concomitante com o(a) pastor(a). Segundo, uma junta da igreja local pode pedir que o(a) superintendente distrital aprove a continuação do serviço de qualquer ou de todos os auxiliares. Esta aprovação, se concedida, pode continuar até 90 dias após o(a) novo(a) pastor(a) assumir suas responsabilidades, ou até que esse(a) pastor(a) nomeie os auxiliares remunerados para o ano seguinte, nos termos do parágrafo 159. Os directores de creches/escolas (da creche até à secundária) deverão apresentar a sua renúncia, no fim do ano escolar em que o(a) novo(a) pastor(a) assuma as suas responsabilidades. O(A) oficial executivo(a) de qualquer corporação subsidiária e/ou afiliada apresentará também a sua demissão no fim do período contratual em que o(a) novo(a) pastor(a) assume o seu pastorado. O(A) novo(a) pastor(a) terá o privilégio de recomendar o reemprego de membros da equipa que estavam ao serviço da igreja local.

159.6. Será responsabilidade do(a) superintendente distrital comunicar aos membros da equipa, à junta da igreja e à congregação, o efeito do parágrafo 159.5 sobre os membros da equipa na altura da mudança pastoral. (211.13)

159.7. O(A) pastor(a) de uma congregação que tenha aprovação para funcionar como igreja local de acordo com o parágrafo 100.2, não será considerado um membro da equipa.

159.8. Qualquer pessoa, servindo como auxiliar remunerado(a), não será elegível para ser chamado(a) como pastor(a) da igreja de que é membro, sem a aprovação da Junta Consultiva. (115, 129.2, 211.10, 225.16)

II. GOVERNO DISTRITAL

A. Limites e Nome

200. Um distrito é uma entidade formada por igrejas locais interdependentes, para facilitar a missão de cada igreja local através de apoio mútuo, partilha de recursos e colaboração.

Os limites geográficos e o nome de um distrito serão os que forem declarados pela Comissão Geral de Jurisdição e aprovados por maioria absoluta de votos da(s) assembleia(s) do(s) distrito(s) envolvido(s), com a aprovação final do(s) superintendente(s) geral(ais) com jurisdição.

Nos casos em que os distritos provenientes de diferentes regiões de educação considerem fundir-se num único distrito, a Comissão Geral de Jurisdição, ouvidos os superintendentes gerais com jurisdição, determinará a região a que o novo distrito pertencerá.(24)

200.1. Criação de Novos Distritos. Novos distritos na Igreja do Nazareno podem ser criados
1. Pela divisão de um distrito em dois ou mais distritos (requer dois terços de votos da Assembleia Distrital);
2. Através da combinação de dois ou mais distritos a partir de um configuração diferente de distritos;
3. Formação dum novo distrito em área ainda não coberta por qualquer distrito existente;
4. Pela fusão de dois ou mais distritos; ou
5. Por uma recomendação para a criação de um novo distrito que será apresentada ao(s) superintendente(s) geral(ais) com jurisdição. O(s) superintendente(s) distrital(ais) e Junta(s) Consultiva(s) ou a(s) junta(s) nacional(ais), com a aprovação do(s) superintendente(s) geral(ais) com jurisdição e a Junta de Superintendentes Gerais, pode(m) aprovar e apresentar o assunto à(s) Assembleia(s) Distrital(ais) para votação. (24, 200, 200.4)

200.2. O trabalho na Igreja do Nazareno pode começar como uma área pioneira e levar à organização de novos distritos e dos limites distritais. Distritos de Fase 3 podem ser formados logo que se verifiquem os seguintes padrões:

Fase 1. Um distrito de Fase 1 será assim designado quando se oferecer a oportunidade de entrar numa nova área, dentro das directrizes para o desenvolvimento estratégico e evangelismo. O pedido para essa designação pode ser feito pelo(a) director(a) regional, por um distrito através do Conselho Consultivo Regional, ou por um(a) superintendente distrital patrocinador(a) e/ou pela Junta Consultiva e apresentado ao(s) superintendente(s) geral(ais) com jurisdição e à Junta de Superintendentes Gerais para aprovação final.

O(A) superintendente de um distrito de Fase 1 será recomendado(a) pelo(a) director(a) regional, ouvido o(a) director(a) do Escritório de Missão Global, o(a) superintendente geral com jurisdição, e será este(a) a fazer a nomeação. A região dará orientação ao distrito de Fase 1 quanto a recursos disponíveis para o seu desenvolvimento. Nos casos em que existam distritos patrocinados, o(a) superintendente distrital será nomeado(a) pelo(a) superintendente geral com jurisdição, depois de ouvidos o(s) superintendente(s) distrital(ais) e a(s) Junta(s) Consultiva(s) patrocinador(es).

Quando, na opinião do(a) coordenador(a) de estratégia de campo e do(a) director(a) regional, um distrito de Fase 1 estiver em crise – financeira, moral ou de outra natureza – e esta crise seriamente afectar a estabilidade e o futuro do distrito, este pode ser declarado em crise com a aprovação do(a) superintendente geral com jurisdição e ouvido o(a) director(a) de Missão Global. O(A) director(a) regional, com a aprovação do(a) superintendente geral com jurisdição, pode nomear uma junta interina para a administração do distrito e em substituição de todas as juntas existentes, até à próxima Assembleia Distrital regularmente agendada.

Fase 2. Um distrito de Fase 2 pode ser assim designado quando existir um número suficiente de igrejas organizadas e de ministros ordenados, e uma infraestrutura distrital com maturidade adequada para recomendar tal designação.

Essa designação será feita pela Junta de Superintendentes Gerais, mediante recomendação do(a) superintendente geral com jurisdição, após consultar o(a) director(a) de Missão Global, o(a) director(a) regional e outros indivíduos e juntas envolvidos na nomeação do(a) superintendente distrital. Um(a) superintendente distrital será eleito(a) ou nomeado(a).

As directrizes mensuráveis serão 10 igrejas organizadas, 500 membros em plena comunhão e 5 ministros ordenados, e um mínimo de 50 por cento das despesas administrativas do distrito ser gerado pelo fundo de ministérios do distrito, na altura da designação. Uma Junta Consultiva ou uma junta nacional pode pedir ao(à) superintendente geral com jurisdição uma excepção a estes critérios.

Quando, na opinião do(a) coordenador(a) de estratégia do campo e do(a) director(a) regional, um distrito de Fase 2 estiver em crise - financeira, moral ou de outra natureza – e esta crise seriamente afectar a estabilidade e o futuro do distrito, um distrito pode ser declarado em crise com a aprovação do(a) superintendente geral com jurisdição. O(A) director(a) regional, com a aprovação do(a) superintendente geral com jurisdição, pode nomear uma junta interina para a administração do distrito e em lugar de todas as juntas existentes, até a próxima Assembleia Distrital regularmente agendada.

Fase 3. Um distrito pode ser declarado de Fase 3, quando existir um número suficiente de igrejas organizadas, de ministros ordenados e de membros que justifiquem tal designação. Devem evidenciar-se liderança, infraestrutura, responsabilidade orçamental e integridade doutrinária. Um distrito de Fase 3 deve ser capaz de suportar estes encargos e compartilhar os desafios da Grande Comissão, dentro do panorama global da igreja internacional.

Essa designação será efectuada pela Junta de Superintendentes Gerais sob recomendação do(a) superintendente geral com jurisdição depois de ouvido o(a) director(a) de Missão Global, o director(a) regional e outros indivíduos e juntas envolvidos na nomeação do(a) superintendente distrital. Um(a) superintendente distrital será seleccionado(a) de acordo com as provisões do *Manual*.

Directrizes mensuráveis devem incluir um mínimo de 20 igrejas organizadas, 1000 membros em plena comunhão e 10 ministros ordenados. Uma Junta Consultiva ou nacional pode pedir ao/à superintendente geral em jurisdição uma excepção a estes critérios.

A administração distrital de um distrito de Fase 3 deve ser 100 por cento auto-sustentável.

Os distritos de Fase 3 são uma parte integrante das suas respectivas regiões. Em regiões que tenham um director regional, o superintendente geral em jurisdição pode recrutar a assistência do director regional para facilitar a comunicação com e a supervisão do distrito.

Quando na opinião do(a) superintendente geral com jurisdição, um distrito estiver em crise - financeira, moral ou de outra natureza – e esta crise seriamente afectar a estabilidade e o futuro do distrito, um distrito pode ser declarado em crise com a aprovação da Junta de Superintendentes Gerais. O(A) superintendente geral com jurisdição e com a aprovação da Junta de Superintendentes Gerais, pode executar uma das seguintes acções:

1. Remoção do(a) superintendente distrital;
2. Nomeação de uma junta interina para administração do distrito em substituição de todas as juntas existentes, até que seja realizada a próxima Assembleia Distrital regular; e
3. Iniciar uma tal intervenção especial, se necessária, para restaurar a saúde e efectividade missionária do distrito. (200.1, 205.12, 206.2, 209.1, 307.9, 322)

200.3. Critérios para a Divisão de um Distrito ou Mudanças nos Limites Distritais. Uma proposta para a criação

dum distrito ou mudança de limites distritais desenvolvida pelo escritório regional, por uma junta nacional ou pela Junta Consultiva pode ser apresentada ao(à) superintendente geral com jurisdição. Tal plano deve levar em consideração:
1. Que os novos distritos ou distritos com novas demarcações propostos tenham centros populacionais, que justifiquem a sua criação ou demarcação;
2. Que haja vias de comunicação e transporte que facilitem o trabalho dos distritos;
3. Que haja suficiente número de ministros ordenados e líderes leigos com maturidade para o trabalho dos distritos;
4. Que os distritos patrocinadores tenham, sempre que possível, entradas suficientes de fundos dos ministérios, número de membros e de igrejas organizadas suficientes para manter a sua categoria de distrito de Fase 3.

200.4. Uniões. Dois ou mais distritos Fase 3 podem ser unidos mediante dois terços de voto favorável de cada uma das Assembleias Distritais envolvidas, desde que: A união tenha sido recomendada pelas respectivas Juntas Consultivas (e junta(s) nacional(ais), onde aplicável) dos distritos envolvidos, e aprovada por escrito pelos superintendentes gerais com jurisdição.

A união e todos os assuntos pertinentes relacionados serão concluídos em tempo e lugar determinados pelas Assembleias Distritais envolvidas e pelos respectivos superintendentes gerais com jurisdição.

A organização assim criada receberá os bens e as dívidas dos respectivos distritos.

Distritos de Fase 1 e 2 podem unir-se de acordo com as disposições para formação de novos distritos apresentadas no parágrafo 200.2. (200.1)

200.5. Se qualquer ou todas as Assembleias Distritais envolvidas falharem em agir, ou se as acções das várias Assembleias Distritais estiverem em conflito, a recomendação será submetida à próxima Assembleia Geral para deliberação, isto se for pedido por dois terços das Juntas Consultivas implicadas.

200.6. Um(a) superintendente distrital pode usar facilitadores de zona ou directores de área missionária para apoiar a:
1. Edificação de um espírito de comunidade e camaradagem entre os pastores da zona ou área missionária;
2. Promoção da causa de Cristo através do encorajamento e estratégia para desenvolvimento ministerial, crescimento de igreja, evangelismo, início e recomeço de igrejas;
3. Realização de tarefas específicas em nome do(a) superintendente distrital e da Junta Consultiva; e
4. Servir como ponte de comunicação entre as congregações locais e o distrito.

B. Membros e Data da Assembleia Distrital

201. Membros. A Assembleia Distrital será composta de todos os presbíteros designados; de todos os diáconos designados; de todos os ministros licenciados designados; de todos os ministros reformados designados; do secretário distrital; do tesoureiro distrital; dos presidentes das comissões permanentes distritais que apresentam relatórios à Assembleia Distrital; de qualquer presidente leigo das instituições nazarenas de educação superior que seja membro de uma igreja local do distrito; do(a) presidente distrital dos MEDDI; dos directores distritais dos ministérios de grupos etários (crianças e adultos); da Junta Distrital dos MEDDI; do(a) presidente distrital da JNI (240.4); do(a) presidente distrital das MNI (241.2); do(a) recém-eleito(a) superintendente ou vice-superintendente de cada junta local dos MEDDI (146); do(a) recém-eleito(a) presidente ou vice-presidente de cada JNI local; do(a) recém-eleito(a) presidente ou vice-presidente de cada MNI local; ou de um(a) suplente eleito(a) que possa representar as organizações da JNI, MNI e MEDDI na Assembleia Distrital; de indivíduos servindo em cargos ministeriais designados; dos membros leigos da Junta Consultiva; todos os leigos missionários activos, que sejam membros locais no distrito; todos os leigos missionários reformados que sejam membros locais no distrito e que eram missionários activos na altura da reforma; e dos delegados leigos de cada igreja local e de missão tipo-igreja do distrito. (24, 113.14-113.15, 146, 152.2, 201.1-201.2, 219.2, 222.2, 224.4, 242.2, 505-528.1, 532.8, 533-533.4, 534-534.3, 535-535.1, 536-536.2, 538.9)

201.1. As igrejas locais e as missões tipo-igreja em distritos de menos de 5.000 membros em plena comunhão têm o direito de se representar na Assembleia Distrital como segue: dois delegados leigos para cada igreja local ou missão tipo-igreja de 50 membros ou menos em plena comunhão, e sucessivamente um(a) delegado(a) leigo(a) adicional para cada 50 membros em plena comunhão e a porção final maior de 50 membros em plena comunhão. (24, 113.14-113.15, 201)

201.2. As igrejas locais e missões tipo-igreja em distritos de 5.000 ou mais membros em plena comunhão têm o direito de se representar na Assembleia Distrital como segue: um(a) delegado(a) leigo(a) por cada igreja local ou missão tipo-igreja de 50 ou menos membros em plena comunhão, e sucessivamente um(a) delegado(a) leigo(a) adicional por cada 50 membros em plena comunhão e a porção final maior de 50 membros da igreja em plena comunhão. (24, 113.14-113.15, 201)

202. Data da Assembleia. A Assembleia Distrital será realizada anualmente, na data indicada pelo(a) superintendente geral com jurisdição e no lugar designado pela Junta Consultiva ou providenciado pelo(a) superintendente distrital.

203. Comissão de Recomendações. Antes da convocação da Assembleia Distrital, o(a) superintendente distrital, ouvida a Junta Consultiva, nomeará uma comissão de recomendações para servir a Assembleia Distrital; esta comissão poderá preparar recomendações para as comissões e cargos usuais, antes da convocação da Assembleia Distrital. (215.2)

204. Todas as entidades distritais serão autorizadas a reunirem-se eletronicamente. Os métodos de votação serão aprovados pela Junta Consultiva. Todas as comunicações e votações requeridas podem ser feitas eletronicamente.

C. Trabalhos da Assembleia Distrital

205. Regras de Ordem. Sujeitos às leis aplicáveis, os Artigos de Incorporação e os Regulamentos de governo no *Manual*, as reuniões e procedimentos dos membros da Igreja do Nazareno (local, distrital e geral), bem como as comissões da corporação, serão regulados e controlados de acordo com as *Regras Parlamentares de Robert Recentemente Revistas* (última edição) para procedimentos parlamentares. (34)

205.1. As atribuições da Assembleia Distrital serão:

205.2. Ouvir e receber um relatório anual do(a) superintendente distrital, o qual resume o ministério do distrito incluindo igrejas recentemente organizadas.

205.3. Escutar ou receber relatórios de todos os ministros ordenados e licenciados que servem como pastores ou evangelistas comissionados; e considerar o carácter de todos os presbíteros, diáconos e diaconisas. Por voto da Assembleia Distrital, o registo dos relatórios escritos recebidos pelo(a) secretário(a) poderão ser aceites em vez dos relatórios orais de todos os outros presbíteros, diáconos, diaconisas e ministros licenciados, não envolvidos no serviço activo, e daqueles ministros que possuam certificados distritais para todos os cargos de ministério de acordo com os parágrafos 505-528.2. (521, 532.8, 538.9)

205.4. Conceder licença como ministros licenciados, após exame cuidadoso, às pessoas que tenham sido recomendadas pelas juntas das igrejas ou pela Junta Consultiva e que se julguem chamadas para o ministério; e igualmente renovar tais licenças, após recomendação favorável da Junta de Credenciais Ministeriais ou da Junta de Ministério (129.14, 531.5, 532.1, 532.3).

205.5. Renovar como diaconisas licenciadas, após exame cuidadoso, as pessoas que tenham sido recomendadas pelas juntas das igrejas e que sejam julgadas chamadas para a ordem de diaconisas, após recomendação favorável da Junta de Credenciais Ministeriais ou a Junta de Ministério. (129.15)

205.6. Eleger, para o presbitério ou diaconato, pessoas que se julgue terem cumprido todos os requisitos para tais ordens de ministério, após recomendação favorável da Junta de Credenciais Ministeriais ou da Junta de Ministério. (533.3, 534.3)

205.7. Reconhecer as ordens de ministério e credenciais de pessoas vindas de outras denominações, que possam ser julgadas qualificadas e desejáveis para colocação na Igreja do Nazareno, após recomendação favorável da Junta de Credenciais Ministeriais. ou da Junta de Ministério (532.2,535-535.2)

205.8. Receber, por transferência de outros distritos, pessoas com credenciais ministeriais, membros do clero e aqueles que tenham cargos de ministério comissionados, incluindo transferências interinas aprovadas pela Junta Consultiva, daqueles que tenham sido julgados aceitáveis como membros da Assembleia Distrital, após recomendação favorável da Junta de Credenciais Ministeriais ou da Junta de Ministério. (231.9-231.10, 505, 508-511.1, 537-537.2)

205.9. Enviar a transferência de membros do clero e daqueles que tenham cargos de ministério comissionados, incluindo transferências interinas aprovadas pela Junta Consultiva, dos que desejem ser transferidos para outro distrito, após recomendação favorável da Junta de Credenciais Ministeriais ou da Junta de Ministério. (505, 508-511.1, 231.9-231.10, 537-537.1)

205.10. Comissionar ou registar por um ano aquelas pessoas que sejam julgadas qualificadas para os cargos do ministério mencionado e definido nos parágrafos 505-528.2, após recomendação favorável da Junta de Credenciais Ministeriais ou da Junta de Ministério.

205.11. Eleger, por dois terços de votos favoráveis, através de cédula, um presbítero para o cargo de superintendente distrital, para servir até 30 dias após o encerramento da segunda Assembleia Distrital seguinte à eleição dele ou dela e até que o(a) seu/sua sucessor(a) seja eleito(a) ou nomeado(a) e empossado(a). O método a seguir na reeleição de um(a) superintendente distrital será por votação, através de escrutínio secreto de "sim" ou "não". Nenhum presbítero que tenha entregado as suas credenciais por razões disciplinares será considerado elegível para este cargo. Nenhum(a) superintendente distrital será eleito(a) ou reeleito(a) após o seu septuagésimo aniversário.

205.12. Depois de um(a) superintendente distrital de um distrito de Fase 2 ou distrito de Fase 3 ter servido o distrito por, pelo menos, dois anos de assembleia, a Assembleia Distrital poderá reelegê-lo(a) por um período de quatro anos, sujeito à aprovação do superintendente geral com jurisdição. O método a seguir na eleição para o prolongamento do período do cargo, deverá ser por dois terços de votos favoráveis, através de cédula de "sim" ou "não". (200.2)

205.13. No caso do(a) superintendente geral e do Conselho Consultivo Distrital serem de opinião que os serviços do(a) superintendente distrital não devem continuar para além do corrente ano, o(a) superintendente geral com jurisdição e o Conselho Consultivo Distrital poderão submeter a questão à votação da Assembleia Distrital. A questão será apresentada da seguinte forma: "Deverá o(a) actual superintendente distrital continuar o seu cargo depois desta Assembleia Distrital?"

Se a Assembleia Distrital, por dois terços dos votos, através de cédula, deliberar que o(a) superintendente distrital continue no exercício do seu cargo, ele(a) continuará a servir como se a votação não tivesse sido feita.

Entretanto, se o resultado da votação da Assembleia Distrital não permitir que o(a) superintendente distrital continue a exercer as suas funções, o seu cargo terminará 30 a 180 dias após o encerramento daquela Assembleia Distrital, com a data a ser determinada pelo(a) superintendente geral com jurisdição ouvido o Conselho Consultivo Distrital. (206.2, 208, 239)

205.14. Eleger, através de votação por cédula, até três ministros ordenados designados e até três leigos para a Junta Consultiva, para servirem por um período que não exceda quatro anos, e como for determinado pela Assembleia Distrital e até que os seus sucessores sejam eleitos e empossados.

Contudo, quando o distrito exceder uma lista total de 5.000 membros, poderá eleger um(a) ministro(a) ordenado(a) designado(a) e um leigo adicionais por cada grupo sucessivo de 2.500 membros e a porção final maior de 2.500 membros. (224)

205.15. Eleger uma Junta de Credenciais Ministeriais, de não menos que cinco ministros ordenados designados, dois dos quais será o(a) superintendente distrital, e o(a) secretário(a) distrital, se ordenado(a), para servir por quatro anos e até que seus sucessores sejam eleitos e empossados. Um(a) secretário(a) distrital que seja um leigo servirá como membro não votante da junta. Esta junta reunir-se-á antes da Assembleia Distrital para considerar todos os assuntos sujeitos à sua autoridade e, tanto quanto possível, completar o seu trabalho antes da Assembleia Distrital. (229-231.10)

205.16. Eleger uma Junta de Estudos Ministeriais, composta por cinco ou mais ministros ordenados designados, para servir por quatro anos, e até que seus sucessores sejam eleitos e empossados. (232)

205.17. Para facilitar os seus esforços para preparar candidatos para a ordenação, e disponibilizar apoio e oportunidades de desenvolvimento clerical, um distrito pode eleger o número total necessário para servir na Junta de Credenciais Ministeriais e na Junta de Estudos Ministeriais como uma Junta de Ministério. Esses ministros eleitos servirão durante quatro anos.

GOVERNO DISTRITAL

A Junta de Ministério, com o(a) superintendente distrital como presidente ex ofício, organizar-se-á para levar a cabo todos os deveres e responsabilidades da Junta de Credenciais Ministeriais e da Junta de Estudos Ministeriais. (216,, 229,234.4)

205.18. Eleger uma Junta de Propriedades da Igreja, de acordo com as disposições do parágrafo 236. (206.1)

205.19. Eleger, a seu critério, qualquer dos seguintes ou ambos:
1. Uma Junta Distrital de Evangelismo de não menos de que seis membros, incluindo o(a) superintendente distrital;
2. Um(a) director(a) distrital de evangelismo.

As pessoas eleitas servirão até o encerramento da próxima Assembleia Distrital e até que seus sucessores sejam eleitos e empossados. (204.1, 212)

205.20. Eleger uma Junta Distrital dos MEDDI de acordo com os procedimentos apresentados no parágrafo 241, para servir até que seus sucessores sejam eleitos e empossados. (206.1, 215)

205.21. Eleger uma Comissão de Finanças da Assembleia Distrital, com igual número de representantes leigos e ministros designados para servir por um termo de não mais de quatro anos, conforme determinado pela Assembleia Distrital, e até que seus sucessores sejam eleitos e empossados. O(A) superintendente distrital e o(a) tesoureiro(a) distrital serão membros ex officio. (238-238.3)

205.22. Eleger um Tribunal Distrital de Apelações, que consistirá de três ministros ordenados designados incluindo o(a) superintendente distrital e dois leigos, para servir por um termo que não exceda quatro anos e até que seus sucessores sejam eleitos e empossados. (610)

205.23. Eleger, através de cédula, numa reunião realizada dentro dos 16 meses anteriores à reunião da Assembleia Geral, ou dentro de 24 meses em áreas onde são necessários vistos para viagens ou outros preparativos extraordinários, todos os delegados leigos e todos os delegados ministeriais menos um, pois um deles será o(a) superintendente distrital. Cada Assembleia Distrital de Fase 3 terá o direito de se representar na Assembleia Geral por um número igual de delegados leigos e ministeriais. O(A) superintendente distrital em exercício por ocasião da Assembleia Geral será um dos delegados ministeriais, e os delegados ministeriais restantes serão ministros ordenados. No caso do(a) superintendente distrital não puder estar presente, ou no caso de haver vaga e o(a) novo(a) superintendente distrital não tiver sido designado, o suplente eleito sentar-se-á no lugar do(a) superintendente distrital. A Comissão de Recomendações apresentará uma cédula de recomendação contendo pelo menos seis vezes o número de delegados elegíveis desse distrito, em cada categoria, ministerial e laica. De entre os candidatos propostos, o número de nomes para a cédula de eleição será reduzido a não mais de três vezes o número de delegados a serem eleitos. Então, o número permitido de delegados e suplentes será eleito por pluralidade de voto, de acordo com os parágrafos 301.1-301.3. Cada Assembleia Distrital pode eleger suplentes não excedendo o dobro do número de delegados. Em situações em que a obtenção de visto de viagem é problemática, a Assembleia Distrital pode autorizar a Junta Consultiva a seleccionar suplentes adicionais. Espera-se que os delegados eleitos assistam fielmente a todas as reuniões da Assembleia Geral, desde a abertura ao encerramento, a não ser que haja impedimento insuperável. (25-25.2, 301.1-301.3, 303, 332.1)

205.24. Estabelecer, a seu critério, um sistema de membros associados para as suas igrejas locais; (mas os membros associados não devem ser contados, para efeitos de representação, como membros em plena comunhão.) (108)

205.25. Providenciar que todos os livros dos tesoureiros do distrito sejam examinados anualmente, satisfazendo o padrão mínimo requerido pela lei nacional ou do estado quando aplicável, ou outros padrões profissionais reconhecidos, ou por uma Comissão Distrital de Auditoria, uma Comissão Independente de Examinadores, ou por outras pessoas qualificadas para esse fim e eleitas pela Junta Consultiva. (225.24)

205.26. Apresentar à Assembleia Geral, por intermédio do(a) secretário(a) distrital, um jornal oficial completo referente ao quadriénio anterior, para ser preservado e arquivado. (207.3-207.4, 220.7)

205.27. Conceder a reforma a um(a) ministro(a), por recomendação da Junta de Credenciais Ministeriais ou da Junta de Ministério. Qualquer mudança de situação deve ser aprovada pela Assembleia Distrital, mediante recomendação da Junta de Credenciais Ministeriais ou da Junta de Ministério. (231.8, 536)

205.28. Apreciar e cuidar de todo o trabalho da Igreja do Nazareno dentro dos limites do distrito.

205.29. Efectuar quaisquer outras tarefas pertinentes ao trabalho, para as quais não haja outra disposição, de acordo com o espírito e a ordem da Igreja do Nazareno.

206. Outras Regras Referentes às Assembleias Distritais. A Assembleia Distrital pode autorizar, quando permitido pela lei civil, que a Junta Consultiva se incorpore (tenha personalidade jurídica). Depois da incorporação, conforme acima estabelecido, a Junta Consultiva terá autoridade, por deliberação própria, para comprar, possuir, vender, permutar, hipotecar, constituir procurador, penhorar, adquirir por locação financeira e trespassar qualquer propriedade, real ou pessoal, conforme seja necessário ou conveniente para realizar as finalidades da corporação. (225.6)

GOVERNO DISTRITAL

206.1. Sempre que possível, as juntas e comissões do distrito devem ser compostas por número igual de membros ministros e leigos, a menos que o Manual apresente disposições específicas.

206.2. Os superintendentes distritais de distritos de Fase 1 e de distritos de Fase 2 serão escolhidos de acordo com o parágrafo 200.2. Um distrito de Fase 2 pode reverter à situação de distrito de Fase 1 até poder preencher os requisitos para o nível de Fase 2.

206.3. Quando o oficial presidente de uma Assembleia Distrital considerar impossível reunir ou continuar com os trabalhos da dita Assembleia e, por isso, adia, cancela ou encerra a Assembleia, o(a) superintendente geral com jurisdição, depois de ouvida a Junta de Superintendentes Gerais, nomeará todos os oficiais distritais que não tenham sido eleitos antes do encerramento da dita Assembleia Distrital, para servirem pelo período de um ano.

D. O Jornal da Assembleia Distrital

207. O jornal será o registo dos acontecimentos regulares da Assembleia Distrital.

207.1. O jornal deverá ser preparado num formato permitido pelo escritório do Secretário Geral. Cópias podem ser impressas localmente.

207.2. Cada assunto ocupará um parágrafo separado.

207.3. O jornal deve ser editado cuidadosamente tendo em vista que será examinado pela Assembleia Geral. (205.26, 220.7)

207.4. O jornal oficial completo para cada quadriénio será preservado e arquivado no distrito e nos arquivos da Assembleia Geral. (220.5, 220.7)

207.5. O jornal será organizado, tanto quanto possível, segundo os títulos do conteúdo preparados pelo(a) secretário(a) geral, depois de consultar a Junta de Superintendentes Gerais. Os títulos do conteúdo serão fornecidos ao/à secretário(a) distrital antes da convocação da Assembleia Distrital.

207.6. O jornal deverá conter não somente a designação de pastores para as igrejas locais, mas também todas as demais obrigações regulares e especiais, desempenhadas por membros ministeriais e leigos da Assembleia Distrital, que estiverem incumbidos de qualquer serviço denominacional que possa dar direito a ser considerado, caso se candidatem a benefícios através da Junta de Pensões responsável pelo programa de pensões e benefícios em que o distrito participa. (115)

E. O(A) Superintendente Distrital

208. O termo inicial do cargo dum(a) superintendente distrital, eleito por uma Assembleia Distrital, começa 30 dias após o encerramento da mesma. Será eleito por um período de dois anos de Assembleia completos, terminando 30 dias após o encerramento da Assembleia que marca o segundo ano da sua eleição. No curso da dita Assembleia o(a) superintendente poderá ser reeleito ou um sucessor pode ser eleito ou nomeado e empossado. O termo inicial do cargo dum(a) superintendente distrital nomeado por um(a) superintendente geral com jurisdição começa na altura da nomeação, inclui o resto do ano eclesiástico em que o(a) superintendente distrital foi nomeado, e estende-se aos dois anos eclesiásticos seguintes. As suas funções terminam 30 dias após o encerramento da Assembleia, que marca o fim de dois anos eclesiásticos completos de serviço. No curso da dita Assembleia o(a) superintendente poderá ser eleito para outro período, ou um sucessor pode ser eleito ou nomeado e empossado. Nenhum presbítero, empregado pelo escritório distrital será elegível ou designado para o cargo de superintendente distrital no distrito onde ele(a) estiver servindo, sem a aprovação da Junta Consultiva e do(a) superintendente geral com jurisdição (de acordo com o parágrafo 115). (205.11-205.13)

209. Se por algum motivo ocorrer uma vaga no intervalo das reuniões da Assembleia Distrital, os superintendentes gerais, conjunta e individualmente, poderão preencher a vaga, ouvido o Conselho Consultivo Distrital. A consulta deve incluir um convite para o Conselho, como um todo, apresentar nomes para consideração em acréscimo aos nomes trazidos pelo superintendente geral com jurisdição. (239, 307.7)

209.1. O cargo de superintendente distrital de um distrito de Fase 1 ou Fase 2 pode ser declarado vago com justificação, mediante recomendação do(a) superintendente geral com jurisdição. O cargo de superintendente de um distrito de Fase 3 pode ser declarado vago depois de uma votação de dois terços de votos do Conselho Consultivo Distrital. (239, 321)

209.2. No caso de incapacidade temporária dum(a) superintendente distrital em exercício, o(a) superintendente geral com jurisdição, em consulta com a Junta Consultiva, pode nomear um presbítero qualificado para servir como superintendente distrital interino. A questão da incapacidade será determinada pelo(a) superintendente geral em jurisdição e a Junta Consultiva. (307.8)

209.3. Após a renúncia ou cessação do mandato do(a) superintendente distrital, os membros do escritório distrital, o oficial executivo ou qualquer corporação subsidiária ou afiliada do distrito ou ambas, remunerados ou não, tais como assistente do(a) superintendente e secretário(a) do escritório, submeterão a sua renúncia efectiva coincidente com a data final da superintendência distrital. Contudo, com a aprovação escrita do(a) superintendente geral com jurisdição e da Junta Consultiva, um ou mais membros do escritório podem permanecer até que o novo superintendente assuma funções. (245.3)

GOVERNO DISTRITAL

209.4. Depois de consultar a Junta Consultiva e ter a aprovação do(a) superintendente geral com jurisdição, o(a) superintendente distrital recém-eleito ou nomeado pode ter o privilégio de recomendar a contratação dos membros anteriormente empregados. (245.3)

210. O papel do(a) superintendente distrital é proporcionar supervisão e liderança espiritual para os pastores e congregações do distrito

- Sendo modelo de vida de oração e devoção às Escrituras
- Incentivando a teologia pastoral bíblica e prática entre o clero do distrito
- Promovendo a teologia wesleyana de santidade e prática através do distrito
- Partilhando da visão para evangelismo e plantação de igrejas no distrito
- Disponibilizando recursos para as congregações do distrito com o alvo duma saúde organizacional

211. Os **deveres do(a) superintendente distrital** são:

211.1. Organizar, reconhecer e superintender igrejas locais dentro dos limites do seu distrito, sujeito à aprovação do(a) superintendente geral com jurisdição. (100, 536.12)

211.2. Estar ao dispor das igrejas locais do seu distrito, sempre que for necessário e, em caso de necessidade, reunir-se com a junta da igreja para consulta no que se refere a questões espirituais, financeiras e pastorais, proporcionando conselhos proveitosos e auxílio que o(a) superintendente julgue serem apropriados.

211.3. Em circunstâncias em que o(a) superintendente distrital entendeu que uma igreja está em situação doentia e em declínio, cuja continuação ameaça a viabilidade da igreja e a efectividade da sua missão, o(a) superintendente distrital pode estabelecer contacto com o(a) pastor(a) ou com o(a) pastor(a) e a junta da igreja, para avaliar essas circunstâncias. Todos os esforços deverão ser feitos para trabalhar com o(a) pastor(a) e a junta da igreja visando a resolução dos assuntos que tenham levado às circunstâncias que estão impedindo a efectividade da missão.

Se o(a) superintendente distrital, depois de trabalhar com o(a) pastor e/ou a junta, concluir ser necessária mais intervenção, ele(a) pode, com a aprovação da Junta Consultiva, tomar acção apropriada para abordar a situação. Tal ou tais acções podem incluir, mas não são limitadas a:

1. Remoção do(a) pastor(a);
2. Dissolução da junta da igreja;
3. Início de tantas intervenções especiais quantas possam ser necessárias para restaurar a saúde da igreja e a efectividade da sua missão.

Os bens duma igreja organizada ficam sob controle duma igreja local incorporada, salvo quando ela for declarada inactiva, de acordo com o parágrafo 106.5, ou dissolvida, segundo o parágrafo 106.1. O(A) superintendente geral com jurisdição será informado das acções tomadas, num espaço de 30 dias.

211.4. Quando, na opinião do(a) superintendente distrital, uma igreja local declarada em crise de acordo com o parágrafo 126.1 tiver cumprido as intervenções estabelecidas e estiver pronta para continuar o seu ministério em circunstâncias normais, essa igreja local poderá ser declarada fora de crise por um voto maioritário da Junta Consultiva. O(A) superintendente distrital notificará o(a) superintendente geral com jurisdição, num espaço de 30 dias.

211.5. Agendar e conduzir, com a junta de cada igreja local, a revisão regular do relacionamento igreja/pastor(a), nos termos dos parágrafos 123—123.7. O(A) superintendente distrital preparará, para a Junta Consultiva Distrital e o(a) superintendente geral com jurisdição, um registo anual das revisões regulares do relacionamento igreja/pastor(a) levadas a cabo.

211.6. Exercer supervisão especial sobre todas as missões tipo-igreja da Igreja do Nazareno, que estejam dentro dos limites do seu distrito.

211.7. Designar para a Junta Consultiva alguém para preencher uma vaga, caso esta ocorra, no cargo de secretário distrital. (219.1)

211.8. Recomendar à Junta Consultiva alguém para preencher uma vaga, caso esta ocorra, no cargo de tesoureiro(a) distrital. (222.1)

211.9. Nomear um(a) director(a) distrital de capelania para promover e ampliar o evangelismo de santidade, através dos serviços especializados de capelania. (240)

211.10. Consultar a junta da igreja sobre a recomendação de um presbítero ou um(a) ministro(a) licenciado(a) (seguindo o programa de estudos para a ordenação ao presbitério) para pastorear uma igreja local, e, quando necessário, aprovar ou rejeitar tal proposta, com aprovação adicional da Junta Consultiva como requerido no parágrafo 115. (129.2, 159.8, 225.16)

211.11. Planear uma reunião para a revisão especial do relacionamento igreja/pastor(a), dentro dos 90 dias após o pedido da junta de uma igreja local para essa revisão, visando a continuação do relacionamento igreja/pastor(a). (125)

211.12. Aprovar ou rejeitar a concessão de licença a qualquer membro da Igreja do Nazareno, que peça licença de ministro(a) local ou renovação da licença de pregador(a) local, à junta da igreja de uma igreja local que não tenha um presbítero como pastor(a). (531.1, 531.3)

211.13. Aprovar ou rejeitar, por escrito, pedidos feitos pelo(a) pastor(a) e pela junta da igreja local para ter ou empregar qualquer pastor(a) auxiliar não remunerado(a) ou auxiliar local pago (tais como pastores auxiliares; ministros ou directores de educação cristã, de crianças, jovens, adultos, música, creches/escolas da creche até à secundária, etc.). O critério principal na decisão do(a) superintendente distrital, para aprovar ou rejeitar, em princípio, o emprego de auxiliares remunerados será a prontidão e a possibilidade da igreja satisfazer as suas obrigações locais, distritais e gerais. É responsabilidade do(a) pastor(a) examinar e escolher auxiliares pastorais. Entretanto, o(a) superintendente distrital terá o direito de rejeitar a pessoa recomendada. (129.27, 159-159.8)

211.14. Aprovar ou rejeitar, com a Junta Consultiva, pedidos de igrejas locais para operar ministérios de creche/escolas cristãs (da creche até à secundária). (151, 225.14, 517)

211.15. Validar e assinar, juntamente com o(a) secretário(a) da Junta Consultiva, todos os documentos legais do distrito. (225.6)

211.16. Recomendar à Junta Consultiva e exercer supervisão sobre todos os auxiliares remunerados pelo distrito. (245)

211.17. Designar pastores de acordo com o parágrafo 117.

211.18. O(A) superintendente distrital pode, com a aprovação da Junta Consultiva, designar os membros da junta da igreja (mordomos, ecónomos), o(a) presidente da Junta dos MEDDI e outros oficiais da igreja (secretário(a), tesoureiro(a) se a igreja estiver organizada há menos de cinco anos, ou tenha tido, na anterior reunião anual da igreja, menos de que 35 membros votantes, ou esteja a receber assistência financeira regular do distrito, ou tenha sido declarada em crise. Essa junta não deve ter menos de três membros no total. (117, 126)

211.19. Mandar investigar acusações por escrito contra um(a) ministro(a) no seu distrito, de acordo com os parágrafos 606-606.3.

211.20. Ouvida a Junta Consultiva Distrital, indicar clérigos e leigos qualificados para servirem como equipa de recuperação preparada para proporcionar uma resposta oportuna e de redenção ao ministro, seu cônjuge e família, igreja e comunidade numa situação de má conduta do clérigo. Quando tal situação surgir, o(a) superintendente distrital deverá indicar, de acordo com o plano do distrito, uma equipa de recuperação o mais rapidamente possível. (225.5, 540.1)

211.21. O(A) superintendente distrital deve agendar e dirigir uma auto-avaliação e revisão, de um evangelista titulado, de acordo com o parágrafo 510.4.

211.22. Com a liderança distrital, encorajar fortemente, cada igreja local a alcançar os seus alvos para fundos gerais locais, distritais e de educação.

212. O(A) superintendente distrital, com o consentimento da junta da igreja, poderá designar um(a) pastor(a) temporário(a) para preencher uma vaga no cargo de pastor(a), até à próxima

Assembleia Distrital. O pastor(a) temporário(a) designado(a) estará sujeito a remoção pelo(a) superintendente distrital, quando os seus serviços não forem satisfatórios para a junta da igreja e a igreja local. (129.5, 524, 531.6)

212.1. O(A) superintendente distrital, com o consentimento da junta da igreja e da Junta Consultiva, pode indicar um(a) pastor(a) interino(a) para preencher uma vaga no cargo de pastor(a), ou até que um(a) pastor(a) permanente possa ser chamado(a). O(A) superintendente distrital também pode ser autorizado(a) a estender o período de serviço do(a) pastor(a) interino(a) como achar necessário ouvida a junta da igreja. O(A) pastor(a) interino(a) será autorizado(a) a desempenhar todas as responsabilidades do(a) pastor(a). O(A) pastor(a) interino(a) também servirá como um(a) delegado(a) da igreja à Assembleia Distrital, se tal pastor(a) for membro no distrito onde ocorreu a sua designação interina.

O(A) pastor(a) interino(a) designado(a) estará sempre sujeito à autoridade do(a) superintendente distrital e da Junta Consultiva. O(A) pastor(a) interino(a) também estará sujeito(a) a ser removido(a) pelo(a) superintendente distrital ouvida a junta da igreja. (526)

213. O(A) superintendente distrital está autorizado(a) a realizar, para uma igreja local dentro dos limites do seu distrito, todas as funções de um(a) pastor(a), caso a igreja local esteja sem pastor(a) ou sem pastor(a) temporário(a). (514)

213.1. O(A) superintendente distrital poderá presidir à reunião anual ou extraordinária de uma igreja local, ou indicar alguém para o(a) representar. (113.5)

214. Se por qualquer motivo, o(a) superintendente geral com jurisdição não estiver presente e não designar alguém para o representar na Assembleia Distrital, o(a) superintendente distrital iniciará e presidirá a mesma até que outra deliberação seja tomada pela Assembleia Distrital. (307.5)

215. O(A) superintendente distrital pode preencher vagas que ocorram nas seguintes comissões:
1. Comissão de Finanças da Assembleia Distrital ;
2. Comissão de Auditoria do Distrito;
3. Junta de Credenciais Ministeriais ou Junta de Ministério;
4. Junta de Estudos Ministeriais ;
5. Junta Distrital de Evangelismo ou o(a) director(a) distrital de evangelismo ;
6. Junta de Propriedades da Igreja ;
7. Junta Distrital dos MEDDI ;
8. Tribunal Distrital de Apelação ;
9. Outras juntas e comissões distritais quando não haja qualquer outra disposição no *Manual* ou por deliberação da

Assembleia Distrital (205.21, 205.25, 229.1, 232.1, 235, 236, 241, 610).

215.1. O(A) superintendente distrital pode designar todos os presidentes, secretários e membros das juntas e comissões distritais quando não haja qualquer outra disposição no *Manual* ou por deliberação da Assembleia Distrital.

215.2. O(A) superintendente distrital, ouvida a Junta Consultiva, designará uma comissão de recomendações que preparará as recomendações para as comissões e cargos, antes da Assembleia Distrital. (203)

216. O(A) superintendente distrital será presidente ex officio da Junta Consultiva e da Junta de Credenciais Ministeriais ou da Junta de Ministério (224.2, 230.1).

216.1. O(A) superintendente distrital será membro ex officio de todas as comissões e juntas, eleitas e em operação, no distrito em que ele(a) serve. (205.20-205.21, 237, 241, 810, 811)

217. O(A) superintendente distrital não deverá criar obrigações financeiras, contar dinheiro ou distribuir fundos para o distrito, salvo quando for autorizado(a) e orientado(a) pela maioria de votos da Junta Consultiva; quando tal acção for tomada, deverá ser anotada de forma apropriada nas actas da Junta Consultiva. Nenhum(a) superintendente distrital ou membro imediato da sua família deve ser autorizado a ter acesso ilimitado às contas financeiras ou bens do distrito sem um controlo interno, claramente definido e escrito, pela Junta Consultiva Distrital. Família imediata inclui a(o) esposa(o), filhos, irmãos, ou pais. (218,222-223.2)

218. Todos os actos oficiais do(a) superintendente distrital estarão sujeitos a análise e revisão pela Assembleia Distrital, e serão sujeitos a apelação.

218.1. O(A) superintendente distrital deverá sempre ter em devida consideração a opinião do(a) superintendente geral com jurisdição e da Junta de Superintendentes Gerais no que respeita a arranjos pastorais e outros assuntos relacionados com o cargo de superintendente distrital.

F. O(A) Secretário(a) Distrital

219. O(A) secretário(a) distrital, eleito(a) pela Junta Consultiva, servirá por um período de um a três anos e até que o(a) seu/sua sucessor(a) seja eleito(a) e empossado(a). (252.22)

219.1. Se por qualquer motivo o(a) secretário(a) distrital deixar de servir, no intervalo das reuniões da Assembleia Distrital, a Junta Consultiva elegerá o(a) seu/sua sucessor(a), após recomendação do(a) superintendente distrital. (211.7)

219.2. O(A) secretário(a) distrital será membro ex officio da Assembleia Distrital. (201)

220. Os **deveres do(a) secretário(a) distrital** são:

220.1. Registar correctamente e preservar fielmente todas as actas da Assembleia Distrital.
220.2. Registar correctamente e preservar todas as estatísticas do distrito.
220.3. Enviar uma compilação de todas as estatísticas ao/à secretário(a) geral, para serem examinadas antes da sua publicação no jornal oficial. (326.6)
220.4. Ter custódia de todos os documentos da Assembleia Distrital e entregá-los prontamente ao/à seu/sua sucessor(a).
220.5. Preservar e arquivar o jornal oficial completo referente a cada quadriénio. (207.4)
220.6. Enviar um número suficiente de exemplares impressos do jornal de cada Assembleia Distrital ao Centro de Ministério Global, para distribuição aos oficiais gerais da Igreja do Nazareno.
220.7. Enviar à Assembleia Geral, em nome da Assembleia Distrital, o jornal oficial completo correspondente ao quadriénio anterior, para ser preservado e arquivado. (205.26, 207.3-207.4)
220.8. Fazer tudo o mais que esteja ligado ao seu cargo.
220.9. Encaminhar para a respectiva comissão ou junta estabelecida pela Assembleia todos os assuntos que lhe são dirigidos durante o ano.
221. O(A) secretário(a) distrital poderá ter tantos auxiliares quantos a Assembleia Distrital eleger.

G. O(A) Tesoureiro(a) Distrital

222. O(A) tesoureiro(a) distrital, eleito(a) pela Junta Consultiva, servirá por um período de um a três anos e até que o(a) seu/sua sucessor(a) seja eleito(a) e empossado(a). (225.21)
222.1. Se, por qualquer motivo, o(a) tesoureiro(a) distrital deixar de servir, no intervalo das reuniões da Assembleia Distrital, a Junta Consultiva elegerá um(a)sucessor(a) após recomendação do(a) superintendente distrital. (211.8)
222.2. O(A) tesoureiro(a) distrital será membro ex officio da Assembleia Distrital. (201)
223. Os **deveres do(a) tesoureiro(a) distrital** são:
223.1. Receber todo o dinheiro do seu distrito conforme designado pela Assembleia Geral ou pela Assembleia Distrital, ou pela Junta Consultiva, ou conforme for requerido pelas necessidades da Igreja do Nazareno, e desembolsar o mesmo segundo orientação e programa administrativo da Assembleia Distrital e/ou da Junta Consultiva.
223.2. Conservar um registo correcto de todo o dinheiro recebido e gasto e apresentar um relatório mensal ao(à) superintendente distrital para distribuição à Junta Consultiva, e um relatório anual à Assembleia Distrital, perante a qual ele(a) deve ser responsável.

GOVERNO DISTRITAL

H. A Junta Consultiva

224. A Junta Consultiva será composta do(a) superintendente distrital, como membro ex officio, e de até três ministros ordenados designados e de até três leigos eleitos anualmente ou por termos que não excedam os quatro anos, através de votação por cédula, pela Assembleia Distrital, para servirem até o encerramento da próxima Assembleia Distrital e até que seus sucessores sejam eleitos e empossados. Entretanto, os seus mandatos podem ser escalonados pela eleição anual duma proporção da junta.

Quando um distrito exceder um total de 5.000 membros, pode eleger um(a) ministro(a) ordenado(a) designado(a) e um leigo adicionais por cada grupo sucessivo de 2.500 membros, ou a porção maior final de 2.500 membros. (205.14)

224.1. Uma vaga na Junta Consultiva poderá ser preenchida pelos membros restantes da mesma.

224.2. O(A) superintendente distrital será presidente ex officio da Junta Consultiva.

224.3. A junta elegerá de entre os seus membros um(a) secretário(a), que deverá registar cuidadosamente todas as acções da junta, e prontamente transmiti-las ao/à seu/sua sucessor(a).

224.4. Os membros leigos da Junta Distrital serão membros ex officio da Assembleia Distrital, da Convenção Distrital dos MEDDI, da Convenção Distrital da MNI, e da Convenção Distrital da JNI. (201, 224)

225. Os **deveres da Junta Consultiva** são:

225.1. Marcar a data do início e do encerramento do ano estatístico, de harmonia com as disposições do parágrafo 114.1.

225.2. Prestar informações ao/à superintendente distrital e consultá-lo(a) no que diz respeito aos ministros e às igrejas locais do distrito. (518)

225.3. Designar uma comissão de investigação composta por três ou mais ministros ordenados designados e no mínimo por dois leigos, no caso de serem feitas acusações contra um membro do clero. (606-606.3)

225.4. Escolher um tribunal de disciplina, no caso de serem feitas acusações contra um membro do clero. (606.5-606.6)

225.5. Desenvolver e rever anualmente um plano escrito abrangente que esteja em consonância com as diretrizes do *Manual* para orientar os seus esforços no sentido de dar uma resposta apropriada, compassiva e informativa aos membros do clero envolvidos em conduta imprópria para um(a) ministro(a), suas famílias e qualquer congregação envolvida. (538.20, 9-539.13)

225.6. Incorporar-se, onde for permitido pela lei civil e quando autorizada pela Assembleia Distrital. Depois da incorporação, conforme acima estabelecido, a Junta Consultiva terá poder, conforme deliberação, para comprar, possuir, vender, permutar, hipotecar, constituir procurador, penhorar, adquirir por locação financeira e trespassar qualquer propriedade, imóvel ou pessoal, conforme seja necessário ou conveniente para realizar as finalidades da corporação. O(A) superintendente distrital e o(a) secretário(a) da Junta Consultiva, ou outras pessoas autorizadas por essa junta, incorporadas ou não incorporadas, validarão e assinarão todos os documentos, hipotecas, distrate de hipotecas, contratos, e outros documentos legais da Junta Consultiva. (206)

225.7. Quando uma Junta Consultiva distrital tiver adquirido personalidade jurídica (incorporação), os Artigos da Incorporação, estatutos e documentos legais afins estipularão que a corporação será governada pelas disposições do Manual da Igreja do Nazareno. Incluirão cláusulas recomendadas pelo(a) superintendente geral com jurisdição para garantir que, em caso de dissolução ou tentativa de saída da Igreja do Nazareno, os activos da corporação não serão desviados da Igreja do Nazareno. Logo que a corporação tiver sido aprovada pela Junta de Superintendentes Gerais, sob recomendação do(a) superintendente geral com jurisdição, os Artigos de Incorporação propostos serão enviados para o escritório do(a) Secretário(a) Geral para revisão e arquivo e incluirão disposições semelhantes aos do parágrafo 102.4 (225.6)

225.8. Nas áreas onde a lei civil não permitir tal incorporação, a Assembleia Distrital poderá então eleger a Junta Consultiva como procuradora distrital a qual, por deliberação, terá poder para comprar, possuir, vender, permutar, hipotecar, constituir procurador, penhorar, adquirir por locação financeira e trespassar qualquer propriedade móvel ou imóvel, conforme for necessário ou conveniente, para realizar o trabalho no distrito. (102.6, 106.2, 225.6)

225.9. A Junta Consultiva, em áreas onde as igrejas locais possam ser incorporadas deverá, com o conselho de um(a) advogado(a) competente, providenciar um modelo tipo de estatutos de incorporação adequados para o estado ou estados do seu distrito. Este modelo de estatutos de incorporação deverá incluir sempre as cláusulas estabelecidas nos parágrafos 102-102.5.

225.10. Servir numa função consultiva do(a) superintendente distrital na supervisão de todos os departamentos, juntas e comissões do distrito.

225.11. Para encorajar para uma superintendência saudável e um(a) superintendente distrital forte espiritualmente, a Junta Consultiva, ouvido o superintendente geral com jurisdição, deve proporcionar férias sabáticas que têm a duração de um ano para o(a) superintendente distrital durante ou depois de sete anos consecutivos de ministério no distrito. Durante o ano sabático, o salário e os benefícios do(a) superintendente distrital continuarão na sua totalidade. O(A) superintendente distrital deve coordenar com a Junta Consultiva o processo de desenvolver uma proposta para as férias sabáticas incluindo a sua duração, um plano de desenvolvimento pessoal, e um plano sobre quem vai cuidar dos assuntos essenciais durante esse período.

225.12. Apresentar à Junta de Superintendentes Gerais quaisquer planos para a criação dum centro distrital. Tais planos devem ter a aprovação da Junta de Superintendentes Gerais antes da sua implementação. (319)

225.13. Fazer uma recomendação para a concessão de licença inicial, ou renovação de licença para um(a) ministro(a) licenciado(a) servir como pastor(a). (532.5)

225.14. Aprovar ou rejeitar pedidos de igrejas locais para trabalharem com ministérios de creches/escolas cristãs (creche até à secundária). Conforme determinado pelo(a) superintendente distrital e pela Junta Consultiva, pode ser designada uma Comissão Distrital de Creches/Escolas Cristãs (creche até à secundária). Terá como função recomendar à Junta Consultiva directrizes, procedimentos e modus operandi (modo de actuação) a serem aplicados a creches/escolas cristãs (creche até à secundária) da igreja local e ajudar a estabelecer, apoiar e fiscalizar tais creches/ escolas cristãs (creche até à secundária). (151, 211.14, 517)

225.15. Aprovar anualmente Centros de Ministério de Compaixão de acordo com directrizes regionais estabelecidas. Somente os Centros de Ministérios de Compaixão aprovados pelo distrito poderão qualificar-se na categoria de "ofertas missionárias especiais aprovadas" para contribuições específicas nos termos do parágrafo 153.1.

225.16. Aprovar ou rejeitar um pedido da junta da igreja local para recomendar que um presbítero ou ministro(a) licenciado(a) (seguindo o programa de estudos para a ordenação ao presbitério) seja chamado(a) como pastor(a) quando tal pessoa é também membro dessa igreja, ou serve como um associado pago ou não pago dessa mesma igreja. Essa decisão será feita ouvido o(a) superintendente distrital. (115, 129.2, 159.8, 211.10)

225.17. Aprovar ou rejeitar um pedido de um membro do clero para conduzir regularmente actividades religiosas independentes que não estejam sob a direcção da Igreja do Nazareno, levar a cabo missões independentes ou actividades religiosas não autorizadas, envolver-se com uma igreja independente ou outro grupo religioso ou denominação. A aprovação de qualquer pedido deste tipo deve ser requerida anualmente. (528, 538.13)

225.18. Eleger ou demitir quaisquer auxiliares remunerados empregados pelo distrito. (245-245.1)

225.19. Agir, ouvido o(a) superintendente distrital, como comissão de finanças, entre o período de assembleias, com autoridade para ajustar orçamentos operacionais, quando necessário e apresentar relatório da execução do mesmo à Assembleia Distrital. (223.1)

225.20. Proteger toda o património distrital, móvel ou imóvel incluindo o seu direito de propriedade, evitando ser desviado para qualquer uso pessoal ou corporativo que não seja da Igreja do Nazareno. (102.4, 106.5, 206)

225.21. Eleger um(a) tesoureiro(a) distrital para servir por um período de um a três anos e até que o(a) seu/sua sucessor(a) seja eleito(a) e empossado(a). (222)

225.22. Eleger um(a) secretário(a) distrital, para servir por um período de um a três anos e até que o(a) seu/sua sucessor(a) seja eleito(a) e empossado(a). (219)

225.23. Verificar o afastamento ou tentativa de afastamento de qualquer igreja local da Igreja do Nazareno com o propósito de implementar a transferência de título de propriedade conforme providenciado no parágrafo 106.2.

225.24. Se for necessário, em conformidade com o parágrafo 205.25, eleger uma Comissão de Auditoria do Distrito para servir até o encerramento da próxima Assembleia Distrital. (205.25)

225.25. Apresentar um relatório anual à Assembleia Distrital resumindo as actividades do trabalho da junta incluindo o número de reuniões convocadas.

226. A Junta Consultiva pode conceder transferência de membro a um membro do clero, a um(a) ministro(a) de educação cristã, ou a uma diaconisa, que deseje transferir-se para outro distrito, antes da reunião da Assembleia Distrital da qual a pessoa é membro. Tais transferências podem ser aceites pela Junta Consultiva que recebe, dando às pessoas transferidas plenos direitos e privilégios de membro no distrito que as recebe. A Assembleia Distrital que recebe dará aprovação final a todos os recebimentos de transferência efectuados pela Junta Consultiva Distrital, consoante recomendação favorável da Junta de Credenciais Ministeriais ou da Junta de Ministério. (2058-205.9, 231.9-231.10, 508, 511, 537-537.2)

226.1. A Junta Consultiva pode passar, a pedido, um Certificado de Recomendação a um membro da Assembleia Distrital que deseje unir-se a outra denominação. (815)

227. A Junta Consultiva, com a aprovação do(a) superintendente distrital, pode suspender a licença de uma diaconisa licenciada, quando isso for necessário para o bem da igreja, depois de ouvida a junta da igreja local da qual a diaconisa licenciada for membro, e depois de a ter escutado com equidade.

228. No caso de um(a) ministro(a) licenciado(a) ou ordenado(a) apresentar credenciais de outra denominação evangélica pedindo adesão à Igreja do Nazareno, no intervalo das reuniões da Assembleia Distrital, as suas credenciais serão examinadas pela Junta Consultiva. Somente com a recomendação favorável da Junta Consultiva será o(a) candidato(a) recebido(a) como membro da igreja local. (520, 532.2, 535)

I. A Junta de Credenciais Ministeriais

229. A Junta de Credenciais Ministeriais será composta de não menos do que cinco ministros ordenados designados, dois dos quais deverão ser o(a) superintendente distrital e o(a) secretário distrital, se for um ministro(a) ordenado(a). Um(a) secretário(a) distrital que seja um leigo serve como membro não-votante da junta. Os eleitos servirão por um período de quatro anos, e até que seus sucessores sejam eleitos e empossados. Entretanto, os seus mandatos podem ser escalonados pela eleição anual duma proporção da junta. (205.15)

229.1. Uma vaga ocorrida na Junta de Credenciais Ministeriais, no intervalo das reuniões da Assembleia Distrital, poderá ser preenchida por nomeação do(a) superintendente distrital. (215)

230. Após a eleição da Junta de Credenciais Ministeriais, o(a) superintendente distrital convocará uma reunião da junta para organização, como segue:

230.1. O(A) superintendente distrital servirá como presidente ex officio da junta; entretanto, a pedido dele(a), uma junta poderá eleger um(a) presidente interino(a) para servir como tal até o encerramento da próxima Assembleia Distrital. (216)

230.2. A junta elegerá, dentre os seus membros, um(a) secretário(a) permanente, que providenciará um sistema adequado de registos, a expensas da Assembleia Distrital, e que será propriedade do distrito. O(A) secretário(a) deverá registar cuidadosamente todas as acções da junta, guardar fielmente todos os documentos relevantes e transferir tudo, prontamente, ao seu sucessor.

231. Os **deveres da Junta de Credenciais Ministeriais** são:

231.1. Examinar e considerar cuidadosamente todas as pessoas devidamente apresentadas à Assembleia Distrital para eleição para a ordem de presbítero, ordem de diácono e licença de ministro(a).

231.2. Examinar e considerar cuidadosamente todas as pessoas que desejem receber um certificado para qualquer tipo de ministério, incluindo todos os candidatos leigos e ministeriais que aspirem ser reconhecidos para ministérios fora da igreja local, e quaisquer outros assuntos especiais estipulados pelo *Manual*.

231.3. Informar-se cuidadosamente sobre cada candidato e fazer qualquer outra investigação que julgue aconselhável, respeitante à sua experiência pessoal de salvação e de inteira santificação pelo baptismo com o Espírito Santo; conhecimento das doutrinas da Bíblia, plena aceitação das doutrinas, do Pacto de Carácter Cristão e do Pacto de Conduta Cristã e do governo da igreja; evidência da graça, dons, qualificações intelectuais, morais e espirituais e aptidão geral para o ministério para o qual o(a) candidato(a) se sente chamado(a).

231.4. Investigar cuidadosamente a conduta de cada candidato(a), procurando identificar se o(a) mesmo(a) está ou não envolvido(a) em, ou se tem um padrão de conduta que, se continuado, seria inconsistente com o ministério pretendido pelo(a) candidato(a).

231.5. Examinar, visando a aprovação de renomeação, qualquer ministro(a) local que tenha sido nomeado(a) como pastor(a) temporário(a), caso ele(a) continue em exercício depois da Assembleia Distrital seguinte à sua nomeação. (531.6)

231.6. Investigar e examinar atentamente a razão por que um ministro ordenado não apresentou o relatório à Assembleia Distrital por dois anos sucessivos e fazer recomendação à Assembleia Distrital quanto à permanência desse nome na Lista de Ministros publicada.

231.7. Investigar informações concernentes a um ministro ordenado, que indicam que ele(a) se tornou membro de uma outra igreja ou se uniu ao ministério de outra denominação ou grupo, ou que participa em actividades independentes, sem permissão concedida de forma apropriada, e fazer recomendação à Assembleia Distrital quanto à sua permanência na Lista de Ministros. (112, 538.13)

231.8. Recomendar à Assembleia Distrital a concessão da reforma para qualquer ministro(a) que a requeira e que deseje descontinuar o serviço ministerial activo por motivos de idade ou incapacidade (205.27, 536)

231.9. Recomendar à Assembleia Distrital, a transferência para outro distrito de membros do clero e de licenciados para cargos ministeriais, incluindo transferências interinas aprovadas pela Junta Consultiva. (205.9, 537-537.2)

231.10. Recomendar à Assembleia Distrital, a recepção, por transferência de outros distritos, de pessoas com credenciais ministeriais, membros do clero e licenciados para cargos ministeriais, incluindo transferências interinas, aprovadas pela Junta Consultiva. (205.8, 537-537.2)

J. A Junta de Estudos Ministeriais

232. A Junta de Estudos Ministeriais será composta de cinco ou mais ministros ordenados designados eleitos pela Assembleia Distrital, para servir por um período de quatro anos e até que os seus sucessores sejam eleitos e empossados. Entretanto, os mandatos podem ser escalonados pela eleição anual duma proporção da junta. (205.16)

232.1. Vagas que ocorram na Junta de Estudos Ministeriais, no intervalo entre as reuniões da Assembleia Distrital, poderão ser preenchidas por nomeação do(a) superintendente distrital. (215)

233. Antes do encerramento da Assembleia Distrital em que a junta é eleita, o(a) superintendente distrital ou o(a) secretário(a) distrital convocará uma reunião de todos os membros da junta para organização e designação de funções, como segue:

233.1. A junta elegerá um(a) presidente dentre os seus membros. Estes elegerão como secretário(a) um(a) ministro(a) ordenado(a) que, com os outros membros, terá a responsabilidade de examinar e encaminhar candidatos para um programa de estudo validado para ordenação. Manterão um registo permanente de todos os estudantes. (233.5, 529.1-529.3)

233.2. O(A) presidente atribuirá aos demais membros da junta a responsabilidade e a supervisão de todos os candidatos matriculados num programa de estudos validado para preparação ministerial. Esta atribuição continuará durante todo o tempo em que os candidatos estiverem activamente matriculados, dentro do mandato de cada membro da comissão, a não ser que em conjunto se combine de outra maneira.

233.3. O(A) presidente assistirá a todas as reuniões da junta, excepto quando houver impedimento insuperável, e orientará anualmente o trabalho da junta. Em caso de ser necessária a ausência do(a) presidente, o(a) secretário(a) fará o trabalho dele(a), temporariamente.

233.4. O(A) secretário(a), a expensas da Assembleia Distrital, adquirirá um livro apropriado de registo de estudos ministeriais, que será propriedade da Assembleia Distrital e que se usará de acordo com as instruções do *Guia de Ordenação*.

233.5. Os outros membros da junta assistirão fielmente às reuniões da mesma e exercerão a supervisão de todos os candidatos a quem (1) darão encorajamento, conselho e orientação; e (2) treinarão pelo exemplo e pela conversação acerca da ética de um membro do clero, com atenção específica sobre como um membro do clero pode evitar má conduta sexual. (233.1)

233.6. A junta cooperará com o(a) superintendente distrital e com o escritório de Desenvolvimento do Clero através da respectiva Comissão Consultiva para o Programa de Estudos, procurarando formas de encorajar, ajudar e orientar os candidatos que estejam seguindo um programa de estudos validado numa faculdade/universidade ou seminário nazarenos.

234. A junta pode organizar classes ou seminários, de modo a prestar assistência a ministros licenciados ou outros candidatos no prosseguimento dos vários programas de estudos validados e, dependente de fundos distritais aprovados, criar bibliotecas centralizadas com livros para empréstimo, quando necessário.

234.1. O(A) presidente e o(a) secretário(a) da Junta de Estudos Ministeriais estão autorizados a matricular um(a) estudante num programa de estudos validado para educação ministerial, ouvido o(a) superintendente distrital. (233.1-233.2, 529.1-529.3)

234.2. A junta desempenhará as suas funções de acordo com o *Guia de Ordenação* oficial.

234.3. A junta relatará à Junta de Credenciais Ministeriais ou à Junta de Ministério em tempo útil, todos os dados relevantes respeitantes ao progresso nos estudos de cada candidato(a), para que esses dados sejam processados antes da Assembleia Distrital. A Junta de Estudos Ministeriais recomendará à Assembleia Distrital a colocação, progresso e a graduação nos diversos programas de estudo validados. Tal colocação, progresso ou graduação estarão em conformidade com as directrizes definidas pelo escritório de Desenvolvimento do Clero através da respectiva Comisão Consultiva do Programa de Estudos.

234.4. A Junta de Estudos Ministeriais será responsável, em cooperação com as instituições nazarenas oficialmente reconhecidas para a preparação ministerial e com o escritório de Desenvolvimento do Clero, através da respectiva Comissão Consultiva do Programa de Estudos, e sob a orientação geral do(a) superintendente distrital, pela promoção de educação contínua de ministros ordenados e outros ministros auxiliares no distrito. A educação contínua incluirá educação acerca da ética de ser um membro do clero, com atenção específica sobre como um membro do clero pode evitar má conduta sexual.

K. A Junta Distrital de Evangelismo ou Director(a) Distrital de Evangelismo

235. A Assembleia Distrital pode eleger uma Junta Distrital de Evangelismo ou um(a) director(a) distrital de evangelismo. As pessoas eleitas servirão até o encerramento da próxima Assembleia Distrital e até que seus sucessores sejam eleitos e empossados. (205.19)

235.1. Em cooperação com o(a) superintendente distrital, a Junta Distrital de Evangelismo ou o(a) director(a) distrital de evangelismo procurará fomentar e alargar a indispensabilidade do evangelismo de santidade, proporcionando oportunidades de treinamento, conduzindo programas especiais e conferências, realçando a necessidade de campanhas na igreja local por evangelistas chamados por Deus e por quaisquer outros meios disponíveis, com o fim de produzir um impacto no distrito, tendo como prioridade número um a Grande Comissão de Jesus Cristo no funcionamento do Corpo de Cristo.

L. A Junta de Propriedades da Igreja

236. A Junta de Propriedades da Igreja será composta pelo(a) superintendente distrital que será membro ex officio e no mínimo de dois ministros designados e dois membros leigos. Os membros podem ser eleitos pela Assembleia Distrital para servirem por um período de quatro anos ou até que os seus sucessores sejam eleitos e empossados. A Junta Consultiva pode servir como Junta de Propriedades da Igreja, mediante voto favorável da Assembleia Distrital.

237. Os deveres da Junta de Propriedades da Igreja são:

237.1. Fomentar a construção de templos locais e edifícios relacionados com a igreja, dentro dos limites do distrito, em cooperação com a Junta Consultiva.

237.2. Verificar e conservar as escrituras de propriedades da igreja local.

237.3. Considerar as propostas apresentadas por igrejas locais que digam respeito à compra ou venda de bens imóveis ou à construção de edifícios de igreja ou de casas pastorais, e dar o seu parecer sobre as propostas apresentadas. (103-104)

237.4. Aprovar ou rejeitar, conjuntamente com o(a) superintendente distrital, propostas apresentadas por igrejas locais relativas a planos para construir templos e contrair dívidas na compra de propriedades imóveis ou na construção de edifícios. A Junta de Propriedades da Igreja deverá, normalmente, aprovar um pedido de aumento de débito desde que:

1. A igreja local que requer a aprovação para aumentar o débito, tenha pagado totalmente todas as suas contribuições financeiras respeitantes aos dois anos anteriores ao pedido.
2. A quantia total do débito não exceda três vezes a média da quantia levantada para todos os propósitos, respeitante a cada um dos três anos anteriores ao pedido.
3. Que os pormenores da remodelação ou construção planeada tenham sido aprovados pela Junta de Propriedades da Igreja.
4. A quantia em débito e os termos de pagamento não ponham em perigo a vida espiritual da igreja.

A Junta de Propriedades da Igreja só poderá aprovar os pedidos que não satisfaçam estas directrizes, mediante aprovação do(a) superintendente distrital e da Junta Consultiva. (103-104)

237.5. Fazer tudo o mais que a Assembleia Distrital deliberar acerca das propriedades da igreja local.

M. A Comissão de Finanças da Assembleia Distrital

238. Os deveres da Comissão de Finanças da Assembleia Distrital são:

238.1. Reunir-se antes da Assembleia Distrital e fazer recomendação à mesma respeitante a todas as contribuições financeiras e distribuição da divisão pelas igrejas locais. (32.5)

238.2. Fazer tudo o mais que a Assembleia Distrital deliberar nas áreas de finanças do distrito. (205.21)

238.3. Publicar no jornal do distrito o método usado e as percentagens aplicadas para determinar o fundo base para todas as contribuições financeiras aceites.

N. O Conselho Consultivo Distrital

239. O Conselho Consultivo Distrital será composto pela Junta Consultiva, o(a) presidente da Junta Distrital dos MEDDI, o(a) presidente distrital das MNI, o(a) presidente distrital da JNI, o(a) secretário(a) distrital, e o(a) tesoureiro(a) distrital. Este conselho reunirá quando for necessário e será presidido pelo(a) superintendente distrital ou pelo(a) superintendente geral com jurisdição ou por uma pessoa devidamente designada. (209)

O. O(A) Director(a) de Capelania

240. O(A) superintendente distrital pode nomear um(a) director(a) de capelania. Em cooperação com o(a) superintendente distrital, o(a) director(a) de capelania procurará desenvolver e divulgar o evangelismo de santidade através do ministério especializado de capelania. O(A) director(a) incentivará e apoiará o evangelismo através de oportunidade nas indústrias, instituições, esferas de educação e militares. O(A) director(a) dará atenção especial a militares nazarenos e a outros membros das forças armadas residentes em instalações militares, apoiando e ajudando pastores localizados perto dessas bases para que tenham impacto para Cristo no pessoal militar e suas famílias, unindo-os à nossa igreja enquanto se acham ao serviço do país. (211.9)

P. A Junta Distrital dos Ministérios da Escola Dominical e Discipulado Internacionais

241. A Junta Distrital dos MEDDI será composta pelo(a) superintendente distrital, pelo(a) presidente distrital das MNI, pelo(a) presidente distrital da JNI e pelo presidente distrital da Junta dos MEDDI, os quais formarão a Comissão Executiva; e de, pelo menos, mais três membros adicionais. Os membros adicionais serão eleitos pela Assembleia Distrital ou pela Convenção Distrital dos MEDDI, para servirem em mandatos escalonados de três anos e até que os seus sucessores sejam eleitos e empossados. Após organização inicial da Junta Distrital dos MEDDI, os três membros adicionais serão eleitos dentre seis recomendados, sendo um para servir por um mandato de três anos, outro para servir por um mandato de dois anos e o terceiro, por um mandato de um ano. Contudo, quando o distrito exceder um número total de membros de 5.000, o número de membros recomendados e eleitos pode ser duplicado e, quando possível, pelo menos quatro dos dez membros da junta deverão ser leigos. As vagas que ocorram na Junta Distrital dos MEDDI, no intervalo entre as sessões

da Assembleia Distrital, poderão ser preenchidas por nomeação do(a) superintendente distrital. (215)
Os **deveres da Junta Distrital dos MEDDI** são:
241.1. Reunir-se dentro de uma semana após a data da sua eleição e organizar-se, elegendo um(a) secretário(a), um(a) tesoureiro(a), directores distritais dos Ministérios para Adultos, dos Ministérios para Crianças, e de Treinamento Contínuo de Leigos, que serão membros ex officio da Junta dos MEDDI. Outros directores distritais, que forem necessários, podem ser propostos pela Comissão Executiva e eleitos pela junta.
241.2. Ter supervisão de todos os interesses dos MEDDI do distrito.
241.3. Eleger um Conselho de Ministérios para Crianças, cujo(a) presidente será o(a) director(a) distrital dos Ministérios para Crianças, e cujos membros serão os directores distritais de: acampamentos para rapazes e meninas, Caravanas, Escolas Bíblicas de Férias, Concurso Bíblico, Igreja Infantil, Rol do Berço e quaisquer outros considerados necessários.
241.4. Eleger um Conselho Distrital dos Ministérios para Adultos, cujo(a) presidente será o(a) director(a) distrital dos Ministérios para Adultos, e cujos membros serão os directores distritais de: vida matrimonial e familiar, ministérios para terceira idade, ministérios para adultos solteiros, retiro para leigos, células de estudo bíblico, ministérios para mulheres, ministérios para homens e quaisquer outros considerados necessários.
241.5. Fazer preparativos para uma Convenção Distrital dos MEDDI anual. (238)
241.6. Determinar, ouvido o(a) superintendente distrital, se as eleições dos membros e do(a) presidente da Junta Distrital dos MEDDI serão realizadas na Assembleia Distrital ou na Convenção Distrital dos MEDDI.
241.7. Estimular todos os superintendentes locais dos MEDDI e todos os directores de ministérios de grupos etários e presidentes da JNI a estarem presentes na Convenção Distrital dos MEDDI e a participarem quando se oferecer oportunidade.
241.8. Organizar o distrito em áreas e nomear presidentes de áreas que darão assistência à junta, e à sua direcção para levar avante o trabalho dos MEDDI no distrito.
241.9. Fazer planos e implementar classes de Treinamento Contínuo de Leigos no distrito ou área.
241.10. Prestar assistência ao escritório dos MEDDI da Church of the Nazarene, Inc. e assegurar informações sobre os interesses dos MEDDI distrital e local.
241.11. Encomendar à Comissão de Finanças da Assembleia Distrital o orçamento anual da Junta Distrital dos MEDDI.

241.12. Ser responsável pelo retiro distrital de leigos. O(A) director(a) distrital dos Ministérios para Adultos será membro ex officio da Comissão Distrital de Retiro de Leigos.

241.13. Aprovar o relatório do(a) seu/sua presidente a ser apresentado à Assembleia Distrital.

241.14. Reunir-se tão frequentemente quanto o(a) superintendente distrital ou o(a) presidente da Junta Distrital dos MEDDI acharem necessário, a fim de fazer planos e executar com eficiência as funções da junta.

Para informação adicional referente aos deveres dos concelhos dos Ministérios para Crianças e Adultos, ver o Guia dos MEDDI.

242. O(A) Presidente Distrital dos MEDDI. A Assembleia Distrital ou a Convenção dos MEDDI elegerá, dentre dois ou mais nomes apresentados pela Comissão Distrital de Recomendações, um(a) presidente da Junta Distrital da Junta dos MEDDI, para servir por um mandato de um ou dois anos. O(A) presidente cessante pode ser reeleito(a) por voto favorável de "sim" ou "não" quando tal votação for recomendada pela Junta Distrital dos MEDDI, com a aprovação do(a) superintendente distrital. Uma vaga no intervalo entre as reuniões da Assembleia Distrital pode ser preenchida de acordo com as disposições do parágrafo 215. (241.6)

Os **deveres e poderes do(a) presidente Distrital dos MEDDI** são:

242.1. Liderar responsavelmente os MEDDI no distrito através:
1. Do desenvolvimento de programas de crescimento na matrícula e assistência;
2. Da coordenação de todos os programas relacionados com os Ministérios para Crianças e Ministérios para Adultos;
3. Do trabalho em cooperação com a JNI para coordenar a Escola Dominical/Grupos de Estudo Bíblico/Grupos Pequenos para jovens.

242.2. Ser membro ex officio da Assembleia Distrital e da Junta Distrital dos MEDDI.

242.3 Preparar um relatório escrito da Junta Distrital dos MEDDI para o jornal anual da Assembleia.

Q. A Juventude Nazarena Internacional Distrital

243. O ministério nazareno para jovens é organizado no distrito sob os auspícios da Juventude Nazarena Internacional (JNI), segundo os Estatutos da JNI e sob a autoridade do(a) superintendente distrital, da Junta Consultiva e da Assembleia Distrital. A JNI distrital será composta dos membros e grupos locais da JNI do distrito.

243.1. A JNI distrital será organizada de acordo com o Plano de Ministério Distrital da JNI (parágrafos 810.200-810.219), que pode ser adaptado para responder às necessidades de ministério para jovens no distrito (ver parágrafo 810.203) conforme estabelecido nos Estatutos da JNI e no *Manual da Igreja do Nazareno*.

R. As Missões Nazarenas Internacionais Distritais

244. As Missões Nazarenas Internacionais (MNI) serrão compostas das MNI locais que estejam dentro dos limites do distrito. As MNI distritais representarão as MNI Globais nos ministérios distritais. (811)

244.1. As MNI Distritais serão governadas pela Constituição das MNI aprovada pela Convenção Global das MNI e pela Comissão de Ministério Global da Junta Geral. Estará sujeita ao/à superintendente distrital, à Junta Consultiva, à Assembleia Distrital, e ao Conselho Distrital das MNI. (811)

244.2. O(A) presidente das MNI Distritais servirá sem remuneração e será membro ex officio da Assembleia Distrital. (201)

S. Auxiliares Distritais Remunerados

245. Quando se tornem necessários auxiliares remunerados para maior eficiência da administração do distrito, essas pessoas, ministeriais ou leigas, serão recomendadas pelo(a) superintendente distrital, depois de ter recebido a devida aprovação do(a) superintendente geral com jurisdição. Serão eleitas pela Junta Consultiva. O emprego de tais auxiliares será por um ano, podendo ser renovado por recomendação do(a) superintendente distrital e com a maioria de votos da Junta Consultiva Distrital. (211.16)

245.1. A demissão de tais auxiliares antes do término do período de emprego deve ser precedida da recomendação do(a) superintendente distrital e pela maioria de votos da Junta Consultiva Distrital. (225.16)

245.2. Os deveres e serviços destes auxiliares distritais serão determinados e supervisionados pelo(a) superintendente distrital.

245.3. Após resignação ou rescisão do(a) superintendente distrital, ficará concluído o período de serviço dos auxiliares remunerados, a menos que a lei nacional do trabalho estipule de forma diferente. Contudo, um ou mais dos membros do staff pode permanecer com o consentimento escrito do(a) superintendente geral com jurisdição e da Junta Consultiva Distrital, até a assunção de funções pelo(a) novo(a) superintendente. (209.3-209.4)

245.4. O trabalho como auxiliar distrital pago(a) não impede a pessoa de servir em outro cargo distrital, seja por eleição ou por nomeação, tal como secretário(a) ou tesoureiro(a) do distrito.

Um(a) assistente distrital pago(a) não é elegível para servir na Junta Consultiva Distrital.

T. Dissolução de um Distrito

246. Quando parecer claro à Junta de Superintendentes Gerais que um distrito não deve continuar como tal, esse pode ser dissolvido, mediante recomendação da Junta de Superintendentes Gerais, voto favorável de dois terços da Junta Geral da Igreja do Nazareno e por uma declaração oficial da mesma. (200)

246.1. No caso de um distrito ser oficialmente dissolvido, qualquer propriedade da igreja que porventura exista, de modo nenhum será desviada para outros propósitos, mas passará para o controle da Church of the Nazarene, Inc. para uso da denominação em geral, conforme orientação da Assembleia Geral; e os ecónomos que administram as propriedades, ou as corporações criadas para administrar as propriedades do distrito dissolvido, venderão ou disporão das mesmas somente por ordem do agente nomeado pela Church of the Nazarene, Inc. a quem também entregarão os fundos. (106.2, 106.5, 225.6)

III. GOVERNO GERAL

A. Funções e Organização da Assembleia Geral

300. A Assembleia Geral é a autoridade máxima na Igreja do Nazareno, no que diz respeito à expressão de doutrina, legislação e eleições, e está sujeita às disposições da Constituição da Igreja. (25-25.8)

300.1. A Assembleia Geral será presidida pelos superintendentes gerais. (25.5, 307.3)

300.2. A Assembleia Geral elegerá os seus oficiais e organizar-se-á para cumprir a sua ordem de trabalhos. (25.6)

300.3. Regras de Ordem. Sujeitos à legislação aplicável, os Artigos de Incorporação e os Regulamentos de governo no *Manual,* as reuniões e procedimentos da Igreja do Nazareno a nível local, distrital e geral, bem como as comissões da corporação, serão regulados de acordo com as *Regras Parlamentares de Robert Recentemente Revistas* (última edição) para a execução dos procedimentos parlamentares. (34)

B. Os Membros da Assembleia Geral

301. A Assembleia Geral será composta por delegados ministeriais e leigos em igual número de cada distrito Fase 3, sendo que o(a) superintendente distrital servirá como um dos delegados ministeriais ordenados designados, e os restantes delegados ministeriais ordenados designados bem como todos os delegados leigos eleitos pelas assembleias distritais; pelos superintendentes gerais eméritos e reformados; pelos superintendentes gerais; pelo(a) presidente global das MNI; pelo(a) presidente do conselho global da JNI; pelos oficiais e directores da Church of the Nazarene, Inc. que têm responsabilidade global e prestam relatório à sessão plenária da Junta Geral; pela metade dos presidentes regionais das escolas pertencentes à Junta Internacional de Educação, os quais serão membros votantes, sendo que os da outra metade serão membros sem direito de voto, e que o número e o processo de selecção são determinados pela referida Junta; e por um(a) delegado(a) missionário(a) comissionado(a) pela Junta Geral, representando cada Região, eleito pelos missionários comissionados pela Junta Geral, servindo nessa Região. Na ausência de tal eleição, o(a) representante missionário(a) será eleito(a) pela Comissão de Missão Global.

301.1. Cada distrito de Fase 3 terá o direito de ser representado na Assembleia Geral como segue: dois ministros ordenados designados e dois leigos até atingir os primeiros 46.000 membros da igreja em plena comunhão, e mais um(a) ministro(a) ordenado(a) designado(a) e um(a) leigo(a) adicionais por grupo subsequente de 45.000 membros em plena comunhão. A expressão "ministro(a) ordenado(a) designado(a)" incluirá presbíteros e diáconos. (Ver o seguinte quadro de correspondência.)

Número de Membros em
Plena Comunhão — *Número de Delegados*

Plena Comunhão	Número de Delegados
0 a 6.000	4 (2 leigos, 2 ministeriais)
6.001 a 10.000	6 (3 leigos, 3 ministeriais)
10.001 a 15.000	8 (4 leigos, 4 ministeriais)
15.001 a 20.000	10 (5 leigos, 5 ministeriais)
20.0001 a 25.000	12 (6 leigos, 6 ministeriais)
25.0001 a 30.000	14 (7 leigos, 7 ministeriais)
30.0001 a 35.000	16 (8 leigos, 8 ministeriais)
35.001 a 40.000	18 (9 leigos, 9 ministeriais)

Etc. (incrementos de 5.000)

301.2. Cada distrito de Fase 2 terá direito aos seguintes delegados à Assembleia Geral: um(a) ministro(a) ordenado(a) designado(a) e um(a) leigo(a). O(A) ministro(a) ordenado(a) designado(a) será o(a) superintendente distrital. Um(a) suplente será eleito(a) para cada delegado(a).

301.3. Um distrito de Fase 1 terá direito a um(a) delegado(a) à Assembleia Geral sem direito a voto. O(A) superintendente distrital será esse delegado(a), desde que ele(a) seja membro desse distrito. Se o(a) superintendente distrital não for membro do distrito, será eleito(a) um(a) delegado(a) suplente que seja membro do distrito.

301.4. O direito que um(a) delegado(a) ministerial designado(a) eleito(a) tem de representar a Assembleia Distrital que o(a) elegeu na Assembleia Geral, cessará se ele(a) transitar para uma nova responsabilidade ministerial noutro distrito, ou se o(a) delegado(a) eleito(a) deixar o ministério activo designado da Igreja do Nazareno, antes da convocação da Assembleia Geral. Qualquer ministro(a) que tenha oficialmente recebido a designação de "reformado(a)" por um distrito, não poderá ser nomeado(a) como delegado(a) nem ser apresentado(a) como delegado(a) eleito(a) à Assembleia Geral.

301.5. O direito que um(a) delegado(a) leigo(a) eleito(a) tem de representar a Assembleia Distrital que o/a elegeu na Assembleia Geral, cessará caso venha a ser membro de alguma igreja local de outro distrito antes da convocação da Assembleia Geral.

C. Data e Lugar da Assembleia Geral

302. A Assembleia Geral reunir-se-á no mês de Junho, de quatro em quatro anos, nos dias e lugar que forem determinados por uma Comissão da Assembleia Geral composta dos superintendentes gerais e de um número igual de pessoas escolhidas pela Junta de Superintendentes Gerais. A Comissão da Assembleia

GOVERNO GERAL 119

Geral terá a autoridade, em caso de emergência, de alterar a data e o lugar da reunião da Assembleia Geral.

302.1. A Junta de Superintendentes Gerais, ouvida a Comissão Executiva da Junta Geral, está autorizada a seleccionar diferentes locais de reunião simultânea para a Assembleia Geral, quando for apropriado. As votações feitas em tais locais de reunião simultânea serão reconhecidas como votação oficial juntamente com os votos dos delegados do local principal da reunião.

302.2. A Assembleia Geral iniciar-se-á com cultos devocionais e de inspiração. Tomar-se-ão providências para o cumprimento da ordem de trabalhos e outros cultos de inspiração. A Assembleia Geral fixará a data do seu encerramento. (25.4)

D. Reuniões Extraordinárias da Assembleia Geral

303. A Junta de Superintendentes Gerais, ou uma maioria da mesma, com o consentimento escrito de dois terços de todos os superintendentes distritais, terá o poder de convocar uma reunião extraordinária da Assembleia Geral em caso de emergência. A ocasião e local da mesma serão determinados pelos superintendentes gerais e por uma comissão escolhida pela Junta de Superintendentes Gerais.

303.1. Caso seja convocada uma reunião extraordinária da Assembleia Geral, os delegados e suplentes da Assembleia Geral anterior, ou os seus sucessores devidamente eleitos e empossados, servirão como delegados e suplentes nessa reunião extraordinária.

E. Comissão de Preparativos para a Assembleia Geral

304. O(A) secretário(a) geral, o(a) tesoureiro(a) geral e três pessoas nomeadas pela Junta de Superintendentes Gerais, constituirão a Comissão de Preparativos para a Assembleia Geral, pelo menos um ano antes da convocação da Assembleia Geral.

304.1. A Comissão de Preparativos para a Assembleia Geral terá autoridade para organizar todos os detalhes e fazer os contratos necessários para o evento da Assembleia Geral.

304.2. A Comissão de Preparativos para a Assembleia Geral, juntamente com os superintendentes gerais, prepararão um programa para a Assembleia Geral, incluindo ênfases para cada uma das actividades gerais; um culto de Santa Ceia; e outros cultos religiosos, os quais estarão sujeitos à aprovação da Assembleia Geral.

F. Trabalhos da Assembleia Geral

305. As atribuições da Assembleia Geral, definidas no parágrafo 25.8 da Constituição da igreja, serão:

305.1. Remeter, através da sua Comissão de Referência, todas as resoluções, recomendações, legislação das comissões a implementar, relatórios de comissões especiais e outros documentos, para as comissões legislativas da assembleia, permanentes ou especiais, ou às comissões regionais, para consideração, antes de serem apresentadas à Assembleia. A Comissão de Referência pode apresentar legislação que afecte somente uma região(ões) específica(s) aos delegados à Assembleia Geral da(s) dita(s) região(ões), para que actuem sobre essa legislação na reunião da comissão regional. Mudanças que afectem o *Manual* devem ser tratadas por toda a Assembleia Geral.

305.2. Eleger, por dois terços dos votos dos seus membros votantes e presentes, seis superintendentes gerais, os quais ocuparão os seus cargos até 30 dias após o encerramento da Assembleia Geral seguinte e até que seus sucessores sejam eleitos e empossados, contanto que:

a. Primeiro, haja eleição com uma cédula de "sim" ou "não", para os superintendentes gerais que estiverem servindo à data.

b. Quaisquer vagas que existam depois de se completar o processo de votação para todos os superintendentes gerais servindo à data, serão preenchidas mediante sucessivas votações por cédula, até que se completem as eleições.

No caso de alguém inelegível receber votos no primeiro escrutínio, esse nome será eliminado da cédula eleitoral e o relatório do primeiro escrutínio deve incluir esta declaração: "Um ou mais nomes foram eliminados por serem inelegíveis para o cargo."

Nenhum presbítero, que em qualquer altura tenha entregado a sua credencial por razões disciplinares, será considerado elegível para o cargo de superintendente geral. Nenhuma pessoa será eleita para o cargo de superintendente geral antes de completar os 35 anos, ou se já tiver atingido 68 anos de idade. (25.4, 307.16, 900.)

305.3. Eleger um(a) superintendente geral para a posição de emérito(a), quando isso for julgado aconselhável, contanto que o(a) superintendente esteja incapacitado(a) ou já lhe tenha sido concedido(a) o estatuto de reformado(a). Fica aqui subentendido que a eleição para a posição de emérito será vitalícia. (314.1)

305.4. Passar à reforma um(a) superintendente geral que apresente tal solicitação, ou que, no parecer da Assembleia Geral, esteja desqualificado(a) por motivo de incapacidade física, ou por quaisquer outras desqualificações que impeçam essa pessoa de cuidar adequadamente do trabalho da superintendência geral; e contanto que tenha servido no ofício de superintendente geral pelo mínimo de um mandato completo.

Caso um(a) superintendente geral solicite a reforma durante o intervalo entre as Assembleias Gerais, o pedido poderá ser atendido pela Junta Geral na sua reunião regular, sob recomendação da Junta de Superintendentes Gerais. (314.1)

GOVERNO GERAL

305.5. Fixar uma pensão de reforma adequada para cada superintendente geral reformado(a).

305.6. Eleger uma Junta Geral de acordo com os parágrafos 332.1-333.4, para servir até o encerramento da Assembleia Geral seguinte e até que seus sucessores sejam eleitos e empossados. (331, 901)

305.7. Eleger um Tribunal Geral de Apelações, composto de cinco ministros ordenados designados, para servirem até o encerramento da Assembleia Geral seguinte e até que seus sucessores sejam eleitos e empossados. A Junta de Superintendentes Gerais seleccionará o presidente e o secretário. (25.7, 611, 902)

305.8. Fazer algo mais de acordo com as Santas Escrituras e ditada pela sabedoria, que concorra para o bem-estar geral da Igreja do Nazareno e da santa causa de Cristo, nos termos da Constituição da igreja. (25.8)

G. Os Superintendentes Gerais

306. A função dos superintendentes gerais é proporcionar liderança espiritual apostólica e com visão através de:
- Articulação da missão
- Comunicação da visão
- Ordenação de membros do clero
- Propagação da coerência teológica, e
- Supervisão geral administrativa para a igreja geral.

307. Os **deveres e poderes dos superintendentes gerais** são:

307.1. Manter supervisão geral sobre a Igreja do Nazareno, nos termos da lei e ordem adoptadas pela Assembleia Geral.

307.2. Servir como membros ex officio da Assembleia Geral. (301)

307.3. Presidir à Assembleia Geral e às reuniões da Junta Geral da Igreja do Nazareno. (300.1, 335.3)

307.4. Exercer o poder discricionário para ordenar, ou nomear outros para ordenar, aqueles que tiverem sido eleitos de forma apropriada para serem presbíteros ou diáconos. (320, 538.5-538.6)

307.5. Presidir a cada Assembleia Distrital conforme calendarizado pela Junta de Superintendentes Gerais. Um(a) superintendente geral pode nomear um presbítero para servir como presidente da mesma. (202, 214)

307.6. O(A) superintendente geral que preside a Assembleia Distrital, o(a) superintendente distrital e a Junta Consultiva, de acordo com os delegados das igrejas locais, nomearão pastores para as igrejas locais que não tenham chamado o/a seu/sua pastor(a). (218.1)

307.7. Os superintendentes gerais poderão nomear superintendentes distritais para distritos onde ocorrerem vagas no intervalo das sessões da Assembleia Distrital, depois de consultado o Conselho Consultivo Distrital. Nos termos do parágrafo 208, todos os presbíteros que se qualifiquem são elegíveis para recomendação, incluindo aqueles do próprio distrito. (209, 239)

307.8. No caso de incapacidade temporária de um(a) superintendente distrital em exercício, o(a) superintendente geral com jurisdição, ouvida a Junta Consultiva, pode nomear um presbítero que tenha as qualificações para servir como superintendente distrital interino(a). A questão da incapacidade será determinada pelo(a) superintendente geral com jurisdição e a Junta Consultiva. (209.2)

307.9. O(A) superintendente geral com jurisdição pode recomendar à Junta dos Superintendentes Gerais que um distrito Fase 3 seja declarado em crise. (200.2, 322)

307.10. O(A) superintendente geral com jurisdição pode presidir a reunião anual, ou uma reunião extraordinária de uma igreja local, ou nomear um(a) representante que o faça. (113.5)

307.11. Os superintendentes gerais não poderão ser membros votantes de quaisquer juntas da Igreja do Nazareno, exceptuando a Junta de Superintendentes Gerais, ou a menos que os estatutos de tais juntas assim o determinem. (307.12)

307.12. Um(a) superintendente geral não poderá desempenhar nenhum outro cargo na igreja enquanto estiver servindo nessa função. (307.11)

307.13. Todos os actos oficiais dos superintendentes gerais estarão sujeitos a exame e revisão por parte da Assembleia Geral.

307.14. Qualquer acto oficial de um(a) superintendente geral poderá ser anulado pelo voto unânime dos demais membros da Junta de Superintendentes Gerais.

307.15. O cargo de qualquer superintendente geral pode ser declarado vago, por justa causa, através do voto unânime dos demais membros da Junta de Superintendentes Gerais e pelo voto de dois terços dos membros da Junta Geral.

307.16. Os superintendentes gerais, eleitos pela Assembleia Geral, servirão até 30 dias subsequentes ao encerramento da Assembleia Geral seguinte e até que os sucessores sejam eleitos e empossados. (305.2)

H. Superintendentes Gerais Eméritos e Reformados

314. Todos os superintendentes gerais eméritos e os superintendentes gerais reformados serão membros ex ofício da Assembleia Geral. (301)

314.1. Um(a) superintendente geral que tenha sido colocado(a) como reformado(a) ou eleito(a) para a posição de emérito(a), não será membro da Junta de Superintendentes Gerais. Contudo, no caso de um(a) superintendente geral activo(a) estar incapacitado(a) por doença, hospitalização ou outra emergência inevitável e precisar ausentar-se de qualquer atribuição, a Junta de Superintendentes Gerais tem autoridade de chamar para serviço temporário qualquer superintendente geral reformado(a). (305.3-305.5, 900.1)

I. A Junta de Superintendentes Gerais

315. Os superintendentes gerais organizar-se-ão como junta, combinarão e designarão entre si o trabalho específico sobre o qual terão jurisdição em particular.

316. Vagas. Caso ocorra uma vaga na Junta de Superintendentes Gerais, durante o período entre as reuniões da Assembleia Geral, a questão de convocar uma eleição para preencher a vaga será decidida pela Junta de Superintendentes Gerais. Após receber a decisão da junta, o(a) secretário(a) geral notificará imediatamente todos os membros da Junta Geral. Quando convocada uma eleição, os membros da Junta Geral elegerão, por dois terços dos votos, um presbítero da Igreja do Nazareno para preencher a vaga e assumir os deveres de superintendente geral até os 30 dias posteriores ao encerramento da Assembleia Geral seguinte, e até que um(a) sucessor(a) seja eleito(a) e empossado(a). (25.4, 305.2)

316.1. O(A) secretário(a) geral apresentará o resultado da votação à Junta de Superintendentes Gerais, a qual publicitará os resultados.

317. Os deveres da Junta de Superintendentes Gerais serão:

317.1. Supervisionar, dirigir e motivar a igreja geral, dando especial atenção a assuntos de liderança e teologia para todos os distritos, agências, e ministérios da Igreja do Nazareno global.

317.2. Recomendar, ouvido o(a) director(a) de Missão Global e respectivos directores administrativos nacionais e directores regionais, ou todos, mudanças na designação de áreas geográficas, sujeitas à aprovação da Junta de Superintendentes Gerais e da Junta Geral.

317.3. Exercer autoridade principalmente no que diz respeito a assuntos de governo e planos eclesiásticos, e aconselhar a Junta Geral, as suas comissões, e todas as juntas da Igreja do Nazareno noutros assuntos. A Junta de Superintendentes Gerais fará as recomendações que julgue pertinentes à Junta Geral e às comissões. A Junta de Superintendentes Gerais aprovará ou rejeitará todas as recomendações feitas pela Comissão de Missão Global à Junta Geral no que se refere à nomeação de missionários.

317.4. Servir como Comissão de Recomendações, em conjunto com a Comissão Executiva da Junta Geral, de modo a trazer um ou mais nomes à Junta Geral para eleição de um(a) secretário(a) geral e de um(a) tesoureiro(a) geral.

317.5. Declarar vago por dois terços dos seus votos, o cargo de secretário(a) geral, tesoureiro(a) geral ou director(a) de departamento.

317.6. Preencher vagas que porventura ocorram na lista de membros do Tribunal Geral de Apelações no intervalo entre reuniões da Assembleia Geral, e escolher o(a) presidente e o(a) secretário(a) do tribunal. (305.7, 612, 902.2)

317.7. Preencher vagas que possam ocorrer em qualquer comissão ou comissões especiais, no intervalo entre as Assembleias Gerais ou das reuniões da Junta Geral.

317.8. Designar superintendentes gerais para servirem como conselheiros das instituições de ensino superior afiliadas à Junta Internacional de Educação. (905)

317.9. Organizar, em conjunto com os serviços de Desenvolvimento Global do Clero, estudos ministeriais para aqueles que estão servindo como ministros, sejam leigos ou credenciados. (529-530)

317.10. Planear, guardar e melhorar o Fundo de Evangelismo Mundial que é a linha vital dos benefícios da missão global. A Junta de Superintendentes Gerais e a Junta Geral estão autorizados a e têm o poder de estabelecer alvos e obrigações para as igrejas locais, destinados ao Fundo de Evangelismo Mundial (32.5, 130, 335.7)

317.11. Aprovar, por escrito, a restauração da credencial a um anterior presbítero ou diácono, conforme solicitado. (539.9, 539.10-539.11, 540.8)

318. A Junta de Superintendentes Gerais será a autoridade para a interpretação da lei e da doutrina da Igreja do Nazareno, e do significado e importância das disposições do *Manual*, sujeita à apelação para a Assembleia Geral.

319. A Junta de Superintendentes Gerais apreciará, para aprovação, planos para centros distritais. Esses projectos não serão executados, enquanto não tiverem sido aprovados por escrito pela Junta de Superintendentes Gerais. (225.12)

320. A Junta de Superintendentes Gerais terá poder discricionário na ordenação de pessoas divorciadas. 307.4, 533.3, 534.3)

321. A Junta de Superintendentes Gerais pode declarar vago, com fundamento, o cargo de superintendente distrital de qualquer distrito de Fase 2 ou de Fase 1, com a recomendação do(a) superintendente geral com jurisdição, e pode declarar vago o cargo de superintendente distrital em distritos de Fase 3, mediante a maioria de dois terços de votos do Conselho Consultivo Distrital. (209.1, 239)

322. A Junta dos Superintendentes Gerais pode aprovar que um distrito Fase 3 seja declarado em crise. (200.2, 307.9)

323. Após cada Assembleia Geral, o *Manual* da Igreja do Nazareno revisto tornar-se-á efectivo em todos os idiomas oficiais da denominação, quando a Junta de Superintendentes Gerais anunciar a data oficial do lançamento.

324. A Junta de Superintendentes Gerais terá autoridade para, ao serviço da Igreja do Nazareno, fazer tudo mais que não esteja previsto no *Manual,* de acordo com as ordenanças e com a Constituição da igreja.

J. O(A) Secretário(a) Geral

325. O(A) secretário(a) geral, eleito(a) pela Junta Geral, de acordo com os Estatutos da mesma, servirá até ao encerramento da Assembleia Geral seguinte e até que o(a) seu/sua sucessor(a) seja eleito(a) e empossado(a), ou até que seja removido(a) de acordo com o parágrafo 317.5. (900.2)

325.1. O(A) secretário(a) geral será membro ex officio da Assembleia Geral. (301)

325.2. Se no intervalo entre sessões da Junta Geral vier a ocorrer vaga no cargo de secretário(a) geral, esta será preenchida pela Junta Geral, após recomendação, de acordo com o parágrafo 317.4. (335.21)

325.3. O(A) secretário(a) geral prestará contas à Junta de Superintendentes Gerais e à Junta Geral.

326. Os **deveres do(a) secretário(a) geral são**:

326.1. Servir como secretário(a) ex officio da Church of the Nazarene, Inc., da Junta Geral e da Assembleia Geral, lavrar correctamente e guardar todas as actas.

326.2. Registar e preservar as estatísticas gerais da Igreja do Nazareno.

326.3. Guardar todos os documentos pertencentes à Assembleia Geral, e entregá-los ao/à seu/sua sucessor(a).

326.4. Preservar as decisões do Tribunal Geral de Apelações. (614)

326.5. Catalogar e guardar as credenciais ministeriais arquivadas, devolvidas, removidas e renunciadas, e entregá-las somente mediante ordem apropriada do distrito de que foram recebidas. (539-539.3, 539.8)

326.6. Examinar os quadros estatísticos dos distritos. (220.3)

326.7. Manter o registo das pessoas às quais foi concedida uma licença ministerial distrital.

326.8. Tornar disponível as actas das sessões da Assembleia Geral para os delegados da mesma.

326.9. Disponibilizar a última versão do *Manual*.

326.10. Fazer fielmente tudo quanto seja necessário para o cumprimento dos deveres deste cargo.

327. O(A) secretário(a) geral terá a custódia fiduciária dos documentos legais pertencentes à igreja geral.

327.1. O(A) secretário(a) geral está autorizado(a) a compilar o material histórico disponível, concernente à origem e desenvolvimento da denominação, e exercerá a custódia desses registos e materiais.

327.2. O(A) secretário(a) geral conservará um registo de Marcos e Lugares Históricos, segundo o parágrafo 913.

328. O(A) secretário(a) geral, em conjunto com os superintendentes gerais, antes da abertura da Assembleia Geral, providenciará todos os formulários necessários, incluindo as Regras de Ordem abreviadas, para revisão, e tudo quanto seja necessária para a condução expedita dos trabalhos da Assembleia Geral. As despesas resultantes serão pagas pelo fundo de despesas da Assembleia Geral.

328.1. O(A) secretário(a) geral poderá ter tantos assessores quantos sejam eleitos pela Assembleia Geral ou, no intervalo das reuniões da Assembleia Geral, o número que for nomeado pela Junta de Superintendentes Gerais.

K. O(A) Tesoureiro(a) Geral

329. O(A) tesoureiro(a) geral, eleito(a) pela Junta Geral de acordo com os Estatutos da mesma, servirá até ao encerramento da Assembleia Geral seguinte e até que o/a seu/sua sucessor(a) seja eleito(a) e empossado(a), ou até que seja removido(a) de acordo com o parágrafo 317.5. (900.3)

329.1. O(A) tesoureiro(a) geral será membro ex officio da Assembleia Geral. (301)

329.2. O(A) tesoureiro(a) geral prestará contas ao superintendente geral com jurisdição sobre o escritório de Finanças do Centro de Ministérios Global, à Junta de Superintendentes Gerais e à Junta Geral.

330. Os **deveres do(a) tesoureiro(a) geral são**:

330.1. Ter a custódia dos fundos pertencentes aos interesses gerais da Igreja do Nazareno.

330.2. Receber e pagar os fundos da Comissão Global de Administração e Finanças, da Comissão Global de Educação e Desenvolvimento do Clero, da Comissão de Missão Global, e os demais fundos que pertençam à Junta Geral ou a qualquer dos seus departamentos; o fundo dos superintendentes gerais; o fundo geral de contingência; o fundo de despesas da Assembleia Geral; outros fundos de benevolência da igreja geral; os fundos da JNI Global e os fundos das MNI Globais. (331.3)

330.3. Prestar caução, para o cumprimento fiel de funções, por intermédio de uma empresa de finanças acreditada, conforme orientação da Junta Geral.

330.4. Preparar relatórios para as juntas e departamentos, relativos aos seus respectivos fundos e que estejam sob sua custódia.

GOVERNO GERAL 127

330.5. Fornecer à Junta Geral um relatório anual de todas as finanças da Igreja do Nazareno, incluindo os investimentos. (335.12)

330.6. Salvaguardar os fundos de anuidades investidos em propriedades imóveis, mediante apólices de seguro apropriadas, e precaver-se contra a caducidade de tais apólices.

L. A Junta Geral

331. The Church of the Nazarene, Inc., é uma associação sem fins lucrativos, registada segundo as leis do Estado de Missouri, EUA. A Junta Geral será composta por membros eleitos, através de cédula, pela Assembleia Geral, de entre um grupo de pessoas propostas segundo os parágrafos 332.1-333.45. A pessoa que for eleita como membro da Junta Geral na qualidade de representante de uma região da igreja, deve residir naquela região, bem como ser membro de uma igreja local naquela região. (305.6, 334)

331.1. Nenhuma pessoa poderá ser eleita membro da Junta Geral, ou permanecer como tal, se for empregada da Church of the Nazarene, Inc., ou de entidades, incluindo as instituições de educação, que recebem subsídio financeiro da Church of the Nazarene, Inc. Indivíduos oriundos de distritos ou de outras entidades que estejam recebendo fundos operacionais da igreja geral são igualmente inelegíveis.

331.2. O(A) secretário(a) geral será o(a) secretário(a) ex officio da Church of the Nazarene, Inc., e da Junta Geral.

331.3. O(A) tesoureiro(a) geral será o(a) tesoureiro(a) ex officio da Church of the Nazarene, Inc., da Junta Geral e dos departamentos da Church of the Nazarene, Inc. (330.2)

332. As nomeações para a Junta Geral serão feitas como a seguir se descreve:

332.1. Depois de serem eleitos os delegados para a Assembleia Geral, a delegação de cada distrito de Fase 3 reunir-se-á para escolher candidatos para recomendação para a Junta Geral, da seguinte maneira: cada distrito de Fase 3 pode apresentar os nomes de dois ministros ordenados designados e dois leigos. Dever-se-á considerar a composição multicultural do distrito na selecção dos nomes que serão recomendados. Para as regiões que tenham um Conselho Consultivo Regional, os nomes desses candidatos serão enviados primeiro à Junta Nacional e, posteriormente, ao Conselho Consultivo Regional, o qual poderá reduzir o número dos nomes para três candidatos para cada membro, que a Comissão Regional da Assembleia Geral necessite eleger; depois disto, os nomes devem ser imediatamente enviados para o escritório do(a) secretário(a) geral, a fim de serem colocados em cédulas para apresentação aos delegados de cada região à Assembleia Geral. (205.23)

332.2. Da lista desses candidatos, os delegados de cada região à Assembleia Geral recomendarão à mesma como segue:
Cada região com 100.000 membros em plena comunhão ou menos recomendará um(a) ministro(a) ordenado(a) designado(a) e um leigo; cada região que tenha entre 100.000 e 200.000 membros em plena comunhão recomendará dois ministros ordenados designados, sendo um deles o(a) superintendente distrital e o outro um(a) pastor(a) ou evangelista, e dois leigos; e um leigo e um(a) ministro(a) ordenado(a) designado(a) adicionais para regiões que excedam 200.000 membros em plena comunhão, com as seguintes disposições:
Nas regiões onde o número de membros exceda os 200.000 membros em plena comunhão, um(a) ministro(a) ordenado(a) designado(a) será pastor(a) ou evangelista; outro será um(a) superintendente distrital; e o(a) outro(a) ministro(a) ordenado(a) designado(a) pode estar em qualquer destas categorias.
Nenhum distrito terá direito a mais do que dois representantes na Junta Geral, e nenhuma região terá direito a mais do que seis membros (com a excepção dos representantes institucionais e de membros de MNI e JNI). Sempre que mais de dois candidatos de um distrito recebam votação superior à dos candidatos de outros distritos na região, os candidatos dos outros distritos que tenham recebido o segundo maior número de votos serão propostos como representantes daquela região.
Em cada região aqueles que receberem o maior número de votos, nas suas categorias respectivas, serão nomeados para a Assembleia Geral, por maioria de votos. No caso das regiões maiores, onde seis membros devem ser eleitos, o leigo e o(a) ministro(a) ordenado(a) designado(a) que receberem o segundo maior número de votos serão os nomeados adicionais.
Se um Conselho Consultivo Regional determinar ser provável que a maioria dos delegados eleitos fiquem impedidos de assistir a Assembleia Geral, a votação da Comissão Regional da Assembleia Geral poderá ser realizada por via postal ou electrónica dentro dos seis meses anteriores ao início da Assembleia Geral. O processo específico através do qual deverá ocorrer esta votação postal ou electrónica dos membros da Junta Geral para a Assembleia Geral, será proposto pelo Conselho Consultivo Regional e apresentado ao escritório do(a) secretário(a) geral para aprovação antes da sua implementação.(305.6, 901)
332.3. A Junta Internacional de Educação (IBOE-JIDE) recomendará à Assembleia Geral quatro pessoas das instituições educacionais, dois ministros ordenados designados e dois leigos. A Assembleia Geral elegerá dois representantes à Junta Geral, um deles será ministro(a) ordenado(a) designado(a) e o outro será leigo. (331.1)

332.4. O Conselho Global da JNI proporá à Assembleia Geral o(a) recém-eleito(a) Presidente do Concelho Global da JNI. Caso o(a) recém-eleito(a) Presidente do Concelho Global da JNI não possa servir na Junta Geral, o Conselho Global da JNI proporá um membro do Conselho Global da JNI para servir em seu lugar. (343.4)

332.5. O Conselho Global das MNI proporá um de seus membros para a Assembleia Geral. A Assembleia Geral elegerá um(a) representante para a Junta Geral. (344.3)

332.6. Os coordenadores regionais dos MEDDI e o director Global dos MEDDI proporão uma pessoa para a Assembleia Geral. A Assembleia Geral elegerá um(a) representante à Junta Geral.

333. As eleições para a Junta Geral serão realizadas de acordo com as seguintes disposições:

333.1. Cada pessoa proposta pela respectiva região será eleita, através de cédula, pela Assembleia Geral, por maioria de votos "sim".

333.2. De entre as pessoas propostas pela Junta Internacional de Educação, a Assembleia Geral elegerá duas, uma das quais será um(a) ministro(a) ordenado(a) designado(a) e a outra um leigo.

333.3. De entre as pessoas propostas pelo Conselho Global da JNI, a Assembleia Geral elegerá, através de cédula, por uma maioria de votos "sim". (343.4, 903)

333.4. De entre as pessoas propostas pelo Conselho Global das MNI, a Assembleia Geral elegerá , através de cécula, por uma maioria de votos "sim". (344.3, 904)

333.5. De entre as pessoas propostas pelos coordenadores regionais dos MEDDI e o diretor Global dos MEDDI, a Assembleia Geral elegerá, através de cédula, por maioria de votos "sim". (323.6)

334. Os membros da Junta Geral exercerão os seus cargos até ao encerramento da Assembleia Geral seguinte e até que os seus sucessores sejam eleitos e empossados. O mandato de um membro da Junta Geral cessará de imediato, se um(a) ministro(a) ficar sem designação, ou se um leigo pedir e receber uma licença de ministro(a) distrital ou caso ocorra alguma das seguintes situações: mudança de ser membro para uma igreja de outra região; mudança de residência para fora da região que representa; ou mudança da categoria da função ministerial para a qual um(a) ministro(a) tenha sido eleito(a). Essa vaga será preenchida imediatamente. (331)

334.1. As vagas que ocorram na lista de membros da Junta Geral, e em qualquer das suas comissões, serão preenchidas por proposta da Junta de Superintendentes Gerais, que apresentará ao/à secretário(a) geral os nomes de duas pessoas elegíveis, dos quais, para manter a representação regional, as

Juntas Consultivas dos distritos da região onde tenha ocorrido a vaga, elegerão por maioria a pessoa que a preencherá. Cada Junta Consultiva Distrital dos distritos fase 2 e fase 3 terá direito a um voto. Para efeitos de representação de educação, os nomes propostos serão submetidos à votação da Junta Geral, que elegerá uma pessoa por voto maioritário. Para a representação da JNI, os nomes propostos serão apresentados ao Conselho Global da JNI para eleger um, por maioria de votos. Para representação dos MNI, os nomes propostos serão submetidos à Comissão Executiva do Conselho Global das MNI, ouvido o(a) superintendente geral com jurisdição, e com a aprovação da Junta de Superintendentes Gerais, ao Conselho Global das MNI, para eleger um, por maioria de votos. Para representação dos MEDDI, os nomes propostos serão **apresentados** à Junta Geral para eleger um, por maioria de votos. (332.3-332.6)

335. Deveres da Junta Geral. A Junta Geral servirá como Junta de Directores da Church of the Nazarene, Inc, e terá autoridade principal sobre os assuntos de governo e planificação de natureza não-eclesiástica A Junta Geral deverá encorajar e esperar que todas as juntas nacionais, regionais, distritais e locais cumpram a missão da Igreja do Nazareno, que é a de propagar a santidade cristã, segundo a tradição wesleyana fazendo discípulos à semelhança de Cristo nas nações, e deve facilitar o progresso da igreja global em cada nação e/ou região. A Junta Geral avançará com os assuntos financeiros e materiais de todas as comissões da Church of the Nazarene, Inc. de acordo com as instruções que possam ser dadas pela Assembleia Geral. Coordenará, correlacionará e unificará os planos e actividades das diversas comissões que a constituem, para que se estabeleça unidade de orientação em todas as actividades da Church of the Nazarene, Inc. Terá o poder de conduzir auditorias das contas de todos os departamentos e todas as entidades relacionadas com a Church of the Nazarene, Inc., e dirigirá os trabalhos e os assuntos de administração da Church of the Nazarene, Inc. e seus departmentos de todas as entidades legalmente relacionadas com a Church of the Nazarene, Inc.. Tais departamentos, e entidades darão a devida consideração ao conselho e às recomendações da Junta Geral.

335.1. A Junta Geral terá o poder de comprar, possuir, ocupar, administrar, hipotecar, vender, trespassar e doar, ou de qualquer maneira adquirir, embargar ou dispor tanto de bens móveis como imóveis, vendidos, legados, transmitidos, doados ou de qualquer outra forma recebidos pela Church of the Nazarene, Inc. para qualquer propósito legítimo, e para desempenhar esse propósito; e de pedir ou dar por empréstimo dinheiro na execução dos propósitos legais da Church of the Nazarene, Inc.

GOVERNO GERAL

335.2. A Junta Geral preencherá uma vaga na Junta de Superintendentes Gerais, de acordo com os parágrafos 316 e 305.2.

335.3. A Junta Geral reunir-se-á antes ou imediatamente depois do encerramento da Assembleia Geral e organizar-se-á elegendo oficiais, comissões e membros para as comissões, conforme disposto nos seus Artigos de Incorporação e estatutos, para servirem durante o quadriénio e até que seus sucessores sejam eleitos e empossados. Os superintendentes gerais presidirão as reuniões da Junta Geral.

335.4. Reuniões. A Junta Geral reunir-se-á em sessão, pelo menos três vezes entre as Assembleias Gerais, na data e local especificado pelos estatutos dessa Junta, ou no horário, datas e lugar unanimemente aceite em qualquer reunião regular ou extraordinária, de forma a que se adaptem aos seus melhores interesses e aos interesses das suas comissões.

335.5. Reuniões Extraordinárias da Junta Geral podem ser convocadas pela Junta de Superintendentes Gerais, pelo(a) presidente ou pelo(a) secretário(a).

335.6. Fundo de Evangelismo Mundial. Cada Igreja do Nazareno local é uma parte do esforço global para "fazer discípulos à semelhança de Cristo nas nações."O Fundo de Evangelismo Mundial será usado por toda a denominação para o sustento, manutenção e desenvolvimento da missão geral e actividades com ela relacionadas. O orçamento anual para a igreja geral será baseado na projecção das contribuições, com input dos departamentos e agências da igreja geral, e considerando os relatórios financeiros do(a) tesoureiro(a) geral. De tempos a tempos, a Junta Geral determinará a quantia do Fundo de Evangelismo Mundial a ser atribuída a cada departamento e a cada fundo. Quando tais atribuições tiverem sido aprovadas, deverão ser submetidas à Junta de Superintendentes Gerais para análise, sugestões ou emendas, antes da sua aprovação final por parte da Junta Geral.

335.7. Quando o total do Fundo de Evangelismo Mundial para o ano fiscal seguinte for fixado pela Junta Geral, esta e a Junta de Superintendentes Gerais estão autorizadas e têm a faculdade de repartir quotas do Fundo de Evangelismo Mundial pelos vários distritos, de maneira equitativa tanto para com os distritos como para com os interesses gerais. (130, 317.10)

335.8. A Junta Geral terá autoridade para aumentar ou reduzir o montante solicitado por qualquer departamento ou fundo. Assuntos de finanças aprovados pela Assembleia Geral serão comunicados à Junta Geral, que estará autorizada a fazer ajustes proporcionais às condições económicas existentes, às quotas anuais atribuídas a qualquer instituição ou agência da igreja, em conformidade como o compromisso financeiro total da igreja geral.

335.9. A Junta Geral aprovará parcelas do Fundo de Evangelismo Mundial para o Nazarene Theological Seminary (EUA) e para o Nazarene Bible College (EUA) como melhor lhe parecer e de acordo com a disponibilidade de fundos.

335.10. A Junta Geral examinará anualmente e fará as correcções apropriadas dos salários e benefícios correspondentes aos superintendentes gerais, no intervalo entre as Assembleias Gerais.

335.11. Relatórios. A Junta Geral, na sua reunião regular, receberá relatórios detalhados das actividades dos departamentos durante o ano anterior, incluindo um relatório financeiro. Cada departamento também apresentará uma proposta de orçamento de despesas para o ano seguinte.

335.12. O(A) tesoureiro(a) geral apresentará anualmente à Junta Geral um relatório financeiro detalhado das receitas e despesas de todos os fundos que tenham estado sob a sua custódia durante o ano anterior, incluindo fundos recebidos em fideicomisso e investimentos; juntamente com um relatório detalhado dos desembolsos previstos, no ano que se inicia, de fundos que não constem dos orçamentos dos departamentos da Church of the Nazarene, Inc. O(A) tesoureiro(a) geral será responsável perante a Junta Geral pelo fiel desempenho dos seus deveres oficiais. (330.5)

335.13. A Junta Geral reunir-se-á antes ou imediatamente após o encerramento da Assembleia Geral e elegerá um(a) secretário(a) geral e um(a) tesoureiro(a) geral, de acordo com os seus Estatutos, que exercerão os seus cargos até ao encerramento da seguinte Assembleia Geral e até que seus sucessores sejam eleitos e empossados.

335.14. Os membros da Junta Geral que representam as regiões dos Estados Unidos da América elegerão uma Junta de Pensões e Benefícios dos EUA, composta por um membro representante de cada região dos Estados Unidos da América e de um membro vogal. Os nomes propostos serão apresentados pela Junta de Superintendentes Gerais, como estabelecido pelos Estatutos da Junta de Pensões e Benefícios dos EUA. (337)

335.15. Depois de cada Assembleia Geral, a Junta Geral elegerá uma Junta da Nazarene Publishing House, que servirá até o encerramento da Assembleia Geral seguinte e até que seus sucessores sejam eleitos e empossados.

335.16. Um assunto da agenda da Junta Geral que apenas afecte uma região ou nação será encaminhado, com a aprovação da Comissão Executiva da Junta Geral e da Junta de Superintendentes Gerais, para uma comissão formada pelos membros da Junta Geral da dita região ou nação.

335.17. A Junta Geral estabelecerá a relação entre qualquer comissão autorizada pela Assembleia Geral ou pela Junta Geral com um departamento, ou com toda a junta, e designará as suas tarefas, responsabilidades e orçamento.

335.18. Directores de Departamento. A Junta Geral da Church of the Nazarene, Inc. elegerá directores de departamento de acordo com os procedimentos estabelecidos nos Estatutos da Junta Geral e o seu *Manual* de Governo e Procedimentos, para servirem até ao encerramento da Assembleia Geral seguinte e até que seus sucessores sejam eleitos e empossados, a menos que sejam removidos dos seus cargos(317.5)

335.19. Os Diretores de Departamentos **serão nomeados de acordo com as seguintes disposições:** Se houver um(a) director(a) cessante, a Comissão de Recomendações pode recomendar a eleição por cédula uninominal, ou propor múltiplos nomes. A procura de candidatos adequados para estes cargos será feita por uma comissão de selecção, tal como está previsto nos Estatutos da Junta Geral. Esta comissão apresentará dois ou mais nomes à Comissão de Recomendações, juntamente com as razões que apoiam a sua recomendação.

A Comissão de Recomendações, composta pelos seis superintendentes gerais e pela Comissão de Pessoal/Recursos Humanos da respectiva comissão da Junta Geral, apresentará um ou mais nomes à Junta Geral para eleição conforme previsto nos Estatutos dessa junta.

335.20. Salário dos Executivos. A Junta Geral criará e preparará uma "avaliação de desempenho" e um programa de administração de salários que incluirá o(a) director(a) do departamento e os directores de ministérios e directores de serviços, e definirá uma estrutura salarial que reconheça níveis de responsabilidade e mérito. A Junta Geral reverá e aprovará, anualmente, o salário dos directores de departamento, e de outros oficiais que sejam autorizados e eleitos pela Junta Geral.

335.21. A Junta Geral, durante o intervalo entre as sessões da Assembleia Geral, e/ou da Junta Geral, após recomendação prevista nos Estatutos da Junta Geral e no parágrafo 317.4, preencherá qualquer vaga que possa ocorrer nos cargos mencionados nos parágrafos 335.13 e 335.18, e em quaisquer outros cargos executivos criados pela Assembleia Geral, pela Junta Geral ou pelas comissões por elas eleitas.

336. A **reforma** de todos os oficiais e directores descritos nos parágrafos 335.13 e 335.18, bem como os directores de qualquer das agências contratados pela Church of the Nazarene Inc., ocorrerá por ocasião da reunião da Junta Geral, imediatamente subsequente ao seu septuagésimo aniversário. Quando existirem vagas, estas serão preenchidas de acordo com as normas do *Manual*.

M. PLANOS DE PENSÕES

337. Haverá uma Junta de Pensões, ou um corpo equivalente autorizado, com responsabilidade fiduciária por cada plano de pensões relacionado com a igreja. Um plano de pensões pode ser aplicado a nível organizacional, distrital, multi-distrital, nacional, regional ou multi-regional, conforme as necessidades. (335.14)

337.1. A Junta Geral estabelecerá e manterá sugestões de directrizes que sejam relevantes para todos os programas de pensões a nível mundial. A Junta Geral não garante que qualquer plano de reforma, não sofra perdas ou desvalorização. A Junta Geral não garante o pagamento de qualquer quantia que seja ou venha a ser devida a qualquer pessoa, de qualquer plano de pensões; e não será responsável no caso de faltarem fundos em qualquer plano de pensões. (32.5)

337.2. Todos os planos de pensões apresentarão um relatório anual à Junta Geral, através de Reformas e Benefícios Internacionais, no formulário e formato requeridos. (33.5)

N. Subsidiárias da Church of the Nazarene, Inc.

338. Corporações subsidiárias da Church of the Nazarene, Inc., serão organizadas e governadas de acordo com os seguintes princípios:
  a. Membro Único
     i. O Membro Único de todas as subsidiárias incorporadas nos Estados Unidos da América tem de ser "The Church of the Nazarene, Inc."
  b. Junta de Directores
     i. Composição: Cada organização determinará o número apropriado de directores de acordo com as suas necessidades e propósitos. Os mínimos exigidos são:
        1. Um(a) director(a) da Junta de Superintendentes Gerais é um membro ex ofício.
        2. Um alto funcionário da denominação nomeado pela Junta de Superintendentes Gerais.
     ii. Todos os directores devem ser recomendados pela Junta de Superintendentes Gerais ouvidos os outros directores da Corporação.
     iii. Todos os directores devem ser eleitos pela Junta de Superintendentes Gerais agindo em nome do Membro Único. Permanecerão em funções até que seus sucessores sejam eleitos e empossados.
     iv. Remoção: Qualquer director pode ser removido com ou sem justa causa, pelo voto da Junta de Superintendentes

GOVERNO GERAL

Gerais, agindo em nome do Membro Único, numa reunião especial convocada para tal fim.
c. Oficiais e Executivos: o número e os títulos dos oficiais será determinado por cada entidade de acordo com os seus estatutos.
d. Reuniões da Corporação:
   i. As reuniões do Membro Único terão lugar na data e local marcados regularmente pelo Membro Único (The Church of the Nazarene, Inc.)
   ii. As reuniões dos Diretores terá lugar de acordo com os planos da Corporação.
e. Executivos da Corporação: São escolhidos e removidos de acordo com os estatudos da subsidiária.
f. Ano Fiscal: Todas as subsidiárias adoptarão um ano fiscal idêntico ao ano fiscal da The Church of the Nazarene, Inc.
g. Dissolução: Após dissolução da Corporação, todos os seus bens serão transferidos para o Membro Único.
h. Artigos da Incorporação e Estatutos
   i. As subsidiárias podem ser constituídas por dois terços dos votos da Junta Geral do Membro Único. Os Artigos da Incorporação e os Estatutos estão sujeitos à aprovação da Junta Geral do Membro Único.
   ii. Emendas são propostas por dois terços dos votos da Junta de Diretores da Corporação e estão sujeitos à aprovação da Junta Geral do Membro Único.

O. Nazarene Publishing House

339. A missão da Nazarene Publishing House é publicar ou então produzir, comercializar, possuir, licenciar e administrar conteúdos para o benefício da Igreja do Nazareno e outros mercados cristãos consentâneos com a missão da Igreja. De forma a proteger e administrar os bens da media usados pela Igreja do Nazareno e suas afiliadas, a Igreja do Nazareno confia à Nazarene Publishing House esta responsabilidade fundamental.

P. A Comissão Geral de Acção Cristã

340. Depois da Assembleia Geral, a Junta de Superintendentes Gerais nomeará uma Comissão **Geral de Acção Cristã**, sendo um dos membros o(a) secretário(a) geral, que apresentará à Junta Geral o relatório do trabalho da comissão.

Os deveres da Comissão Geral de Acção Cristã são:

340.1. Preparar e desenvolver informação construtiva sobre assuntos como o álcool, tabaco, narcóticos, jogos de azar e outros assuntos morais e sociais actuais, de acordo com a doutrina da igreja; e disseminar a informação nos meios de comunicação da denominação.

340.2. Dar ênfase à santidade do matrimónio e ao carácter sagrado do lar cristão, e salientar os problemas e males do divórcio. Especialmente, a comissão deve realçar o plano bíblico do matrimónio como pacto para toda a vida, que só deverá ser quebrado com a morte.

340.3. Motivar o povo a servir em posições de liderança em organizações que sirvam a justiça cívica e social.

340.4. Alertar o nosso povo para a observância do Dia do Senhor, bem como contra ordens secretas de juramento obrigatório, diversões que são subversivas à ética cristã, e outras formas de mundanismo. (29.1)

340.5. Apoiar e motivar cada distrito a criar um(a) Comissão de Acção Cristã; e fornecer-lhes informação e material sobre questões morais da actualidade, para distribuição nas igrejas locais.

340.6. Fiscalizar assuntos morais de importância nacional e internacional, e apresentar o ponto de vista das Escrituras sobre eles.

Q. Comissão dos Interesses do Evangelista Chamado por Deus

341. A Comissão dos Interesses do Evangelista Chamado por Deus será composta pelo coordenador de avivamento, que será presidente ex officio da comissão, e por mais quatro evangelistas titulados e um pastor. O(A) Director(a) do escritório EUA/Canadá, ouvido o(a) coordenador(a) de avivamento apresentará à Junta de Superintendentes Gerais uma lista de nomes propostos para a comissão, para aprovação e nomeação. A comissão ou alguém por ela indicado, entrevistará pessoalmente os evangelistas comissionados que foram recomendados pela sua respectiva Assembleia Distrital, para o estatuto de "evangelista titulado". Examinará também a situação do evangelismo itinerante na Igreja do Nazareno e fará recomendações à comissão apropriada da Junta Geral, quanto a avivamentos e evangelistas. As vagas serão preenchidas mediante nomeação da Junta dos Superintendentes Gerais, a partir de recomendações recebidas do(a) Director(a) do escritório EUA/Canadá, ouvido o(a) coordenador(a) de avivamento. (317.7, 510.3)

R. Comissão Consultiva Internacional do Programa de Estudos

342. Depois da Assembleia Geral, o(a) director(a) dos Serviços Globais de Desenvolvimento do Clero, ouvidos os coordenadores regionais de educação, proporá uma lista de nomes para servirem na Comissão Consultiva Internacional do Programa de Estudos. Os recomendados para a comissão poderão incluir representantes dos pastores, do pessoal executivo, da educação e dos leigos. A composição da comissão deverá ser substancialmente representativa da igreja global. A Junta dos Superintendentes Gerais nomeará a comissão para servir durante o quadriénio.

A Comissão Consultiva Internacional do Programa de Estudos deverá reunir-se no mínimo uma vez de dois em dois anos, num local a ser determinado pelo(a) director(a) dos Serviços Globais de Desenvolvimento do Clero (529.1-529.2, 529.5).

S. A Juventude Nazarena Internacional Global

343. O ministério nazareno para jovens é organizado globalmente sob os auspícios da JNI, segundo os Estatutos da JNI e sob a autoridade do(a) superintendente geral com jurisdição para a JNI e da Junta Geral. A JNI Global será composta de membros, grupos locais e organizações distritais da JNI à volta do mundo. A JNI global é governada pelos Estatutos da JNI e pelo Plano Global de Ministério da JNI aprovados pela Assembleia Geral.

343.1. Haverá uma Convenção Global da JNI quadrienal, que se realizará em data estabelecida pela Junta de Superintendentes Gerais, ouvido o Conselho Global da JNI. A Convenção quadrienal será composta dos membros designados no Plano Global de Ministério da JNI (810).

343.2. A convenção elegerá um(a) presidente do Concellho global da JNI. O(A) vice-presidente do Concelho global da JNI é eleito(a) pelo Concelho Global da JNI na sua primeira reunião durante ou após a Assembleia Geral. O(A) presidente e o(a) vice-presidente do Concelho Global da JNI serão membros ex officio do Conselho Global da JNI, e servirão sem remuneração.

343.3. O Conselho Global da JNI será composto pelo(a) presidente, pelo(a) vice-presidente, e um(a) representante de cada região, como designado no Plano Global de Ministério da JNI. O(A) Director(a) da Juventude Nazarena Internacional servirá ex officio no conselho. O conselho será responsável perante a Junta Geral através da Comissão de Missão Global, e perante o(a) superintendente geral com jurisdição para a JNI, e será conduzido sob a autoridade dos Estatutos da JNI e do Plano Global de Ministério da JNI. Os membros do Conselho Global da JNI servirão até ao encerramento da Assembleia Geral subsequente, quando os seus sucessores forem eleitos e empossados. (810)

343.4. A JNI Global será representada na Junta Geral da Igreja do Nazareno por um membro, eleito pela Assembleia Geral, com base na proposta feita pelo Conselho Global da JNI. (332.4, 333.3)

343.5. A JNI Global será representada na Assembleia Geral pelo(a) presidente cessante do Conselho Global da JNI (301).

T. O Conselho Global das Missões Nazarenas Internacionais Global

344. O Conselho Global das Missões Nazarenas Internacionais Globais será composto pelo(a) presidente global, pelo(a) director(a) global e pelo número de membros prescritos na Constituição das MNI Globais e eleitos de acordo com a mesma.

344.1. O Conselho Global será governado pela Constituição das MNI. O Conselho Global apresentará um relatório à Comissão de Missão Global da Junta Geral. (811)

344.2. Nomeação e Eleição do(a) Diretor(a) Global da MNI. A comissão executiva das MNI e o(a) superintendente geral com jurisdição formarão uma comissão de pesquisa para identificar potenciais candidatos para a posição de director(a) global das MNI. Até dois nomes de potenciais candidatos serão apresentados à Comissão de Missão Global da Junta Geral.

A Comissão de Missão Global da Junta Geral e o(a) superintendente geral com jurisdição considerarão os nomes que lhes forem apresentados e ratificarão até dois nomes para serem eleitos pela Junta de Superintendentes Gerais.

A Junta de Superintendentes Gerais elegerá o(a) director(a) global das MNI mediante cédula de votação de entre os nomes submetidos pela Comissão de Missão Global da Junta Geral.

O(A) director(a) global das MNI será membro ex officio do Conselho Global das MNI e membro do corpo de funcionários da Missão Global.

344.3. As MNI Globais serão representadas na Junta Geral por um membro eleito para este fim pela Assembleia Geral, de entre as pessoas propostas pelo Conselho Global das MNI. (332.5, 333.4)

344.4. Haverá uma Convenção Quadrienal realizada sob a direcção do Conselho Global das MNI Globais, imediatamente antes da reunião regular da Assembleia Geral. Esta convenção elegerá o Conselho Global das MNI Globais de acordo com a Constituição. A convenção elegerá um(a) presidente global, que será membro ex officio do Conselho Global das MNI Globais. (811)

U. Juntas Nacionais

345. Uma junta nacional pode ser criada baseada na recomendação da Junta de Superintendentes Gerais e quando tal seja necessário, para facilitar a missão e a estratégia da igreja nessa nação. Uma junta nacional terá o grau de autoridade que lhe for conferida pelo director regional, pela(s) Junta(s) Consultiva(s) do(s) distrito(s) de fase 3 (em caso de existir(em), ouvido(s) o(s) superintendente(s) geral(ais) com jurisdição sobre a região, e os distritos dessa nação, para agir em nome da igreja no cumprimento da estratégia regional. No caso do(a) director(a) regional considerar necessário, e tendo consultado o(a) superintendente geral com jurisdição para a região, a junta poderá organizar-se e registar-se como entidade legal pública para a Igreja do Nazareno nessa nação. A junta nacional poderá ser dissolvida pela Junta de Superintendentes Gerais quando se julgue ser desnecessária para o cumprimento da missão ou não seja um requisito legal. A lista de membros e a estrutura de cada junta nacional serão determinadas pela Junta de Superintendentes Gerais.

Uma cópia dos artigos de organização ou do registo oficial dessa junta será imediatamente enviada ao(à) secretário(a) geral para arquivo. Estes documentos serão mantidos actualizados através do envio de quaisquer alterações ao(à) secretário(a) geral, para arquivo. Quaisquer actividades levadas a cabo pela junta nacional, relativamente à facilitação da missão e da estratégia da Igreja, serão conduzidas em consonância com o(a) Director(a) Regional. As actas das reuniões anuais e extraordinárias da junta nacional serão examinadas pelo Conselho Consultivo Regional, antes de serem remetidas ao/à secretário(a) geral, para revisão e comentário da Junta Geral conforme apropriado. (32.5)

V. A Região

346. Origem e Propósito. Devido ao crescimento da Igreja do Nazareno ao redor do mundo, desenvolveram-se agrupamentos de vários distritos organizados em áreas geográficas identificadas como regiões. Um grupo de distritos, sujeitos ao governo geral da Igreja do Nazareno e que possuam uma consciência de identificação regional e cultural, podem ser organizados como uma região administrativa por acção da Junta Geral e aprovação da Junta de Superintendentes Gerais.

346.1. Governo Regional. Levando em linha de conta a aproximação não simétrica de organização de algumas regiões, a Junta de Superintendentes Gerais pode, quando achar necessário, e em consulta com o Conselho Consultivo Regional, estruturar regiões administrativas, de acordo com necessidades específicas, problemas potenciais, realidades existentes e antecedentes culturais e educacionais diversificados nas suas respectivas áreas geográficas mundiais. Em tais situações, a Junta de Superintendentes Gerais preparará um regulamento que envolva compromissos inegociáveis, incluindo os nossos *Artigos de Fé,* adesão fiel à doutrina e ao estilo de vida de santidade, e apoio ao amplo esforço de expansão missionária.

346.2. Os deveres principais das regiões são:
1. Implementar a missão da Igreja do Nazareno, através da criação de áreas pioneiras, distritos e instituições;
2. Desenvolver uma consciência regional, espírito de comunhão e estratégias para cumprir a Grande Comissão, reunindo periodicamente representantes dos distritos e

das instituições, para tempos de planeamento, oração e inspiração;
3. Recomendar pessoas para a Assembleia Geral e para as Convenções Globais, para eleição para a Junta Geral;
4. Conforme estipulado no *Manual* criar e manter escolas e faculdades ou outras instituições;
5. Recrutar e seleccionar candidatos a missionários da região, de acordo com o regulamento (346.3);
6. Planear reuniões do Conselho Consultivo Regional e conferências para a região;
7. Facilitar o desenvolvimento de Juntas Nacionais como estipulado nos parágrafos 345 e 346.3.

346.3. Conselho Consultivo Regional (RAC). Uma região pode ter um Conselho Consultivo Regional cujas responsabilidades serão: prestar assistência ao/à director(a) regional no desenvolvimento da estratégia para a região; rever e recomendar a aprovação ou rejeição de todas as actas das juntas nacionais, antes de enviá-las para o escritório do(a) secretário(a) geral; entrevistar candidatos a missionários, e recomendá-los à Junta Geral para nomeação global, e receber relatórios do(a) director(a) regional, coordenadores de estratégia de campo e coordenadores de ministério.

A lista dos membros do RAC será flexível, de modo a ajustar o RAC de acordo com as necessidades, desenvolvimento e requisitos específicos de cada região. O(A) director(a) regional recomendará o número de membros do RAC ao/à director(a) da Missão Global e ao/à superintendente geral com jurisdição, para aprovação. Serão membros ex offício: o(a) superintendente geral com jurisdição da região, o(a) director(a) de Missão Global e o(a) director(a) regional que servirá como presidente. O pessoal que presta contas perante a Missão Global não será candidato para eleição como membro do RAC, mas poderá servir como pessoal de apoio. Os membros do RAC serão eleitos por cédula pela Comissão Regional, na Assembleia Geral. O RAC preencherá qualquer vaga entre Assembleias Gerais.

O(A) director(a) regional, ouvido o RAC, pode reunir uma conferência regional ou conferência de evangelismo para a área, conforme necessário. (32.5)

346.4. O(A) Director(a) Regional. Uma região poderá ter um(a) director(a) eleito(a) pela Junta de Superintendentes Gerais, ouvido o(a) director(a) da Missão Global, e ratificado pela Junta Geral, para trabalhar nos termos dos regulamentos e práticas da Igreja do Nazareno, dando liderança aos distritos, igrejas e instituições da região, para o cumprimento da missão, estratégias e programas da igreja.

Antes da reeleição de um(a) director(a) regional, será realizada uma revisão pelo(a) director(a) da Missão Global e o(a) superintendente geral com jurisdição, ouvido o Conselho Consultivo Regional. Uma revisão positiva constituirá uma aprovação da recomendação para reeleição.

Cada director(a) regional será administrativamente responsável perante a Missão Global e a Junta Geral e, em assuntos de jurisdição, responsável perante a Junta de Superintendentes Gerais.

346.5. O(A) Coordenador(a) da Estratégia de Campo. Quando considerado necessário, o(a) director(a) regional poderá criar uma estrutura de campos na região, e recomendar ao/à director(a) da Missão Global a nomeação de coordenadores de estratégia de campo de acordo com os *Regulamentos e Manual de Procedimentos de Missão Global*. O(A) coordenador(a) da estratégia de campo será responsável perante o(a) director(a) regional.

346.6. Comissão Consultiva Regional do Programa de Estudos. A Comissão Consultiva Regional do Programa de Estudos será composta pelo(a) coordenador(a) regional de educação, que poderá ser presidente ex officio da comissão, e pelos representantes seleccionados ouvido o(a) director(a) regional. Os membros da comissão deverão representar todas as partes interessadas na educação ministerial (por exemplo: pastores, administradores educadores, e leigos) para a região.

346.7. Deveres da Comissão Consultiva Regional do Programa de Estudos. Os **deveres principais da Comissão Consultiva Regional do Programa de Estudos** são:

1. Desenvolver o *Guia Regional de Ordenação* descrevendo os padrões mínimos de educação para ordenação na Igreja do Nazareno na sua região. O *Guia de Ordenação* regional deve reflectir os padrões mínimos estabelecidos no *Manual* e elaborados *no Guia Internacional de Desenvolvimento de Padrões para a Ordenação;*
2. Desenvolver procedimentos de validação dos programas de educação ministerial na sua região, a fim de verificar se os programas preenchem os padrões da Comissão Consultiva Regional do Programa de Estudos e da Comissão Consultiva Internacional do Programa de Estudos;
3. Colaborar com os provedores de educação regional para que interpretem estes padrões nos programas educacionais ministeriais;
4. Rever as sugestões dos programas educacionais ministeriais quanto à sua conformidade com os padrões dos *Guias Regional e Internacional*;
5. Endossar programas de educação ministerial regional à Comissão Consultiva Internacional do Programa de Estudos para adopção e aprovação.

PARTE V
Educação Superior

IGREJA E FACULDADE/UNIVERSIDADE

CONSÓRCIO GLOBAL DE EDUCAÇÃO NAZARENA

JUNTA INTERNACIONAL DE EDUCAÇÃO

I. IGREJA E FACULDADE/ UNIVERSIDADE

400. Desde as suas origens, a Igreja do Nazareno tem-se devotado à educação superior. A igreja provê a faculdade/universidade com estudantes, liderança administrativa e corpo docente, bem como apoio financeiro e espiritual. A faculdade/universidade educa os jovens e muitos dos adultos da igreja, orienta-os para a maturidade espiritual, enriquece a igreja e envia ao mundo servos de Cristo que sabem pensar e amam o próximo A faculdade/ universidade da igreja, embora não seja uma congregação local, é parte integrante da igreja; é uma expressão da igreja.

A Igreja do Nazareno crê no valor e na dignidade da vida humana e na necessidade de prover um ambiente em que a pessoa possa ser redimida e enriquecida espiritual, intelectual e fisicamente, "santificada e útil ao seu possuidor, estando preparada para toda boa obra" (2 Timóteo 2:21). A função principal e as expressões tradicionais da actividade da igreja local — evangelismo, educação religiosa, ministérios de compaixão e cultos de adoração — exemplificam o seu amor a Deus e a sua preocupação com as pessoas.

A nível local, a educação cristã de jovens e adultos nas diversas fases do desenvolvimento humano, intensifica a eficácia do evangelho. As congregações podem integrar nos seus objectivos e funções, programas educacionais para creches/escolas de qualquer ou de todos os níveis, desde o jardim de infância ao ensino secundário. A nível da igreja geral, será mantida a prática histórica de prover instituições para educação superior ou preparação ministerial. Onde quer que estas instituições se situem, funcionarão dentro dos moldes filosóficos e teológicos da Igreja do Nazareno, estabelecidos pela Assembleia Geral e expressos no *Manual*.

400.1. Declaração de Missão Educacional. A educação na Igreja do Nazareno, está enraizada nos postulados bíblicos e teológicos dos movimentos Wesleyano e de santidade; é responsável perante a missão declarada da denominação, e visa orientar aqueles que a utilizam para aceitarem, desenvolverem e exprimirem, em serviço para a igreja e o mundo, um entendimento cristão consistente e coerente da vida social e individual. Para além disto, tais instituições de educação superior procurarão desenvolver um currículo de qualidade, que evidencie elevado nível académico, e prepare adequadamente os formados para funcionarem com eficiência nas vocações e profissões que escolhem ou venham a escolher.

EDUCAÇÃO SUPERIOR

400.2. A criação de instituições, que confiram graus académicos, está sujeita à autorização da Assembleia Geral, após recomendação da Junta Internacional de Educação. Mediante recomendação da Junta Internacional de Educação, a Junta Geral pode autorizar o desenvolvimento ou a alteração da categoria de instituições existentes.

Nenhuma igreja local, conjunto de igrejas, pessoas representando uma igreja local ou um grupo de igrejas podem, em nome da igreja do nazareno, estabelecer ou patrocinar uma instituição de ensino de nível secundário ou uma instituição de preparação ministerial, a não ser mediante recomendação da Junta Internacional de Educação

II. CONSÓRCIO GLOBAL DE EDUCAÇÃO NAZARENA

401. Haverá um Consórcio Global de Educação Nazarena composto pelo(a) presidente, dirigente, reitor(a) ou director(a) ou o(a) representante designado(a) de cada instituição da Igreja do Nazareno, reconhecida pela Junta Internacional de Educação; pelos coordenadores regionais de educação; pelo(a) comissário(a) de educação; pelo(a) director(a) de Missão Global e pelo(a) Superintendente Geral com jurisdição sobre a Junta Internacional de Educação.

III. JUNTA INTERNACIONAL DE EDUCAÇÃO

402. A Junta Internacional de Educação, representando a igreja geral, será a defensora das instituições educacionais da Igreja do Nazareno.

Esta junta será composta de oito membros eleitos pela Junta Geral, mais os seguintes membros ex officio: os dois representantes da área de educação na Junta Geral, o(a) director(a) de Missão Global, o director(a) dos Serviços de Desenvolvimento do Clero e o(a) comissário(a) de educação. Uma Comissão de Recomendações, composta pelo(a) comissário(a) de educação, pelo(a) director(a) de Missão Global, por dois representantes de Educação na Junta Geral e pelos Superintendentes Gerais com jurisdição sobre a Junta Internacional de Educação e sobre a Missão Global apresentará, para eleição para a Junta Geral, oito candidatos aprovados pela Junta de Superintendentes Gerais.

Num esforço para assegurar uma ampla representação de toda a igreja, a Comissão de Recomendações apresentará os candidatos da seguinte maneira: um(a) coordenador(a) regional de educação; três leigos; dois ministros ordenados designados das regiões de Missão Global, que não tenham um coordenador(a) de educação; dois candidatos sem atribuições específicas. Nenhuma região de Missão Global terá mais de um membro eleito na Junta Internacional de Educação até que cada região tenha um(a) representante.

Em todo o processo de recomendação e eleição, dar-se-á atenção à indicação de pessoas com perspectiva transcultural e/ou experiência como educadores.

As Funções da Junta Internacional de Educação são:

402.1. Assegurar que as instituições estão sob controlo legal das respectivas juntas governantes, cujas constituições e regulamentos deverão estar conforme as respectivas cartas ou artigos de incorporação, e que se acham em harmonia com as directrizes determinadas pelo *Manual da Igreja do Nazareno*.

402.2. Assegurar que os membros das juntas governantes de instituições nazarenas são membros da Igreja do Nazareno em pleno gozo dos seus direitos. Deverão estar totalmente de acordo com os *Artigos de Fé*, incluindo a doutrina de inteira santificação e os costumes da Igreja do Nazareno, como declarados no *Manual* da igreja. Tanto quanto possível, as juntas de controlo da educação superior terão um número igual de ministros e leigos.

402.3. Receber fundos que lhe sejam atribuídos para fins educacionais, através de ofertas, heranças e doações; anualmente recomendar a distribuição desses fundos para as instituições educacionais, de acordo com os critérios definidos pela Junta Geral. As instituições não continuarão a receber apoio regular, a menos que os seus padrões educacionais, planos de organização e relatórios financeiros estejam arquivados na Junta Internacional de Educação.

402.4. Receber e tratar de modo adequado o relatório anual do(a) comissário(a) de educação contendo as seguintes informações de todas as instituições reconhecidas pela Junta Internacional de Educação: (1) relatório estatístico anual, (2) relatório anual de auditoria, e (3) orçamento anual.

402.5. Recomendar e providenciar apoio e mediação, embora o seu papel seja consultivo em relação às instituições, à Junta de Superintendentes Gerais e à Junta Geral.

402.6. Servir a igreja em assuntos que digam respeito às instituições educacionais nazarenas, a fim de reforçar os laços entre as instituições e a igreja em geral.

402.7. Submeter as suas resoluções e recomendações à comissão apropriada da Junta Geral.

403. Todos os estatutos e constituições das instituições devem incluir um artigo sobre a dissolução e a indicação de que o seu património deverá ser entregue à Igreja do Nazareno para ser usado para serviços educacionais da igreja.

PARTE VI

Ministério e Serviço Cristão

CHAMADA E QUALIFICAÇÕES DO(A) MINISTRO(A

CATEGORIAS DE MINISTÉRIO

FUNÇÕES DE MINISTÉRIO

EDUCAÇÃO PARA MINISTROS

REGULAMENTOS MINISTERIAIS E CREDENCIAIS

I. CHAMADA E QUALIFICAÇÕES DO(A) MINISTRO(A)

A Comissão Editorial do *Manual* reconhecendo a validade das palavras de abertura do parágrafo 500, tentou usar linguagem que reflecte esta singularidade. Contudo, devido à natureza desta secção do *Manual*, os termos "ministro(a)" ou "o(a) ministro(a)" referir-se-ão, por norma, a uma pessoa que tenha credenciais, seja licenciada, ordenada ou comissionada.

500. A Igreja do Nazareno reconhece que todos os crentes são chamados a ministrar a todas as pessoas.

Também afirmamos que Cristo chama alguns homens e mulheres para um ministério específico e público tal como Ele escolheu e ordenou os Seus 12 apóstolos. Quando a igreja, iluminada pelo Espírito Santo, reconhece essa chamada divina, ela confirma e auxilia a entrada da pessoa numa vida inteira de ministério.

501. Teologia das Mulheres no Ministério. A Igreja do Nazareno apoia o direito das mulheres usarem os seus dons espirituais outorgados por Deus na igreja. Afirmamos o direito histórico das mulheres serem eleitas e nomeadas para posições de liderança na Igreja do Nazareno, incluindo as ordens de presbítero e de diácono.

O propósito da obra redentora de Cristo é libertar a criação de Deus da maldição da Queda. Os que estão "em Cristo" são novas criaturas (2 Coríntios 5:17). Nesta comunidade redentora, nenhum ser humano deve ser considerado inferior devido a bases de posição social, raça ou sexo (Gálatas 3:26-28).

Reconhecendo o aparente paradoxo criado pela instrução de Paulo a Timóteo (1 Timóteo 2:11-12) e à igreja em Corinto (1 Coríntios 14:33-34), cremos que a interpretação destas passagens como limitando o papel das mulheres no ministério apresenta sérios conflitos com passagens específicas das Escrituras que recomendam a participação feminina em cargos de liderança espiritual (Joel 2:28-29; Actos 2:17-18; 21:8-9; Romanos 16:1, 3, 7; Filipenses 4:2-3), e viola o espírito e a prática da tradição wesleyana de santidade. Finalmente, ela é incompatível com o carácter de Deus apresentado através das Escrituras, especialmente como revelado na pessoa de Jesus Cristo.

502. Teologia de Ordenação. Embora afirmando o princípio escriturístico do sacerdócio universal e o ministério de todos os crentes, a ordenação reflecte a crença bíblica de que Deus chama e dá dons a certos homens e mulheres para a liderança ministerial na igreja. A ordenação é o acto de autenticação e autorização da igreja que reconhece e confirma a chamada de Deus para a liderança ministerial como mordomos e proclamadores do Evangelho e da Igreja de Jesus Cristo. Consequentemente, a ordenação testifica perante a Igreja universal e o mundo que esse candidato dá testemunho de uma vida exemplar de santidade, possui dons e graças para o ministério público, tem sede pelo conhecimento, especialmente da Palavra de Deus, e mostra capacidade para comunicar a sã doutrina.

(Actos 13:1-3; 20:28; Romanos 1:1-2; 1 Timóteo 4:11-16; 5:22; 2 Timóteo 1:6-7)

502.1. A Igreja do Nazareno depende grandemente das qualificações espirituais, carácter e modo de vida dos seus ministros. (538.17)

502.2. O(a) ministro(a) do evangelho na Igreja do Nazareno deve ter paz com Deus mediante nosso Senhor Jesus Cristo, e ser inteiramente santificado(a) pelo baptismo com ou o enchimento do Espírito Santo. O(A) ministro(a) deve ter um amor profundo pelos descrentes, crendo que estão a perecer, e que ele(a) é chamado(a) por Deus para lhes proclamar a salvação.

502.3. O(A) ministro(a) deve ser um exemplo para a igreja: pontual, discreto(a), diligente, fervoroso(a), puro(a), compreensivo(a), paciente, gentil, amoroso(a) e verdadeiro(a) pelo poder de Deus (2 Coríntios 6:6-7).

502.4. O(A) ministro(a), semelhantemente, deve ter profunda compreensão da necessidade dos crentes prosseguirem até à perfeição, desenvolvendo as virtudes cristãs na vida prática, para que o seu "amor aumente mais e mais, em pleno conhecimento e toda a percepção" (Filipenses 1:9). A pessoa que ministre na Igreja do Nazareno deve possuir elevado apreço tanto pela salvação como pela ética cristã.

502.5. O(A) ministro(a) deve responder a oportunidades de ser mentor(a) de futuros ministros e de nutrir a chamada para o ministério.

502.6. O(A) ministro(a) deve possuir dons e virtudes para o ministério. Ele ou ela deve ter sede de conhecimento, especialmente da Palavra de Deus, bom senso, boa compreensão e pontos de vista claros sobre a salvação, conforme revelado nas Escrituras. Os santos serão edificados e os pecadores convertidos através do seu ministério. Além disso, o(a) ministro(a) do evangelho na Igreja do Nazareno deve ser um exemplo na oração.

II. CATEGORIAS DE MINISTÉRIO

A. Ministério dos Leigos

503. Todos os cristãos devem considerar-se ministros de Cristo e procurar conhecer a vontade de Deus acerca das suas próprias oportunidades de serviço. (500)

503.1. A Igreja do Nazareno reconhece o ministério dos leigos. Reconhece também que o(a) leigo(a) pode servir a igreja em várias competências. (Efésios 4:11-12). A igreja reconhece as seguintes categorias de serviço em que uma assembleia distrital pode colocar um(a) leigo(a): pastor(a), evangelista, missionário(a), professor(a), administrador(a), capelão/capelã e serviço especial. O treinamento do(a) leigo(a) é normalmente requerido, ou altamente desejado, para cumprir essas categorias (605.3)

503.2. Ministro leigo. Qualquer membro da Igreja do Nazareno que se sinta chamado para servir como plantador(a) de igrejas, pastor(a) bivocacional, professor(a), evangelista leigo(a), evangelista de canto leigo(a), ministro(a) de mordomia, ministro(a) da equipa da igreja, ou outro ministério especializado dentro da igreja, mas que no momento não sinta uma chamada especial para se tornar um(a) ministro(a) ordenado(a), pode prosseguir um programa de estudos validado que lhe permita receber um certificado de ministério leigo.

503.3. A junta da igreja local, mediante recomendação do pastor, examinará e aprovará inicialmente o(a) ministro(a) leigo(a) quanto à sua experiência pessoal de salvação, envolvimento efectivo nos ministérios da igreja, e conhecimento da obra da igreja.

503.4. A junta da igreja local poderá emitir para cada candidato(a) a ministro(a) leigo(a) um certificado assinado pelo(a) pastor(a) e pelo(a) secretário(a) da junta da igreja.

503.5. O certificado de ministro(a) leigo(a) pode ser renovado anualmente pela junta da igreja, mediante recomendação do(a) pastor(a), se o(a) ministro(a) leigo(a) tiver completado pelo menos duas disciplinas do programa educacional para o ministério leigo como delineado pelo Treinamento Contínuo de Leigos. O(a) ministro(a) leigo(a) apresentará um relatório anual à junta da igreja.

503.6. A Junta Consultiva pode emitir um certificado de ministro(a) leigo(a), assinado pelo(a) superintendente distrital e pelo(a) secretário(a) da Junta Consultiva, a um(a) ministro(a) leigo(a) servindo sob designação distrital como plantador(a) de igrejas, pastor(a) temporário(a), pastor(a) bivocacional ou outro ministério especializado, depois de completar um programa de estudos validado. O certificado de ministro(a) leigo(a) pode ser renovado anualmente pela Junta Consultiva, mediante recomendação do(a) superintendente distrital.

503.7. O(A) ministro(a) leigo(a) que serve fora da igreja local onde é membro, dependerá da nomeação e supervisão do(a) superintendente distrital e da Junta Consultiva e apresentará um relatório anual a ambos. Quando cessar a designação distrital, o(a) ministro(a) leigo(a) será encaminhado(a) para a igreja local de que é membro, para renovação do certificado e prestação de relatório.

503.8. Depois de completar um programa de estudos validado para o ministério leigo, o(a) ministro(a) leigo(a) prosseguirá um

Programa de Estudos especializado de acordo com a sua escolha ministerial através do escritório de Treinamento Contínuo de Leigos.

503.9. Um(a) ministro(a) leigo(a) não poderá administrar os sacramentos do baptismo e da Ceia do Senhor, e não poderá oficiar casamentos.

B. O Ministério do Clero

504. A Igreja do Nazareno reconhece apenas uma ordem de ministério de pregação, a de presbítero. Também reconhece que o membro do clero pode servir a igreja em várias competências (Efésios 4:11-12). A igreja reconhece as seguintes categorias de serviço, em que uma Assembleia Distrital pode colocar um(a) presbítero, diácono ou um(a) ministro(a) licenciado(a) pelo distrito, quando as circunstâncias o justificarem: pastor(a), evangelista, missionário(a), professor(a), administrador(a), capelão/capelã e serviço especial. O treinamento ministerial e a ordenação são normalmente requeridos, ou muito desejados, para o cumprimento dessas categorias como "ministro(a) designado(a)." O *Guia de Ordenação* conterá directrizes para cada categoria de ministério, que ajudarão as juntas distritais a identificarem as qualificações necessárias para um ministro(a) designado(a). Apenas ministros designados podem ser membros votantes na Assembleia Distrital.

504.1. Todas as pessoas, designadas para uma função específica, devem apresentar um relatório anual à Assembleia Distrital que as designou.

504.2. Todas as pessoas designadas para uma função específica, podem requerer e obter anualmente um certificado da sua função, assinado pelo(a) superintendente e pelo(a) secretário(a) do distrito que as designou.

504.3. Todas as pessoas designadas para uma função específica de ministério, quando forem declaradas incapacitadas por autoridade médica autorizada, podem ser inscritas na lista de ministros como "designado(a) incapacitado(a)."

III. FUNÇÕES DE MINISTÉRIO

505. As funções de ministério são as seguintes:

506. Administrador(a). O(A) administrador(a) é um(a) presbítero ou diácono, eleito(a) pela Assembleia Geral como oficial geral; ou um membro do clero eleito ou contratado para servir na igreja geral. Pode ser também um(a) presbítero eleito(a) como superintendente, pela Assembleia Distrital; ou um membro do clero, eleito ou contratado, que tem como sua função principal o serviço de um distrito. Essa pessoa é um ministro designado.

507. Capelão/Capelã. O(A) capelão/capelã é um(a) ministro(a) ordenado(a) que se sente divinamente orientado(a) para o ministério especializado da capelania militar, institucional ou industrial. Todos os ministros que desejem servir na capelania deverão ser aprovados pelo seu/sua superintendente distrital. Um(a) ministro(a) ordenado(a) que serve na capelania como sua missão principal, será um(a) ministro(a) designado(a) e apresentará um relatório anual à Assembleia Distrital, devendo ter em devida consideração o conselho do(a) superintendente distrital e da Junta Consultiva. O(A) capelão/capelã pode receber membros associados na Igreja do Nazareno, por deliberação de uma Igreja do Nazareno oficialmente organizada, administrar sacramentos de acordo com o *Manual,* prestar cuidados pastorais, confortar os tristes, admoestar, encorajar e procurar por todos os meios a conversão de pecadores, a santificação de crentes e a edificação do povo de Deus na santíssima fé. (519, 538.9, 538.13)

508. Diaconisa. Uma mulher que seja membro da Igreja do Nazareno e creia estar divinamente orientada para o envolvimento no ministério aos enfermos e necessitados, confortar os tristes e fazer outras obras de benevolência cristã, e que dê evidências, na sua vida, de competência, graça e utilidade e que foi, nos anos precedentes a 1985, licenciada ou consagrada como diaconisa, permanecerá em tal situação. Contudo, as mulheres chamadas para o ministério activo e designado, mas que não tenham a chamada para pregar, completarão os requisitos para ordenação para a ordem de diácono. Mulheres que desejem obter uma credencial para ministérios de compaixão podem dedicar-se aos estudos requeridos para ministros leigos. (113.9, 503.2-503.9)

509. Educador(a). O(A) educador(a) é um(a) presbítero, diácono ou ministro(a) licenciado(a) pelo distrito devotado(a) a servir na equipa administrativa ou docente de uma das instituições de educação da Igreja do Nazareno. Essa pessoa será um(a) educador(a), designado(a) pelo distrito.

510. Evangelista. Um(a) evangelista é o(a) presbítero ou ministro(a) licenciado(a) pelo distrito que devota a sua vida a viajar e a pregar o evangelho, e que está autorizado(a) pela igreja a promover avivamentos e a divulgar na terra o evangelho de Jesus Cristo. Uma Assembleia Distrital pode designar ministros para os três níveis de evangelismo itinerante reconhecidos pela Igreja do Nazareno: evangelista registado(a), evangelista comissionado(a) e evangelista titulado(a). Um(a) evangelista que dedique tempo ao evangelismo, como sua missão principal, fora da sua igreja local e que não tenha o vínculo de reformado(a) na igreja ou em qualquer dos seus departamentos ou instituições, será considerado(a) ministro(a) designado(a).

510.1. Um(a) evangelista registado(a) é um(a) presbítero ou um(a) ministro(a) licenciado(a) pelo distrito que manifestou o

MINISTÉRIO E SERVIÇO CRISTÃO

desejo de se dedicar ao evangelismo como seu ministério principal. Esse registo será válido por um ano. A renovação, será concedida por deliberação de Assembleias Distritais subsequentes, com base na qualidade e na quantidade de trabalho em evangelismo que tenha sido realizado no ano anterior.

510.2. Um(a) evangelista comissionado(a) é um(a) presbítero que, por dois anos completos, preencheu todos os requisitos de um(a) evangelista registado(a). A comissão é válida por um ano e pode ser renovada por deliberação de Assembleias Distritais subsequentes, se ele(a) continuar a preencher os requisitos.

510.3. Um(a) evangelista titulado(a) é um presbítero que cumpriu, por quatro anos completos e consecutivos, imediatamente anteriores ao requerimento para a situação de evangelista titulado(a), todos os requisitos dum(a) evangelista comissionado(a), e foi recomendado(a) pela Junta de Credenciais Ministeriais ou pela Junta de Ministério e aprovado(a) pela Comissão para os Interesses do(a) Evangelista Chamado(a) por Deus, bem como pela Junta de Superintendentes Gerais. Esta designação de ministério continuará em vigor até que o(a) evangelista deixe de cumprir os requisitos de um(a) evangelista comissionado(a), ou até que lhe seja outorgada a designação de reformado(a). (231.2, 536)

510.4. No caso do(a) evangelista titulado(a), haverá uma auto-avaliação e revisão regular semelhante ao relacionamento igreja/pastor. Será feita pelo(a) evangelista e pelo(a) superintendente distrital, pelo menos de quatro em quatro anos, após a eleição do(a) evangelista como titulado(a). O(A) superintendente distrital será responsável pela marcação da data e pela condução da reunião. Esta reunião será marcada de acordo com o(a) evangelista. Finda a revisão, um relatório dos resultados será enviado à Comissão para os Interesses do(a) Evangelista Chamado(a) por Deus, a fim de avaliar os requisitos necessários para a continuação da aprovação como evangelista titulado(a). (211.21)

510.5. Um(a) presbítero ou ministro(a) licenciado(a) reformado(a) que mantenha uma ligação com a igreja ou qualquer dos seus departamentos, e que deseje realizar uma função ministerial através de campanhas ou reuniões de evangelismo, pode receber um certificado(a) como "reformado(a) em serviço de evangelismo." Esse certificado, concedido pela Assembleia Distrital após recomendação do(a) superintendente distrital, será válido por um ano, podendo ser renovado por Assembleias Distritais subsequentes com base no trabalho positivo de evangelismo no ano anterior à Assembleia.

510.6. Um(a) presbítero ou um(a) ministro(a) licenciado(a), desejando entrar no campo evangelístico no intervalo entre Assembleias Distritais, pode ser reconhecido(a) pelo escritório geral de Desenvolvimento do Clero, após recomendação do(a) superintendente distrital. O registo ou a comissão deverão ser votados pela

Assembleia Distrital, após recomendação do(a) superintendente distrital.

510.7. Directrizes e procedimentos referentes aos certificados de evangelistas encontram-se no *Guia de Ordenação*.

511. Ministro(a) de Educação Cristã. Um membro do clero, dedicado a um cargo ministerial num programa de educação cristã de uma igreja local, pode ser designado(a) como ministro(a) de educação cristã.

511.1. Uma pessoa que, nos anos precedentes a 1985 tenha sido licenciada ou comissionada como ministro(a) de educação cristã, continuará nestas funções. Todavia, as pessoas que desejem começar a dedicar-se à função de ministro(a) de educação cristã, podem completar os requisitos para ordenação para a ordem de diácono, como sua credencial para este ministério.

512. Ministro(a) de Música. Um membro da Igreja do Nazareno que se sinta chamado(a) para o ministério da música pode ser comissionado(a) como ministro(a) de música pelo espaço de um ano, pela Assembleia Distrital, contanto que:
1. tenha sido recomendado(a) para esse trabalho pela junta da igreja local de que for membro;
2. dê evidência de graça, dons e competência;
3. tenha tido pelo menos um ano de experiência no ministério da música;
4. tenha pelo menos um ano de estudos vocais com um(a) professor(a) credenciado(a) e esteja seguindo um programa de estudos validado para os ministros de música, ou equivalente, ou já o tenha completado;
5. esteja regularmente envolvido como ministro de música; e
6. tenha sido cuidadosamente examinado(a), sob orientação da Assembleia Distrital do distrito de que fizer parte a igreja de que for membro, considerando as suas qualificações intelectuais e espirituais, e as suas aptidões gerais para esse trabalho. (205.10)

512.1. Apenas as pessoas que mantenham este ministério como sua principal designação e vocação e possuam credenciais ministeriais, serão consideradas ministros designados.

513. Missionário(a). O(A) missionário(a) é um membro do clero ou um(a) leigo(a) que ministra sob a supervisão da Missão Global. Um(a) missionário(a), que tenha sido nomeado(a) e que possua credenciais ministeriais, será considerado(a) um(a) ministro(a) designado(a).

514. Pastor(a). Um(a) pastor(a) é um(a) presbítero ou ministro(a) licenciado(a) (seguindo o programa de estudos para a ordenação ao presbitério) que, sob a chamada de Deus e do Seu povo, tem a supervisão de uma igreja local. Um(a) pastor(a) de uma igreja local é considerado(a) um(a) ministro(a) designado(a). (115, 213, 533.4)

MINISTÉRIO E SERVIÇO CRISTÃO

515. Os deveres fundamentais de um(a) pastor(a) são:

515.1. Orar.

515.2. Pregar a Palavra.

515.3. Equipar os santos para a obra do ministério.

515.4. Administrar os sacramentos da Santa Ceia e Baptismo. A Santa Ceia deve ser ministrada pelo menos uma vez por trimestre. Os pastores são encorajados a celebrar este meio da graça com mais frequência. Um(a) ministro(a) licenciado(a) pelo distrito, que não tenha cumprido completamente as provisões do parágrafo 532.7, procurará que o sacramento seja administrado por um(a) ministro(a) ordenado(a). Um(a) ministro(a) licenciado(a) local não é elegível para administrar os sacramentos do Baptismo ou a Ceia do Senhor. Deve ser dada consideração à administração do serviço da Ceia do Senhor, sob a supervisão do(a) pastor(a), a pessoas que não possam sair da sua casa. (531.7, 700)

515.5. Cuidar do povo mediante visitas pastorais, particularmente aos enfermos e necessitados.

515.6. Confortar os que choram.

515.7. Corrigir, repreender e animar, com grande paciência e cuidadosa instrução.

515.8. Buscar a conversão dos pecadores, a inteira santificação dos convertidos e a edificação do povo de Deus em santidade. (19)

515.9. Cuidar devidamente dos assuntos relacionados com a solenização de casamentos. Devem transmitir a santidade do casamento cristão, através do cuidado atento do seu próprio matrimónio, bem de todas as formas de comunicação, do seu ministério a outros, do aconselhamento pré-matrimonial e da solenização da cerimónia matrimonial. (538.19)

515.10. Nutrir a chamada que alguns sentem para o ministério cristão e ser mentor dessas pessoas, orientando-as para a preparação adequada para o ministério.

515.11. Cumprir as expectativas que Deus e a Igreja têm para um programa de aprendizagem ao longo da vida. (538.18)

515.12. Nutrir a sua própria chamada, ao longo dos anos de ministério, manter uma vida de devoção pessoal que lhe enriqueça a alma e, se casado(a), preservar a integridade e a vitalidade dessa relação matrimonial.

516. Os deveres administrativos de um(a) pastor(a) são:

516.1. Receber pessoas como membros da igreja local, de acordo com os parágrafos 107 e 107.1.

516.2. Cuidar de todos os departamentos do trabalho da igreja local.

516.3. Designar os professores da Escola Dominical/Grupos de Estudo Bíblico/Pequenos Grupos, de acordo com o parágrafo 145.8.

516.4. Ler à congregação, no decorrer de cada ano eclesiástico, a Constituição da Igreja do Nazareno e o Pacto de Conduta Cristã contidos nos parágrafos 1-21, 28-33, ou então mandar imprimir essas secções do *Manual* e distribuí-las anualmente pelos membros da igreja (114).

516.5. Supervisionar a preparação de todos os relatórios estatísticos dos departamentos da igreja local e apresentá-los pontualmente à Assembleia Distrital, por intermédio do(a) secretário(a) distrital. (114.1)

516.6. Dirigir os programas de evangelismo, educação, devoção e expansão da igreja local, conforme os alvos e programas de promoção da igreja distrital e geral.

516.7. Apresentar um relatório na reunião anual da igreja, incluindo informação sobre o estado da igreja local e seus departamentos, e esboço de áreas de futuras necessidades para fins de estudo e/ou implementação.

516.8. Designar uma comissão de investigação composta por três membros da igreja, no caso de acusação feita contra algum membro da igreja. (605)

516.9. Providenciar que todos os valores do Fundo de Evangelismo Mundial, levantados através das MNI local sejam de imediato remetidos ao/à tesoureiro(a) geral; e que todos os valores dos Fundos Distritais sejam prontamente enviados ao/à tesoureiro(a) distrital. (136.2)

516.10. Propor à junta da igreja todas as pessoas a serem contratadas e pagas pela igreja local e supervisionar o trabalho das mesmas. (159.1-159.3)

516.11. Assinar, em conjunto com o(a) secretário(a) da igreja, todos os documentos respeitantes a bens imóveis, hipotecas, distrate de hipotecas, contratos e outros documentos legais não estipulados no *Manual*. (102.3, 103-104.3)

516.12. Notificar o(a) pastor(a) da igreja mais próxima, quando um membro ou simpatizante de uma igreja local ou de qualquer dos departamentos da igreja mudar para outra localidade no mesmo distrito, e fornecer o endereço do membro ou amigo da igreja, se for impraticável qualquer relação vital com a igreja local anterior.

516.13. Organizar e levantar, juntamente com a junta da igreja, fundos para todos os alvos denominacionais especificados para a igreja local, incluindo o Fundo de Evangelismo Mundial, quaisquer Fundos Distritais aplicáveis, e quaisquer fundos de alvos estabelecidos pelas juntas regional ou nacional. (32.2, 130, 153)

516.14. O(A) pastor(a) pode, quando um membro o solicitar, conceder uma carta de transferência, uma carta de recomendação ou uma carta de despedida da lista de membros da igreja. (111-111.1, 112.2, 815-818)

516.15. O(A) pastor(a) será, presidente ex officio da igreja local, presidente da junta da igreja, e membro de todas as juntas e comissões eleitas e estabelecidas da igreja onde ele ou ela serve. O(A) pastor(a) terá acesso a todos os documentos da igreja local. (127, 145, 150, 151, 152.1)

517. O(A) pastor(a) terá o direito de se pronunciar quanto à nomeação de todos os dirigentes de todos os departamentos da igreja local e de qualquer creche/escola nazarena (da creche até à secundária).

518. O(A) pastor(a) e os membros da sua família mais próxima estão proibidos de contrair obrigações financeiras, despender fundos, contar dinheiro ou ter acesso ilimitado às contas financeiras da igreja. A junta ou reunião extraordinária da igreja pode, por maioria de votos, solicitar uma excepção à Junta Consultiva e ao/à superintendente distrital. Se o(a) superintendente distrital e a maioria da Junta Consultiva aprovarem a excepção, o(a) superintentendente distrital enviará uma aprovação por escrito do pedido para o(a) secretário(a) da junta da igreja, que guardará essa aprovação nos arquivos da igreja. A família mais próxima incluirá cônjuge, filhos, irmãos ou pais. (129.1, 129.21-129.22)

519. O(A) pastor(a) terá sempre em devida consideração o parecer conjunto do(a) superintendente distrital e da Junta Consultiva. (225.2, 538.2)

520. No caso de um(a) ministro(a), licenciado(a) ou ordenado(a) de outra denominação, apresentar as suas credenciais e solicitar, durante o intervalo das reuniões da Assembleia Distrital, a sua admissão como membro numa igreja local, o(a) pastor(a) poderá não receber esse candidato(a) sem obter primeiramente a recomendação favorável da Junta Consultiva. (107, 228)

521. O(A) pastor(a) será responsável pelo exercício do seu cargo perante a Assembleia Distrital, à qual apresentará o seu relatório anual, e dará um breve testemunho da sua experiência cristã pessoal. (205.3, 532.8, 538.9)

522. O(A) pastor(a) tornar-se-á automaticamente membro da igreja local de que é pastor(a); ou, no caso de ter a seu cargo mais de uma igreja local, tornar-se-á membro da igreja à sua escolha. (538.8)

523. O Serviço Pastoral inclui o ministério de um(a) pastor(a) ou um(a) pastor(a) adjunto(a), que pode servir em áreas especializadas de ministério reconhecidas e aprovadas pelas agências apropriadas que as governam, licenciam e apoiam. Um membro do clero chamado para qualquer um destes níveis de serviço pastoral em conexão com uma igreja, poderá ser considerado um(a) ministro(a) designado(a).

524. Pastores Temporários. Um(a) superintendente distrital terá o poder de nomear um(a) pastor(a) temporário(a), que servirá sujeito(a) às seguintes regulamentações:

1. Um(a) pastor(a) temporário(a) pode ser um membro do clero nazareno que esteja servindo noutra tarefa, um(a)

ministro(a) local ou um(a) ministro(a) leigo(a) da Igreja do Nazareno, um(a) ministro(a) em processo de transferência de outra denominação ou um(a) ministro(a) que pertença a outra denominação.
2. Um(a) pastor(a) temporário(a) será nomeado(a) temporariamente para preencher o púlpito e para prover um ministério espiritual, mas não terá autoridade para administrar os sacramentos ou para solenizar casamentos, a menos que essa autoridade lhe seja conferida noutras bases; esse(a) ministro(a) não desempenhará a função administrativa do(a) pastor(a), excepto no preenchimento de relatórios, a menos que para tal seja autorizado(a) pelo(a) superintendente distrital.
3. Um(a) pastor(a) temporário(a) não será automaticamente transferido para a lista de membros da igreja em que está servindo.
4. Um(a) pastor(a) temporário(a) será membro da Assembleia Distrital sem direito a voto, a menos que tenha esse direito devido a outra função.
5. Um(a) pastor(a) temporário(a) pode ser removido(a) ou substituído(a) em qualquer altura pelo(a) superintendente distrital.

525. Pastor(a) de Congregação Afiliada (PCA). Um(a) presbítero ou ministro(a) licenciado(a) pelo distrito, servindo uma congregação afiliada será um(a) ministro(a) designado(a) e pode ser designado(a) pelo distrito como um(a) "pastor(a) PCA".

526. Pastor(a) Interino(a). A Assembleia Distrital pode aprovar um(a) presbítero como interino(a) distrital designado(a) mediante recomendação do(a) superintendente distrital e da Junta Consultiva, e servirá quando for chamado(a) pelo(a) superintendente distrital e a junta de uma igreja local. (212.1)

527. Evangelista de Canto. Um(a) evangelista de canto é um membro da Igreja do Nazareno cuja intenção é devotar a maior parte do seu tempo ao ministério de evangelismo através da música. Um(a) evangelista de canto que possua credenciais ministeriais e que esteja envolvido(a) em ministério activo e tenha o evangelismo como sua tarefa principal e que não se encontre na condição de reformado(a) na igreja ou qualquer dos seus departamentos ou instituições, será um(a) ministro(a) designado(a).

527.1. Directrizes e procedimentos para a certificação das tarefas dos evangelistas de canto estão contidos no *Guia de Ordenação*.

528. Serviço Especial. Um membro do clero em serviço activo para o qual não haja provisão, será nomeado(a) para serviço especial, se tal for aprovado pela Assembleia Distrital, sendo registado pelo distrito como ministro(a) designado(a). As pessoas designadas para o Serviço Especial precisam manter o relacionamento com a Igreja do Nazareno e enviarão anualmente por escrito para a Junta Consultiva e/ou a Junta de Credenciais Ministeriais, a descrição do andamento da sua relação com a Igreja do Nazareno.

528.1. Um membro do clero, contratado na qualidade de ministro e servindo como funcionário numa organização relacionada com a igreja ou, após avaliação cuidadosa da sua Junta Consultiva e da Assembleia Distrital, aprovado para servir numa instituição educativa, evangelística ou organização missionária que não esteja directamente relacionada com a igreja, pode ser nomeado(a) para serviço especial, sujeito ao parágrafo 538.13.

IV. EDUCAÇÃO PARA MINISTROS

A. Fundamentos Educacionais para o Ministério Ordenado

529. A educação ministerial é elaborada de modo a auxiliar na preparação de ministros chamados por Deus cujo serviço é vital para a expansão e extensão da mensagem de santidade a novas áreas de oportunidade evangelística. Reconhecemos a importância de uma compreensão clara da nossa missão de "fazer discípulos à semelhança de Cristo nas nações" baseada na comissão de Cristo para a Sua Igreja em Mateus 28:19-20. Muita da preparação é de carácter predominantemente teológico e bíblico, orientada para a ordenação no ministério da Igreja do Nazareno. A Junta de Estudos Ministeriais determinará a colocação de cada estudante no seu programa de estudos validado e avaliará o seu progresso no mesmo.

529.1. Uma variedade de instituições educacionais e programas são disponibilizados pela Igreja do Nazareno à volta do mundo. Os recursos de algumas áreas mundiais permitem o desenvolvimento de mais do que um programa para proporcionar as bases educacionais para o ministério. Espera-se que cada estudante aproveite o programa de estudos validado mais apropriado, preparado pela igreja na sua respectiva área geográfica. Quando não for possível, a igreja utilizará a flexibilidade possível nos sistemas de comunicação exequíveis para preparar cada pessoa chamada por Deus para o ministério na Igreja. Os estudantes podem usar um programa de estudos validado, dirigido e supervisionado pela Junta de Estudos Ministeriais, ou um programa desenvolvido e oferecido por uma instituição nazarena de educação superior. Cada programa de estudos validado deve incluir os mesmos padrões gerais estabelecidos pelo *Guia Internacional dos Padrões de Desenvolvimento para a Ordenação* e o *Guia de Ordenação* regional.

529.2. Quando um(a) ministro(a) licenciado(a) completar satisfatoriamente um programa de estudos validado, o educador ou a instituição de educação emitirá um certificado de conclusão para esse ministro(a). O(A) ministro(a) licenciado(a) apresentará o certificado de conclusão à Junta de Estudos Ministeriais responsável, para que seja ponderada a recomendação à Assembleia Distrital para recebimento de um diploma de um programa de estudos validado.

529.3. Áreas Curriculares Gerais para Preparação Ministerial. Embora o currículo seja frequentemente associado apenas a programas académicos e ao conteúdo do curso, o conceito é muito mais vasto. O carácter do(a) instrutor(a), o relacionamento dos estudantes com o(a) instrutor(a), o ambiente e as experiências anteriores dos estudantes, aliam-se ao conteúdo do curso para criar a totalidade do currículo. Entretanto, um currículo para preparação ministerial incluirá um conjunto mínimo de cursos que assegurarão as bases educativas para o ministério. Diferenças culturais e uma variedade de recursos requererão detalhes diferenciados nas estruturas do currículo. Todavia, todos os programas que visem proporcionar bases educativas para o ministério ordenado, ao procurarem aprovação dos serviços de Desenvolvimento do Clero, devem dar uma atenção cuidadosa ao conteúdo, competência, carácter e contexto. O propósito de um programa de estudo validado é conter cursos que incluam todos os quatro elementos em graus diferentes, que ajudarão os ministros a cumprir a declaração de missão da Igreja do Nazareno como definida pela Junta de Superintendentes Gerais como segue:

"A missão da Igreja do Nazareno é fazer discípulos à semelhança de Cristo nas nações."

"O objectivo principal da Igreja do Nazareno é avançar o Reino de Deus pela preservação e propagação da santidade cristã, como realçado nas Escrituras."

"Os objectivos cruciais da Igreja do Nazareno são 'a santa comunhão cristã, a conversão de pecadores, a inteira santificação dos crentes, a sua edificação em santidade e a simplicidade e o poder espiritual manifestos na Igreja primitiva do Novo Testamento, juntamente com a pregação do Evangelho a toda a criatura'" (19).

Um programa de estudos validado é descrito nas seguintes categorias:
- Conteúdo—O conhecimento do conteúdo do Antigo e do Novo Testamentos, da teologia da fé cristã, da história e missão da Igreja é essencial para o ministério. O conhecimento de como interpretar a Escritura, a doutrina de santidade e os nossos distintivos wesleyanos, bem como a

história e governo da Igreja do Nazareno devem ser incluídos nestas disciplinas.
- Competência— proficiência em comunicação oral e escrita; administração e liderança; finanças; e pensamento analítico são também essenciais para o ministério. Além disso, devem incluir-se disciplinas que proporcionem aptidões na pregação, cuidado e aconselhamento pastorais, exegese bíblica, adoração, evangelismo efectivo, mordomia bíblica dos recursos da vida, educação cristã e administração da igreja. A conclusão de um programa de estudos validado exige uma parceria entre o educador e uma igreja local, para levar o(a) estudante a práticas ministeriais e ao desenvolvimento de competências.
- Carácter—O crescimento pessoal no carácter, ética, espiritualidade e relacionamento pessoal e familiar é vital para o ministério. Devem incluir-se disciplinas que abordem as áreas de ética cristã, formação espiritual, desenvolvimento humano, a pessoa do(a) ministro(a), e as dinâmicas do casamento e da família.
- Contexto—O(A) ministro(a) deve compreender o contexto tanto histórico como contemporâneo e interpretar a cosmovisão e o ambiente social da cultura em que a Igreja testifica. Disciplinas que abordem questões de antropologia e sociologia, comunicação transcultural, missões e estudos sociais têm de ser incluídas.

529.4. A preparação para o ministério ordenado adquirida em escolas não nazarenas ou não patrocinadas pela Igreja do Nazareno será avaliada pela Junta de Estudos Ministeriais, em conformidade com os requisitos curriculares especificados num *Guia de Ordenação* desenvolvido pela região/grupo linguístico.

529.5. Todas as disciplinas, requisitos académicos e regulamentos oficiais administrativos estarão num *Guia de Ordenação* regional desenvolvido pela região/grupo linguístico, em cooperação com os serviços de Desenvolvimento Global do Clero. Este *Guia Regional* com as necessárias revisões será confirmado pela Comissão Consultiva Internacional do Programa de Estudos e aprovado pelos serviços de Desenvolvimento Global do Clero, pela Junta Geral e pela Junta de Superintendentes Gerais. O *Guia* estará em harmonia com o *Manual* e com o *Guia Internacional dos Padrões de Desenvolvimento para a Ordenação,* produzido pelos serviços de Desenvolvimento Global do Clero com a Comissão Consultiva Internacional do Programa de Estudos. A Comissão Consultiva Internacional do Programa de Estudos será nomeada pela Junta de Superintendentes Gerais.

529.6. Uma vez que um(a) ministro(a) tenha cumprido os requisitos de um programa de estudos validado para o ministério, ele ou ela continuará um padrão de aprendizagem ao longo da vida, para enriquecer o ministério para o qual Deus o(a) chamou. Espera-se um mínimo de 20 horas de aprendizagem ao longo da vida por ano ou o equivalente determinado pela região/grupo linguístico e especificado no seu *Guia de Ordenação* regional. Todos os ministros licenciados ou ordenados designados ou não designados, deverão dar relatório do seu progresso num programa de aprendizagem ao longo da vida, como parte do seu relatório à Assembleia Distrital. Um relatório actualizado do seu programa de aprendizagem ao longo da vida será usado no processo de revisão do relacionamento igreja/pastor(a) e no processo de chamada de um(a) pastor(a). O *Guia de Ordenação* regional para a região/ grupo linguístico conterá os detalhes do processo de atribuição de créditos e prestação de relatório.

529.7. Quando um(a) ministro(a) ordenado(a) falhar em cumprir os requisitos da aprendizagem ao longo da vida, por mais de dois anos consecutivos, deverá reunirse com a Junta de Estudos Ministeriais numa sua reunião regular. Essa Junta orientará o(a) ministro(a) para que possa completar a aprendizagem ao longo da vida requerida. (115, 123, 515.11, 538.18)

B. Adaptações Culturais dos Fundamentos Educacionais para o Ministério Ordenado

530. A variedade de contextos culturais à volta do mundo faz com que um só currículo seja inadequado para todas as áreas mundiais. Cada região do mundo desenvolverá requisitos curriculares específicos para prover as bases educativas para o ministério, de modo a reflectir os recursos e as expectativas daquela área mundial. Será requerida a aprovação da Comissão Consultiva Internacional do Programa de Estudos, da Junta Geral e da Junta de Superintendentes Gerais antes de se implementar um programa regionalmente elaborado. Mesmo dentro das regiões mundiais há diversidade de expectativas culturais e de recursos. Como resultado disso, a sensibilidade cultural e a flexibilidade caracterizarão as provisões regionais para as bases educativas para o ministério, que será orientadas e supervisionadas pela Junta de Estudos Ministeriais. As adaptações culturais do programa de cada região para proporcionar bases educativas para o ministério serão aprovadas pelos serviços do Desenvolvimento do Clero e pela Comissão Consultiva Internacional do Programa de Estudos, ouvido o coordenador regional de educação. (527.5)

530.1. Aqueles que almejam ter uma credencial como presbíteros ou diáconos ou um certificado em categorias e funções de ministério, encontram no *Guia de Ordenação* regional um programa de estudos validado e todos os procedimentos necessários para a sua conclusão.

MINISTÉRIO E SERVIÇO CRISTÃO

530.2. Todos os programas de estudo validados serão orientados por esse *Guia de Ordenação* regional. (529.2-529.3, 529.5)

V. REGULAMENTOS E CREDENCIAIS MINISTERIAIS

A. O(A) Ministro(a) Local

531. Um(a) ministro(a) local é um membro leigo(a) da Igreja do Nazareno, que foi licenciado(a) para o ministério pela junta da igreja local, sob orientação do(a) pastor(a) e à medida que se proporcionem oportunidades, preparando-se para a demonstração, o emprego e o desenvolvimento de dons e competência ministeriais. Ele ou ela está a iniciar um processo de aprendizagem ao longo da vida.

531.1. Qualquer membro da Igreja do Nazareno que sinta a chamada de Deus para pregar ou para prosseguir um ministério para toda a vida através da igreja, pode ser licenciado(a) como ministro(a) local, por um ano, pela junta de uma igreja local que tenha como pastor(a) um(a) ministro(a) ordenado(a), mediante recomendação do(a) pastor(a); ou pela junta de uma igreja local que não tenha como pastor(a) um(a) ministro(a) ordenado(a), se a concessão da licença for recomendada pelo(a) pastor(a) e aprovada pelo(a) superintendente distrital. O(A) candidato(a) deverá ser primeiramente examinado(a) quanto à sua experiência pessoal de salvação, o seu conhecimento das doutrinas bíblicas e das normas da igreja; também deve mostrar que a sua chamada é evidenciada por graça, dons e competência no serviço do Senhor. A igreja local fará uma avaliação adequada dos antecedentes dele(a). Um(a) ministro(a) local apresentará um relatório à igreja local, por ocasião de sua reunião anual. (113.9, 129.12, 211.12)

531.2. A junta da igreja concederá a cada ministro(a) local uma licença assinada pelo(a) pastor(a) e pelo(a) secretário(a) da junta da igreja. Onde a igreja estiver sob o ministério de alguém que não possua uma licença distrital, essa pessoa pode receber uma licença ministerial local, ou a renovação de tal licença, concedida pela Junta Consultiva, após recomendação do(a) superintendente distrital. (211.12, 225.13)

531.3. A licença de um(a) ministro(a) local poderá ser renovada pela junta de uma igreja local que tenha como pastor(a) um(a) presbítero, por recomendação do(a) pastor(a); ou pela junta de uma igreja local que não tenha um(a) presbítero como pastor(a), contanto que esta renovação seja recomendada pelo(a) pastor(a) e aprovada pelo(a) superintendente distrital. (129.12, 211.12)

531.4. Os ministros locais procurarão seguir um programa de estudos validado para ministros, sob a orientação da Junta de

Estudos Ministeriais. A licença local não poderá ser renovada, após dois anos, sem a aprovação escrita do(a) superintendente distrital, se o(a) ministro(a) local não tiver completado pelo menos duas disciplinas de um programa de estudos validado.

531.5. Um(a) ministro(a) local que tenha servido como tal, durante pelo menos um ano inteiro, e que tenha sido aprovado(a) nos estudos necessários, poderá ser recomendado(a) pela junta da igreja à Assembleia Distrital, para receber uma licença de ministro(a); mas, caso não receba tal licença, continuará na sua posição anterior. (129.12, 529, 532.1)

531.6. Um(a) ministro(a) local, que tiver sido nomeado(a) como pastor(a) temporário(a), deve ser aprovado(a) pela Junta de Credenciais Ministeriais ou pela Junta de Ministério, caso continue o seu trabalho depois da Assembleia Distrital seguinte à sua nomeação. (212, 231.5, 524)

531.7. Um(a) ministro(a) local não será elegível para administrar os sacramentos do baptismo e da Ceia do Senhor e não oficiará casamentos. (532.7)

B. O Ministro Licenciado

532. Um(a) ministro(a) licenciado(a) é aquele(a) cuja chamada e dons ministeriais têm sido reconhecidos, formalmente, pela Assembleia Distrital, através da concessão de uma licença ministerial. A licença distrital autoriza e nomeia o(a) ministro(a) para uma esfera mais ampla de serviço, e para maiores direitos e responsabilidades do que os conferidos ao/à ministro(a) local, normalmente como um passo para a ordenação como presbítero ou diácono. A licença ministerial distrital incluirá uma declaração indicando se o(a) ministro(a) se acha em preparação para ordenação como presbítero ou diácono, ou uma licença distrital que não leva à ordenação. (532.7)

532.1. Quando houver membros da Igreja do Nazareno que declarem uma chamada para o ministério por toda a vida, esses podem ser licenciados como ministros pela Assembleia Distrital, contanto que:
1. tenham tido licença de ministro(a) local por um ano completo;
2. tenham completado um quarto de um programa de estudos validado para ministros, e possam demonstrar apreço, compreensão e aplicação do *Manual* e da história da Igreja do Nazareno, e da doutrina de santidade, através da conclusão com êxito de porções relacionadas com um programa de estudos ;
3. tenham sido recomendados para tal trabalho pela junta da igreja local de que forem membros, e que essa recomendação seja anexada ao Pedido para Licença de Ministro(a) pelo Distrito, cuidadosamente preenchido;

MINISTÉRIO E SERVIÇO CRISTÃO

4. tenham dado evidência de graça, dons e competência no serviço do Senhor;
5. tenham sido cuidadosamente examinados, sob orientação da Assembleia Distrital de que faz parte a igreja local em que são membros, a respeito das suas aptidões espirituais, intelectuais e outras, para tal trabalho, incluindo **verificação** dos seus antecedentes conforme apropriado e como determinado pela Junta Consultiva;
6. tenham prometido seguir imediatamente um programa de estudos validado, prescrito para ministros licenciados e candidatos à ordenação;
7. qualquer desqualificação, imposta por uma Assembleia Distrital, tenha sido removida por uma explicação, por escrito, pelo(a) superintendente distrital e pela Junta Consultiva do distrito onde essa desqualificação foi imposta; e, ainda, que a sua relação matrimonial não os tornem inelegíveis para uma licença distrital; e
8. no caso de terem tido um divórcio prévio, a recomendação da Junta de Credenciais Ministeriais ou da Junta de Ministério, juntamente com outros documentos que sirvam de apoio à recomendação, serão entregues à Junta de Superintendentes Gerais, que pode remover esta barreira à obtenção de uma licença.

O(A) ministro(a) deve ter completado o equivalente a um quarto de um programa de estudos validado na Igreja do Nazareno. Excepções a este requisito podem ser feitas pela Junta de Credenciais Ministeriais ou pela Junta de Ministério se o(a) candidato(a) estiver a pastorear uma igreja organizada, e se se achar matriculado(a) num sistema de estudos aprovados, e se o(a) candidato(a) satisfizer anualmente o número mínimo de estudos requeridos pelo *Manual* para a renovação da sua licença, e se o(a) superintendente distrital aprovar esta excepção.

No caso da verificação dos antecedentes revelar má-conduta criminal anterior à experiência de salvação, este facto não deverá ser interpretado pela Junta de Credenciais Ministeriais ou pela Junta de Ministério como motivo de exclusão automática do(a) candidato(a) do ministério credenciado, com excepção dos casos previstos no parágrafo 540.9. (129.14, 207.6, 531.5)

532.2. Os ministros licenciados, vindos de outras denominações evangélicas, que desejem unir-se à Igreja do Nazareno, poderão ser licenciados como ministros pela Assembleia Distrital, contanto que apresentem as credenciais que lhes tenham sido outorgadas pela denominação da qual anteriormente eram membros e, desde que:
1. tenham sido aprovados num programa de estudos equivalente a um quarto de um programa de estudos validado na Igreja do Nazareno para ministros locais e possam

demonstrar apreço, compreensão e aplicação do Manual e história da Igreja do Nazareno, e da doutrina de santidade, através da conclusão com êxito dessas partes de um programa de estudos validado;
2. tenham sido recomendados pela junta de uma Igreja do Nazareno local de que são membros;
3. tenham dado evidência de graça, dons e competência no serviço do Senhor;
4. as suas aptidões espirituais, intelectuais e outras para tal trabalho, tenham sido cuidadosamente examinadas sob a orientação da Assembleia Distrital;
5. tenham prometido seguir imediatamente um programa de estudos validado prescrito para ministros licenciados e candidatos à ordenação;
6. qualquer desqualificação, imposta por uma Assembleia Distrital ou equivalente, tenha sido retirada por uma explicação escrita pelo(a) superintendente distrital, ou equivalente, e pela Junta Consultiva ou equivalente, no distrito onde a desqualificação foi imposta; e desde que o seu relacionamento matrimonial não os torne inelegíveis para uma licença distrital; e
7. no caso em que tenha existido um divórcio prévio, a recomendação da Junta de Credenciais Ministeriais ou da Junta de Ministério, com outros documentos que sirvam de apoio à recomendação, serão entregues à Junta de Superintendentes Gerais, que pode remover esta barreira à obtenção de uma licença. (532.1)

532.3. A licença de um(a) ministro(a) terminará por ocasião do encerramento da Assembleia Distrital seguinte. Poderá ser renovada por voto da Assembleia Distrital, contanto que:
1. o(a) candidato(a) à renovação apresente à Assembleia Distrital o Pedido para Licença de Ministro(a), cuidadosamente preenchido; e
2. o(a) candidato(a) tenha completado pelo menos duas disciplinas do programa de estudos validado; e
3. o(a) candidato(a) tenha sido recomendado(a) para renovação da sua licença pela junta da igreja local de que ele ou ela é membro, mediante proposta do pastor.

Entretanto, caso não seja aprovado no programa de estudos validado, a sua licença poderá ser renovada pela Assembleia Distrital desde que apresente uma justificação por escrito. Esta justificação deverá satisfazer a Junta de Credenciais Ministeriais ou a Junta de Ministério e será aprovada pelo(a) superintendente geral que estiver presidindo. A Assembleia Distrital pode, com fundamento e à cautela, votar contra a renovação da licença de um(a) ministro(a).

MINISTÉRIO E SERVIÇO CRISTÃO

Os ministros licenciados que tenham concluído um programa de estudos validado e se encontrem na relação de reformados pela Assembleia Distrital, terão as suas licenças renovadas, sob recomendação da Junta Consultiva, sem preencherem um Pedido Para Licença de Ministro. (205.4)

532.4. Para se qualificarem para ordenação, os candidatos devem concluir um programa de estudos dentro de 10 anos após concessão da primeira licença distrital. Qualquer excepção, devido a circunstâncias insólitas, pode ser concedida pela Junta de Credenciais Ministeriais ou pela Junta de Ministério, sujeita à aprovação do(a) superintendente geral com jurisdição.

Um(a) ministro(a) licenciado(a) que não está almejando a ordenação ou que é desqualificado(a) para a ordenação por não completar um programa de estudos validado dentro do limite de tempo prescrito, poderá receber a renovação da licença de ministro(a) por recomendação da Junta Consultiva e da Junta de Credenciais Ministeriais ou da Junta de Ministério. Essa recomendação está dependente do(a) ministro(a) ter completado um programa de estudos validado ou pelo menos dois cursos de um programa de estudos validado, durante o ano passado.

532.5. No caso de ministros licenciados que estejam servindo como pastores, a recomendação para a renovação da licença de ministro será feita pela Junta Consultiva. No caso de ministros locais que estejam servindo como pastores, a recomendação para renovação da licença de ministro será feita pela Junta Consultiva. (225.13)

532.6. O(A) superintendente geral com jurisdição outorgará a cada ministro(a) licenciado(a) uma licença de ministro(a), assinada pelo superintendente geral com jurisdição, pelo(a) superintendente distrital e pelo(a) secretário(a) distrital.

532.7. Ministros licenciados serão revestidos de autoridade para pregar a Palavra ou usar os seus dons e virtudes em vários ministérios no Corpo de Cristo. Além disso e desde que tenham servido num ministério designado reconhecido pelo Distrito de que são membros ministeriais, os ministros licenciados serão também dotados de autoridade para administrar os sacramentos do baptismo e da Ceia do Senhor nas suas próprias congregações, e para oficiar casamentos onde as leis do estado não o proíbam. (511, 512, 515, 515.4, 523, 532.8, 533-533.2, 534-534.2, 700, 701, 705)

532.8. Todos os ministros licenciados serão membros ministeriais da Assembleia Distrital do distrito em que está a igreja de que são membros, e apresentarão um relatório anual a essa Assembleia. Os relatórios podem ser submetidos no formulário apropriado do relatório anual ou o Pedido para a Licença de Ministro(a) se for para renovação. (201, 205.3, 521)

532.9. Se um(a) ministro(a) licenciado(a) se une a uma igreja ou denominação que não seja a Igreja do Nazareno, ou se envolva em outro ministério cristão sem aprovação da sua Junta Consultiva ou sem aprovação escrita da Junta de Superintendentes Gerais, ele/ela será imediatamente expulso(a) do ministério e de membro da Igreja do Nazareno. A Assembleia Distrital registará na acta a seguinte declaração: "Expulso(a) de membro e do ministério da Igreja do Nazareno por se haver unido a outra igreja, denominação, ou ministério." (107, 112)

C. O Diácono

533. Um diácono é um(a) ministro(a) cuja chamada de Deus para o ministério cristão, dons e competência no serviço do Senhor foram demonstrados e realçados através de treinamento adequado e de experiência, que foi separado(a) para o serviço de Cristo por voto de uma Assembleia Distrital e pelo acto solene de ordenação; e que foi investido(a) de autoridade para desempenhar certas funções no ministério cristão.

533.1. O diácono não testifica de ter recebido uma chamada específica para a pregação. A igreja reconhece, com base nas Escrituras e na experiência, que Deus chama, para ministérios por toda a vida, indivíduos que não receberam uma chamada específica para a pregação, e crê que indivíduos chamados para tais ministérios devem ser reconhecidos e confirmados pela igreja, devem preencher os requisitos e ser-lhes atribuídas responsabilidades estabelecidas pela igreja. Esta é uma ordem permanente de ministério.

533.2. O diácono deve preencher os requisitos da ordem para efeitos de educação, evidenciar os dons e as virtudes apropriados e ser reconhecido(a) e confirmado(a) pela igreja. O diácono será investido(a) com a autoridade para administrar os sacramentos do baptismo e da Ceia do Senhor, e de oficiar casamentos, quando a lei do estado/país não o proibir e, ocasionalmente, conduzir a adoração e pregar. Compreende-se que o Senhor e a igreja podem usar os dons e as virtudes desta pessoa em vários ministérios auxiliares. Como um símbolo do ministério de serviço do Corpo de Cristo, o diácono pode também usar os seus dons fora da igreja institucional. (515.4, 515.9)

533.3. Um(a) candidato(a) a diácono professa uma chamada de Deus para este ministério. O(A) candidato(a) detem presentemente uma licença distrital, e possuiu uma licença por pelo menos três anos consecutivos, e foi recomendado(a) para renovação da licença distrital pela junta da igreja local de que ele ou ela é membro, ou pela Junta Consultiva. Para além disso, o(a) candidato(a):

1. cumpriu todos os requisitos da igreja para este ministério,

2. completou com êxito um programa de estudos validado prescrito para ministros licenciados e candidatos à ordenação como diáconos, e
3. foi cuidadosamente considerado(a) e favoravelmente apresentado(a) pela Junta de Credenciais Ministeriais ou pela Junta de Ministério à Assembleia Distrital. O(A) candidato(a) pode ser eleito(a) para a ordem de diácono por dois terços dos votos da Assembleia Distrital; contanto que ele ou ela tenha sido um(a) ministro(a) com um cargo designado por um período consecutivo de pelo menos três anos; e contanto ainda, que o(a) candidato(a) esteja servindo na altura num ministério designado. Em caso de designações de tempo parcial, entende-se que deverá haver uma extensão de anos consecutivos de tempo de serviço, dependendo do seu nível de envolvimento no ministério da igreja local e que o seu testemunho e serviço demonstrem que a sua chamada para o ministério é prioritária sobre qualquer outra ocupação. Além disso, qualquer desqualificação que lhe tenha sido imposta por uma Assembleia Distrital deverá ser removida, por escrito, pelo(a) superintendente distrital e pela Junta Consultiva desse distrito; e ainda, desde que o relacionamento matrimonial dele ou dela não o(a) torne inelegível para ordenação. (205.6, 320, 529)

533.4. Se, no desempenho do seu ministério, o diácono ordenado sentir a chamada para o ministério da pregação, ele ou ela pode ser ordenado presbítero após completar os requisitos necessários para essa credencial e devolver a credencial do diaconato.

D. O Presbítero

534. Um presbítero é um(a) ministro(a) cuja chamada de Deus para pregar, os dons e a utilidade no serviço do Senhor, foram demonstrados e realçados pelo treinamento adequado e pela experiência, e que foi separado(a) para o serviço de Cristo através da Sua igreja pelo voto da Assembleia Distrital e pelo acto solene da ordenação sendo, assim, integralmente investido para desempenhar todas as funções do ministério cristão.

534.1. Reconhecemos apenas uma ordem de ministério de pregação—a de presbítero. Esta é uma ordem permanente na igreja. O presbítero deve governar bem a igreja, pregar a Palavra, administrar os sacramentos do baptismo e da Ceia do Senhor, e solenizar o matrimónio, tudo em nome de Jesus Cristo e em sujeição a Ele, o grande Cabeça da Igreja. (31,514-515.3, 515.4,515.9, 538.15)

534.2. A igreja espera que a pessoa chamada para este ministério oficial seja mordomo da Palavra e se entregue, com toda a energia de uma vida inteira, à sua proclamação.

534.3. Um(a) candidato(a) a presbítero professa uma chamada de Deus para este ministério. O(A) candidato(a) tem presentemente uma licença distrital, e deteve alguma vez uma licença por não menos que três anos consecutivos, e foi recomendado(a) para renovação da licença distrital pela junta da igreja local de que ele ou ela for membro, ou pela Junta Consultiva. Para além disso, o(a) candidato(a):
1. cumpriu todos os requisitos da igreja para este ministério,
2. completou com êxito um programa de estudos validado prescrito para ministros licenciados e candidatos à ordenação como presbíteros, e
3. foi cuidadosamente analisado(a) e favoravelmente apresentado(a) pela Junta de Credenciais Ministeriais ou pela Junta de Ministério à Assembleia Distrital. O(A) candidato(a) pode ser eleito(a) para a ordem de presbítero por dois terços dos votos da Assembleia Distrital. Para que se qualifique para eleição, o(a) candidato(a) deve ter sido ministro(a) designado(a) por um período consecutivo de pelo menos três anos; e esteja servindo nessa ocasião num ministério designado. Em caso de designações de tempo parcial, entende-se que deverá haver uma extensão de anos consecutivos de tempo de serviço, dependendo do seu nível de envolvimento no ministério da igreja local e que o seu testemunho e serviço demonstrem que a sua chamada para o ministério é prioritária sobre qualquer outra ocupação. Além disso, qualquer desqualificação, que lhe tenha sido imposta por uma Assembleia Distrital, deverá ser removida, por escrito, pelo(a) superintendente distrital e pela Junta Consultiva do distrito onde a desqualificação foi imposta, antes do(a) ministro(a) ser elegível para a ordem do presbitério. Mais ainda, o relacionamento matrimonial do(a) candidato(a) deve estar de tal forma que não o(a) tornem inelegível para ordenação. (205.6, 320, 529)

E. O Reconhecimento de Credenciais

535. Os ministros ordenados de outras denominações evangélicas, que desejem unir-se à Igreja do Nazareno e apresentem os seus documentos de ordenação, podem ter a sua ordenação reconhecida pela Assembleia Distrital, após exame satisfatório pela Junta de Credenciais Ministeriais ou pela Junta de Ministério quanto à sua conduta, experiência pessoal e doutrina, e contanto que:
1. Demonstrem apreço, compreensão e aplicação do *Manual* e da história da Igreja do Nazareno e da doutrina de santidade ao completarem com êxito as porções acima referidas de um programa de estudos validado;

2. Submetam o Questionário para Ordenação/Reconhecimento à Assembleia Distrital, devidamente preenchido; e
3. Cumpram todos os requisitos para ordenação como estipulados nos parágrafos 533-533.3 ou 534-534.3; e
4. O(A) candidato(a) esteja presentemente servindo num ministério designado. (205.7, 228, 529, 532.2)

535.1. O(A) superintendente geral com jurisdição outorgará ao/à ministro(a) ordenado(a) assim reconhecido(a) um certificado de reconhecimento assinado pelo(a) superintendente geral com jurisdição, pelo(a) superintendente distrital e pelo(a) secretário(a) distrital. (538.6)

535.2. Quando a credencial de um(a) ministro(a) de outra igreja tiver sido devidamente reconhecida, a credencial expedida por essa igreja ser-lhe-á devolvida com a seguinte anotação escrita ou carimbada no verso do documento:

Aprovado(a) pela Assembleia Distrital de (inserir nome do distrito) da Igreja do Nazareno, neste (inserir dia) dia de (inserir mês), (inserir ano), como base para novas credenciais.

_____, Superintendente Geral
_____, Superintendente Distrital
_____, Secretário Distrital

F. O(A) Ministro(a) Reformado(a)

536. Um(a) ministro(a) reformado(a) é aquele(a) que tenha sido colocado(a) na condição de reformado(a) pela Assembleia Distrital de que ele ou ela é membro ministerial, mediante recomendação da Junta de Credenciais Ministeriais ou da Junta de Ministério. Qualquer mudança na relação deve ser aprovada pela Assembleia Distrital, por recomendação da Junta de Credenciais Ministeriais ou da Junta de Ministério.

536.1. A reforma não significará cessação compulsória dos labores ministeriais, nem privará o indivíduo de ser membro da Assembleia Distrital. Um(a) ministro(a) que tenha servido na capacidade de ministro(a) "designado(a)" no momento em que pede a reforma ou quando atinge a idade normal da reforma manterá a relação de "reformado(a) designado(a)". Um(a) ministro(a) "reformado(a) designado(a)" é um membro da Assembleia Distrital. Contudo um(a) ministro(a) na condição de "não designado(a)" em qualquer das situações descritas anteriormente, manterá a relação de ministro(a) "reformado(a) não designado(a)". Um(a) ministro(a) "reformado(a) não designado(a)" não é membro da Assembleia Distrital. (201, 538.9)

536.2. Ministros reformados (designados ou não-designados) continuam obrigados a prestarem relatório anualmente para a Assembleia Distrital. No caso de ministros reformados serem incapazes de apresentarem um relatório devido a limitações fora do seu controlo, a Assembleia Distrital pode, sob recomendação da Junta de Credenciais Ministeriais ou da Junta de Ministério, atribuir o estatuto de "isento" a tais ministros, com isso cumprindo perpetuamente a obrigação do relatório anual. (538.9)

G. A Transferência de Ministros

537. Quando um membro do clero desejar transferir-se para outro distrito, a transferência do membro ministerial pode ser dada pelo voto da Assembleia Distrital ou, no intervalo entre assembleias, pela Junta Consultiva do distrito onde ele ou ela é membro ministerial. Essa transferência pode ser recebida pela Junta Consultiva no intervalo das reuniões da Assembleia Distrital, concedendo a esse(a) ministro(a) plenos direitos e privilégios de membro do distrito em que é recebido(a), dependendo da aprovação final da Junta de Credenciais Ministeriais e da Assembleia Distrital. (205.8-205.9, 226, 231.9-231.10)

537.1. A transferência de um(a) ministro(a) licenciado(a) será válida apenas quando um registo detalhado das suas notas num programa de estudos validado para ministros licenciados, devidamente certificado pelo(a) secretário(a) da Junta de Estudos Ministeriais da Assembleia Distrital emissora, for enviado ao/à secretário(a) da Junta de Estudos Ministeriais do distrito receptor. O(A) secretário(a) da Junta de Estudos Ministeriais do distrito receptor notificará o/a seu/sua secretário(a) distrital que foi recebido o registo das notas escolares do(a) licenciado(a). O(A) ministro(a) assim transferido(a) fará todas as diligências, para que seja prestado o relatório das suas notas no programa de estudos ao distrito que o/a recebe. (233.1-233.2)

537.2. A Assembleia Distrital receptora comunicará o recebimento da transferência desse membro à Assembleia Distrital emissora. Enquanto a transferência não for recebida pelo voto da Assembleia Distrital a que é endereçada, a pessoa assim transferida será membro da Assembleia Distrital emissora. Essa transferência só é válida até ao encerramento da próxima Assembleia Distrital a que é endereçada, e que ocorra depois da data de emissão dessa transferência. (205.8, 226, 231.10)

H. Regulamentos Gerais

538. As seguintes **definições** são as de termos relacionados com os regulamentos gerais para os ministros da Igreja do Nazareno:

Membros do Clero— Presbíteros, diáconos e ministros licenciados. (530, 531, 532)

Laicado— Membros da Igreja do Nazareno que não sejam do clero.

Activo— Um membro do clero desempenhando uma função designada.

MINISTÉRIO E SERVIÇO CRISTÃO

Designado(a)— A situação dum membro do clero que está activo em uma das funções mencionadas nos parágrafos 505-528.

Não Designado(a)— A situação dum membro do clero em pleno gozo dos seus direitos mas que, de momento, não está activo em uma das funções mencionadas nos parágrafos 505-528.

Reformado(a) Designado(a)— A situação dum membro do clero reformado que estava designado na altura em que pediu a reforma.

Reformado(a) Não Designado(a)— A situação dum membro do clero reformado que não estava designado na altura em que pediu a reforma.

Rol de Ministros—A listagem de ministros distritais, licenciados e ordenados, que estão em situação regular como membros do clero e que não arquivaram a sua credencial.

Pleno Gozo dos Seus Direitos— A situação de um membro do clero que não tem qualquer acusação pendente, ou que não está, no momento, sob disciplina.

Removido—Acção tomada por uma Assembleia Distrital para excluir do Rol de Ministros os nomes dos membros do clero que arquivaram, renunciaram ou entregaram a sua credencial ou tiveram a sua credencial suspensa ou revogada.

Disciplinado— A situação dum membro do clero que foi destituído, completamente ou em parte, dos direitos, privilégios e responsabilidades de um membro do clero, por acção disciplinar.

Suspensão—Uma gama de acções disciplinares, excluindo a entrega da credencial, através das quais o(a) ministro(a) é temporariamente destituído(a) dos direitos, privilégios e responsabilidades de um membro do clero, até que as condições de reintegração sejam satisfeitas.

Expulsão—Situação de um membro do clero cuja credencial tenha sido revogada e que foi removido da lista de membros da Igreja do Nazareno.

Credencial Arquivada— Situação da credencial dum membro do clero em pleno gozo dos seus direitos que, por causa de inactividade no ministério, prescindiu dos direitos, privilégios e responsabilidades de um membro do clero, arquiva a sua credencial junto do(a) secretário(a) geral. Uma pessoa que tenha arquivado a sua credencial continua sendo membro do clero e pode ter restabelecidos os direitos, privilégios e responsabilidades de um membro do clero de acordo com o paragrafo 539.10. (539, 539.1)

Credencial Entregue— Situação da credencial de um membro do clero que, por má conduta, acusações, confissões, resultado da acção de uma junta de disciplina ou por acção voluntária, por qualquer razão que não seja inactividade no ministério, foi destituído dos direitos, privilégios e responsabilidades de um membro do clero. A pessoa cuja credencial foi entregue, é um membro do clero sob disciplina. Os direitos, privilégios e responsabilidades de um membro do clero podem ser-lhe restabelecidos mediante restauração dos plenos direitos e devolução da credencial.

Credencial Renunciada—Situação da credencial de um membro do clero que prescinde dos seus direitos, privilégios e responsabilidades para se tornar um leigo da igreja. Um membro do clero que não está em pleno gozo dos seus direitos pode renunciar a sua credencial apenas mediante a aprovação da Junta Consultiva. (539.1, 539.5)

Credencial Revogada—Situação da credencial de um membro do clero que foi expulso do ministério e de membro da Igreja do Nazareno. O nome do(a) ministro(a) cuja credencial foi revogada será removido do Rol de Ministros.

Devolução da Credencial— Acção que acompanha o restabelecimento dos direitos, privilégios e responsabilidades de um membro do clero, a um(a) ministro(a) cuja credencial tenha sido arquivada, suspensa, entregue, renunciada ou revogada.

Restauração— Processo de ajudar um(a) ministro(a) destituído(a), voluntariamente ou não, dos direitos, privilégios e responsabilidades de um membro do clero, seu cônjuge e família na restauração da saúde e integridade. Os esforços para a restauração devem ser empreendidos independentemente do processo para determinar se a devolução da credencial a um(a) ministro(a) é apropriada e aconselhável.

Reintegração– Concessão dos direitos, privilégios e responsabilidades de um membro do clero a um(a) ministro(a), cuja credencial foi arquivada, suspensa, entregue, renunciada, ou revogada, e que passa da situação de restauração à do pleno gozo dos direitos com todas as aprovações.

Acusação— Documento escrito e assinado por, pelo menos, dois membros da Igreja do Nazareno, acusando um membro da Igreja do Nazareno de conduta que, se provada, levará o membro a ser sujeito a disciplina nos termos do *Manual*.

Conhecimento— Apreensão de factos pelo exercício dos sentidos da própria pessoa.

Informação— Factos apreendidos a partir de outrem.

Crença— Uma conclusão alcançada de boa fé, baseada em conhecimento e informação.

Comissão de Investigação— Uma comissão nomeada de acordo com o *Manual* para obter informação respeitante a alegada má conduta ou suspeição.

Formulação de Culpa— Um documento escrito descrevendo, especificamente, a conduta de um membro da Igreja do Nazareno que, se provada, constituirá base para disciplina, nos termos do *Manual*.

538.1. No caso de um membro do clero realizar regularmente actividades eclesiásticas independentes com outro grupo religioso, sem a aprovação por escrito da Junta Consultiva, do distrito de que é membro ministerial, e sem a aprovação por escrito da Junta de Superintendentes Gerais, ele/ela será sujeito a disciplina. (538.13, 606.1)

538.2. Um membro do clero mostrará sempre o devido respeito pelo conselho conjunto do(a) superintendente distrital e da Junta Consultiva. (519)

538.3. Qualquer reivindicação de participação, por parte de um membro do clero e/ou seus dependentes, em qualquer plano ou fundo que a igreja possa agora ter ou vir a ter para a assistência ou o apoio aos seus ministros idosos ou incapacitados, será baseada exclusivamente no serviço activo, regular, prestado pelo(a) ministro(a), como pastor(a) ou evangelista designados(as), ou em outra função reconhecida e ratificada pela Assembleia Distrital. Esta regra excluirá de tal participação todos aqueles que prestem serviço a tempo parcial e ocasional.

538.4. Um(a) ministro(a) licenciado(a) designado(a) em serviço activo como pastor(a), ou pastor(a) auxiliar de uma Igreja do Nazareno, será membro votante da Assembleia Distrital. (201)

538.5. O(A) candidato(a) eleito(a) para a ordem de presbítero ou de diácono será ordenado(a) através da imposição das mãos pelo(a) superintendente geral e ministros ordenados, com os exercícios religiosos apropriados, sob a direcção do(a) superintendente geral que preside. (307.4)

538.6. O(A) superintendente geral com jurisdição outorgará à pessoa assim ordenada um certificado de ordenação assinado pelo(a) superintendente geral com jurisdição, pelo(a) superintendente distrital e pelo(a) secretário(a) distrital. (535.1)

538.7. No caso do certificado de ordenação de um presbítero ou diácono tiver sido perdido, danificado ou destruído, pode ser emitido um duplicado do certificado, mediante recomendação da Junta Consultiva. Essa recomendação será feita directamente ao/à superintendente geral com jurisdição e mediante a autoridade dessa aprovação, um duplicado do certificado será emitido pelo(a) secretário(a) geral. No verso do certificado deve ser identificado o número original juntamente com a palavra DUPLICADO. Se o(a) superintendente geral, o(a) superintendente distrital ou o(a) secretário(a) distrital que assinaram o documento original não estiverem disponíveis, o(a) superintendente geral com jurisdição, o(a) superintendente distrital e o(a) secretário(a) distrital do distrito requisitante do duplicado, assinarão o certificado. No verso deste certificado, lavrar-se-á esta afirmação manuscrita e/ou impressa, assinada pelo(a) superintendente geral com jurisdição, pelo(a) superintendente distrital e pelo(a) secretário(a) distrital.

Este certificado é concedido em substituição do certificado original de ordenação dado a (inserir nome), no dia (inserir dia) de (inserir mês) de (inserir ano)A.D. pela (inserir nome da organização que ordena o indivíduo), que nessa data (inserir *ele* ou *ela*) foi ordenado(a) e cujo certificado de ordenação original foi assinado por (inserir nome de superintendente geral), (inserir nome do(a) superintendente distrital) e (inserir nome do(a) secretário(a) distrital).

O certificado original foi (inserir um: *perdido, danificado, destruido*).

_____ , Superintendente Geral

_____ , Superintendente Distrital

_____ , Secretário(a) Distrital

538.8. Todos os membros do clero (designados e não designados) serão membros activos numa Igreja do Nazareno local onde serão fiéis na assistência, nos dízimos e na participação dos ministérios da igreja. Excepções a este requisito podem ser concedidas somente com a aprovação da Junta Consultiva. Qualquer membro do clero que não for membro de uma Igreja do Nazareno local no distrito onde mantém a sua credencial e a quem não tenha sido concedida uma excepção, está sujeito a disciplina pela acção da Junta Consultiva. (522, 538.10)

538.9. Todos os presbíteros e diáconos serão membros ministeriais da Assembleia Distrital do distrito de que são membros locais, e à qual prestarão relatório anualmente. Qualquer presbítero ou diácono que por dois anos consecutivos não tenha apresentado o relatório à sua Assembleia Distrital, quer pessoalmente, quer por escrito, se a Assembleia Distrital assim deliberar por votação, deixará de ser membro da mesma. (201, 205.3, 521, 536.1)

538.10. Qualquer membro do clero que se una a uma igreja ou denominação que não seja a Igreja do Nazareno, ou a outro ministério cristão, deixará de ser membro da Igreja do Nazareno a menos que ele/ela obtenha aprovação da Junta Consultiva do distrito de que é membro ministerial. A Assembleia Distrital registará na acta a seguinte declaração: "Expulso do ministério da Igreja do Nazareno e removido da lista de membros por se ter unido a outra igreja, denominação, ou ministério." (107, 112)

538.11. Qualquer membro do clero que se afaste ou seja expulso como membro da igreja local, quando ele ou ela não esteja em pleno gozo dos seus direitos, poderá unir-se de novo à Igreja do Nazareno apenas com o consentimento da Junta Consultiva do distrito de que ele ou ela se afastou ou foi expulso como membro. A Junta Consultiva pode dar o seu consentimento desde que o(a) antigo(a) ministro(a) permaneça como um membro leigo da igreja ou, com a aprovação do(a) superintendente distrital e do(a) superintendente geral com jurisdição, que o(a) antigo(a) ministro(a) seja readmitido(a) como membro do clero sob disciplina, tendo afirmado a sua disposição de participar activa e consistentemente no processo de restauração. (539.6)

MINISTÉRIO E SERVIÇO CRISTÃO

538.12. Um presbítero ou diácono cujo nome tenha sido removido do Rol de Ministros de uma assembleia distrital e que não tenha arquivado a sua credencial, não pode ser reconhecido em qualquer outro distrito, sem ter assegurado um consentimento escrito da Assembleia Distrital, que removeu o seu nome do Rol de Ministros, excepto se houver outra disposição. A Junta Consultiva pode actuar no caso de um pedido de transferência de jurisdição entre assembleias. (538.11)

538.13. Um membro do clero tem de ter a aprovação anual escrita da Junta Consultiva para fazer o seguinte:
- dirigir regularmente actividades eclesiásticas independentes que não estejam sob a direcção da Igreja do Nazareno, ou
- exercer missões independentes ou actividades eclesiásticas não autorizadas, ou
- ligar-se ao quadro de funcionários de uma igreja independente ou de outro grupo religioso, ministério cristão ou denominação.

Se um membro do clero não cumprir estes requisitos, ele ou ela poderá, sob recomendação de dois terços dos votos de todos os membros da Junta de Credenciais Ministeriais ou da Junta de Ministério e por acção da Assembleia Distrital, ser expulso de membro e ministério da Igreja do Nazareno. A determinação final quanto a uma actividade específica constituir ou não "uma missão independente" ou "uma actividade eclesiástica não autorizada" pertencerá à Junta de Superintendentes Gerais. (112-112.1, 532.9)

538.14. Antes de conceder aprovação a um membro do clero para participar em actividades eclesiásticas independentes, em mais do que um distrito, ou em um distrito diferente daquele no qual o(a) ministro(a) é membro ministerial, a Junta Consultiva deve pedir a aprovação escrita da Junta de Superintendentes Gerais. A Junta de Superintendentes Gerais terá de notificar as Juntas Consultivas respectivas de que está pendente um pedido para tal aprovação.

538.15. Um(a) ministro(a) designado(a) pode começar uma igreja local quando autorizado a fazê-lo pelo(a) superintendente distrital ou pelo(a) superintendente geral com jurisdição. Os relatórios oficiais da organização serão enviados para o escritório do(a) secretário(a) geral pelo(a) superintendente distrital, para serem arquivados. (100, 211.1)

538.16. Ser membro de uma assembleia deve ocorrer em virtude de ser pastor(a) ou outro(a) ministro(a) com uma designação ministerial, que esteja servindo activamente e mantenha esse vínculo como a sua vocação principal numa das funções ministeriais designadas, tal como se encontram definidas nos parágrafos 505-528.

538.17. A informação revelada a um(a) ministro(a) no decurso de um aconselhamento ou direcção espiritual deve ser guardada com a maior confidencialidade possível, e não deverá ser divulgada sem o consentimento esclarecido da pessoa, excepto quando exigido por lei.

Sempre que, e logo que possível, o(a) ministro(a) deve revelar as circunstâncias em que a confidencialidade pode ser violada:
1. Quando exista ameaça clara e real de prejuízo para o/a próprio(a) ou para outros.
2. Quando exista a suspeição de abuso ou negligência cometidos a um(a) menor, pessoa deficiente, idoso(a) ou outra pessoa vulnerável como definido pela lei local. Não é responsabilidade do relator determinar a veracidade do relatório ou investigar o contexto do mesmo, mas somente relatar a suspeição às autoridades competentes. Um(a) menor é definido(a) como qualquer ser humano abaixo de 18 anos, a menos que a maioridade seja atingida mais tarde, conforme legislação própria de um estado ou de um país.
3. Em casos legais quando estiver sob ordem judicial para prover evidência. Os ministros devem guardar registos seguros mínimos do conteúdo das sessões, incluindo um registo das revelações feitas e do consentimento esclarecido recebido.

O conhecimento, que resulte do contacto profissional, pode ser usado no ensino, escrita, pregações, ou outras apresentações públicas somente quando são tomadas medidas para salvaguardar completamente tanto a identidade do indivíduo como a confidencialidade das revelações.

Ao aconselhar um(a) menor, se um(a) ministro(a) descobrir que há uma ameaça séria ao bem-estar do(a) menor e que a comunicação de informação confidencial, a um(a) progenitor(a) ou tutor(a) legal, é essencial para a saúde e bem-estar do(a) menor, o(a) ministro(a) deve revelar a informação necessária para proteger a saúde e o bem-estar do(a) menor.

538.18. Espera-se que todos os presbíteros e diáconos estejam envolvidos na aprendizagem ao longo da vida, completando 20 horas de educação contínua ou equivalente, por ano, a serem administrados pela Junta de Estudos Ministeriais. (529.6)

538.19. Um(a) ministro(a) poderá solenizar o casamento somente àqueles que se têm preparado com aconselhamento cuidadoso e que tenham uma base bíblica para o matrimónio.

O matrimónio bíblico existe somente num relacionamento envolvendo um homem e uma mulher. (31, 5154.9)

538.20. Cada distrito deve ter e rever anualmente um plano escrito abrangente, que guie os seus esforços em providenciar uma resposta oportuna, compassiva e informada aos membros do clero envolvidos em conduta imprópria de um(a) ministro(a), a suas famílias ou a qualquer congregação envolvida. O plano distrital deverá estar em harmonia com as directrizes do *Manual* e incluir uma cláusula para organizar e manter um registo dos factos e circunstâncias da mudança de estatuto de qualquer ministro(a) que deixe de ter os direitos, privilégios e responsabilidades de um membro do clero. Esse registo deverá incluir toda a correspondência e actos oficiais relacionados com o estatuto do membro do clero em questão e os nomes e data de nomeação das pessoas seleccionadas para a equipa de restauração, tal como previsto no parágrafo 540.1. (225.5)

I. O Arquivo, Suspensão, Renúncia ou Revogação de uma Credencial Ministerial

539. O(A) secretário(a) geral está autorizado(a) a receber e a guardar em segurança as credenciais de um membro do clero em pleno gozo dos seus direitos que, devido a inactividade no ministério por um período de tempo, deseje arquivá-las. Na altura de arquivar a credencial, a Junta Consultiva do distrito do qual o(a) ministro(a) é membro terá de garantir ao/à secretário(a) geral que a credencial não está sendo arquivada com o propósito de evitar disciplina. O arquivamento da credencial não impedirá que um membro do clero seja sujeito a disciplina. Membros de clero que arquivem as suas credenciais enviando-as ao(à) secretário(a) geral podem tê-las restabelecidas. (539.10)

539.1. Um membro do clero em pleno gozo dos seus direitos, a quem não tenha sido concedido o estatuto de reformado e que tenha permanecido não-designado por quatro anos consecutivos ou mais, é considerado como não estando mais a participar como membro do clero e requere-se que arquive a sua credencial. A Junta de Credenciais Ministeriais ou a Junta de Ministério deve informar a Assembleia Distrital de que "a credencial de (o presbítero ou diácono em questão) foi arquivada pela Junta de Credenciais Ministeriais ou pela Junta de Ministério". Esta acção deve ser considerada não-prejudicial ao carácter. A pessoa que arquiva pode ter a sua credencial restabelecida. (539.10)

539.2. Quando um(a) ministro(a) ordenado(a) em pleno gozo dos seus direitos cessar um ministério designado, para prosseguir uma chamada ou vocação diferente da de um membro do clero na Igreja do Nazareno, ele ou ela pode renunciar os direitos, privilégios e responsabilidades de um membro do clero. A Assembleia Distrital de que ele ou ela é membro, deverá receber a credencial e colocá-la ao cuidado do(a) secretário(a) geral. O registo nas actas distritais mostrará que o indivíduo "foi removido do Rol de Ministros, tendo renunciado à sua ordem". Um membro do clero que assim renuncie pode ter a sua credencial devolvida. (539.11)

539.3. Quando um(a) ministro(a) ordenado(a) não reformado(a) deixar o serviço activo como membro do clero e assumir um vínculo secular de tempo integral, após um período de dois anos, poderá ser-lhe requerido pela Junta de Credenciais Ministeriais ou pela Junta de Ministério a renúncia de ser um membro do clero ou que arquive a sua credencial junto do(a) secretário(a) geral. Este período de dois anos começará na Assembleia Distrital imediatamente após ter cessado a sua actividade como membro do clero. A Junta de Credenciais Ministeriais ou a Junta de Ministério notificará a Assembleia Distrital da sua acção. Esta acção será considerada não prejudicial ao carácter.

539.4. Os direitos, privilégios e responsabilidades de um membro do clero podem ser suspensos e o seu nome removido do Rol de Ministros se ele ou ela mudar a sua residência do endereço do registo sem fornecer um novo endereço de registo à Junta de Credenciais Ministerias ou à Junta de Ministério dentro de um ano, ou se ele ou ela não entregar o relatório anual como requerido nos parágrafos 532.8 e 538.9. Essa acção de suspensão será da responsabilidade da Junta de Credenciais Ministeriais ou da Junta de Ministério.

539.5. Um membro do clero que receber uma Carta de Recomendação da sua igreja local e não se uniu a outra Igreja do Nazareno até ao momento da próxima Assembleia Distrital, ou que declarar por escrito que ele ou ela se afastou da Igreja do Nazareno, ou que se uniu a outra denominação como membro ou ministro(a) e que não renunciou a sua credencial ministerial, pode ser expulso do ministério da Igreja do Nazareno pela ordem da Assembleia Distrital sob recomendação da Junta de Credenciais Ministeriais ou da Junta de Ministério, e seu nome ser removido do Rol de Ministros e do rol de membros da igreja local. (111.1, 815)

539.6. Um membro do clero que não esteja em pleno gozo dos seus direitos pode renunciar a sua credencial, apenas por recomendação da Junta Consultiva. (540)

539.7. Um membro do clero pode ser expulso do ministério da Igreja do Nazareno nos termos dos parágrafos 539.5 e 540.10, ou através de acção disciplinar, de acordo com os parágrafos 606-609.

539.8. Quando um presbítero ou diácono tiver sido expulso, a credencial do membro do clero será enviada ao/à secretário(a) geral para ser catalogada e preservada, conforme deliberação da Assembleia Distrital do distrito onde o presbítero ou o diácono era membro na altura em que foi expulso. (326.5)

539.9. Pastores, juntas de igrejas locais e outros que decidem sobre designações na igreja, não envolverão um membro do clero que não esteja em pleno gozo dos seus direitos, em qualquer posição de confiança ou autoridade, tais como: direcção de louvor, ensino numa classe de Escola Dominical, direcção de um estudo bíbico ou pequeno grupo, até que seja restaurado o seu pleno direito. Excepções a esta proibição requerem a aprovação escrita tanto do(a) superintendente do distrito, a que o(a) ministro(a) pertencia, quando foi privado(a) dos direitos, privilégios e responsabilidades de um membro do clero, como do(a) superintendente geral com jurisdição desse distrito. (540.4)

539.10. Restabelecimento de uma Credencial Arquivada. Quando um presbítero ou diácono em pleno gozo dos seus direitos arquivar a sua credencial, esseal documento poderá ser devolvido ao presbítero ou diácono por ordem da Assembleia Distrital onde o mesmo foi arquivado, em qualquer ocasião posterior em que o presbítero ou diácono se ache em pleno gozo dos seus direitos, desde que a devolução de sua credencial tenha sido recomendada pelo(a) superintendente distrital e pela Junta Consultiva. Entre assembleias distritais, uma Junta Consultiva poderá votar para aprovar a devolução de uma credencial arquivada a um(a) ministro(a).

539.11. Restabelecimento de uma Credencial Renunciada ou Revogada. Um presbítero ou diácono que, enquanto ministro em pleno gozo dos seus direitos renunciou a sua ordem de ministério, ou cuja credencial foi revogada por se unir a outra igreja, denominação ou ministério, pode ter a sua credencial devolvida pela Assembleia Distrital depois de entregar o Questionário para Ordenação/Reconhecimento, reafirmando os votos de ministério, ser examinado e obter recomendação favorável da Junta de Credenciais Ministeriais ou da Junta de Ministério, com a aprovação prévia do(a) superintendente distrital e do(a) superintendente geral com jurisdição. (539.2)

539.12. O certificado de ordenação de um(a) ministro(a) falecido(a), cuja credencial foi arquivada e que estava em pleno gozo dos direitos por altura da sua morte, pode ser entregue à família do(a) ministro(a) mediante pedido escrito ao/à secretário(a) geral e aprovação do(a) superintendente do distrito onde esse arquivamento foi registado.

539.13. Separação ou Divórcio. Dentro de 48 horas após ter sido formalizada uma petição inicial de divórcio, término legal de um casamento, ou separação legal de um(a) ministro(a), ou dentro de 48 horas de separação física do(a) ministro(a) e do seu cônjuge, com o propósito de descontinuar a coabitação física, o(a) ministro(a) deverá *(a)* contactar o(a) superintendente distrital, informando-o(a) da atitude tomada; *(b)* concordar em se reunir com o(a) superintendente distrital e com um membro da Junta Consultiva, em lugar e hora conveniente a todos ou, se isso for impossível, em lugar e hora indicados pelo(a) superintendente distrital; e, *(c)* esclarecer (na reunião a que se refere a alínea "b") as circunstâncias da atitude tomada, explicar o conflito marital e explanar as bases bíblicas que justifiquem a razão por que deve ser permitido que o membro do clero em causa continue a servir como membro do clero em pleno gozo dos seus direitos. Se um membro do clero não cumprir as alíneas acima indicadas, este incumprimento será causa para disciplina. Todos os ministros activos, inactivos ou reformados, designados ou não, estão sujeitos a estas cláusulas, e têm de mostrar devido respeito pelo conselho consensual do(a) superintendente distrital e da Junta Consultiva. Nenhum(a) ministro(a) activo(a) ou designado(a) pode continuar em qualquer posição clerical sem o voto afirmativo da Junta Consultiva.

J. Restauração de Membros do Clero

540. A Igreja do Nazareno reconhece a sua responsabilidade em estender esperança e cura da graça redentora e renovadora de Deus a qualquer um dos seus ministros que, por entrega da credencial, voluntária ou de outra forma, tenha sido privado dos direitos, privilégios e responsabilidades de um membro do clero devido a conduta imprópria para um(a) ministro(a). A igreja também reconhece a sua obrigação de convidar para a abrangência do amor e cuidado de Deus, o cônjuge e a família, a congregação e a comunidade do(a) ministro(a). Por essa razão, o processo que leva à restauração do(a) ministro(a) ao pleno gozo dos seus direitos deve ser conduzido em dois passos distintos:

1. Restauração. Sem levar em consideração a gravidade da má conduta do(a) ministro(a), a probabilidade do seu eventual retorno ao serviço ministerial ou a sua receptividade inicial à graça e ao oferecimento de ajuda estendida, a restauração do bem-estar do(a) ministro(a) (espiritual ou de outra dimensão) e do seu cônjuge e família deve ser procurada pelo distrito de forma diligente, em oração e fidelidade, de acordo com os parágrafos 540.1-540.7. Essa restauração deve ser o alvo singular deste passo.

2. Restabelecimento. A restauração do(a) ministro(a) ao pleno gozo dos seus direitos e a recomendação para a devolução da sua credencial devem ser consideradas num processo separado e posterior aos esforços da procura da restauração da saúde e bem-estar do(a) ministro(a), seu cônjuge e família. (540.6-540.12).

540.1. Nomeação de Uma Equipa de Restauração. Quando a má conduta de um membro do clero se torna evidente, uma resposta oportuna de intervenção apropriada e compassiva é crucial para o bem do(a) ministro(a), seu cônjuge e família, a congregação e a comunidade. Uma vez que raramente se antecipam tais situações, um elemento importante do plano de resposta do distrito para facilitar a restauração é a selecção prévia e a preparação de pessoas qualificadas, tanto do clero como leigos. Estas pessoas

MINISTÉRIO E SERVIÇO CRISTÃO

devem ser nomeadas pelo(a) superintendente distrital ouvida a Junta Consultiva. Quando surgirem situações de má conduta de um membro do clero, essas pessoas, agindo como uma equipa de restauração, devem ser mobilizadas pelo(a) superintendente distrital tão depressa quanto possível e de acordo com o plano do distrito. Uma equipa de restauração assim constituída não deve ser composta por menos de três pessoas. (211.20, 225.5, 538)

540.2. Deveres de uma Equipa de Restauração. Uma equipa de restauração é responsável por facilitar a recuperação da saúde e bem-estar de um(a) ministro(a), do seu cônjuge e família; não tem a responsabilidade, nem a autoridade para determinar se os direitos, privilégios e responsabilidades de um membro do clero devem ser restabelecidos ao/à ministro(a). Até onde a situação permitir, os deveres de uma equipa de restauração incluem:

1. oferecer cuidado ao cônjuge e família do(a) ministro(a) como também ao/à ministro(a);
2. esclarecer o(a) ministro(a) e seu cônjuge sobre o processo e o propósito da restauração;
3. coordenar os esforços combinados do(a) ministro(a), distrito e qualquer congregação envolvida, no desenvolvimento de um plano para lidar com as necessidades financeiras, habitacionais, médicas, emocionais, espirituais e outras que normalmente surgem, com urgência, em situações onde a má conduta se torna evidente;
4. implementar o plano aprovado pelo distrito, incluindo a apresentação regular de relatório dos seus esforços e da situação do progresso do(a) ministro(a), seu cônjuge e família na recuperação da saúde e bem-estar;
5. compartilhar com o(a) ministro(a) e seu cônjuge, com o(a) superintendente distrital e com a junta distrital apropriada, quando o seu trabalho estiver próximo do final ou tenha progredido até onde se pode esperar;
6. enviar a sua recomendação à Junta de Credenciais Ministeriais ou à Junta de Ministério ou à comissão responsável nomeada, para que seja considerado o restabelecimento dos direitos, privilégios e responsabilidades de um membro do clero, mediante solicitação feita pelo(a) ministro(a).

540.3. No caso de um(a) ministro(a) sob disciplina ser ou se tornar indiferente ao processo de restauração, deve ser feito um esforço diligente para aprofundar a restauração do cônjuge e família do(a) ministro(a), enquanto se procura activamente envolver ou envolver novamente o(a) ministro(a) neste processo. Após análise dos esforços de restauração e com a devida consideração pelo bem-estar do cônjuge e da família do(a) ministro(a), o(a) superintendente distrital pode suspender, concluir ou redireccionar de alguma forma os esforços de restauração.

No caso de um distrito não nomear uma equipa de restauração, ou a equipa de restauração nomeada não assumir as suas responsabilidades no período de 180 dias a partir da data em que o(a) ministro(a) foi colocado sob disciplina, o(a) referido(a) ministro(a) pode requerer à Junta de Superintendentes Gerais que transfira para outro distrito a responsabilidade de facilitar os esforços para a sua restauração e agir na sua posterior solicitação, se houver, para a restauração ao pleno gozo dos direitos, privilégios e responsabilidades de um membro do clero. Esta opção também está disponível para o(a)ministro(a) em questão, caso o distrito falhe em responder a sua solicitação para restauração do pleno gozo de seus direitos. (540-540.2, 540.4-540.12)

540.4. Um membro do clero que não esteja em pleno gozo dos seus direitos não ocupará qualquer posição de confiança ou autoridade na igreja ou na adoração, tais como: pregar, dirigir o louvor, ensinar uma classe de Escola Dominical, orientar um estudo bíblico ou pequeno grupo. O(A) ministro(a) só poderá servir nestas atribuições ou numa outra função ministerial com a recomendação favorável da equipa de restauração nomeada pelo distrito e atribuída ao(à) ministro(a), bem assim o consentimento da Junta Consultiva, da Junta de Credenciais Ministeriais ou da Junta de Ministério, do(a) superintendente distrital e do(a) superintendente geral com jurisdição. Uma recomendação favorável indica uma determinação de que a pessoa, o seu cônjuge e a família fizeram progresso suficiente no processo de restauração, para garantir uma vez mais que a pessoa pode servir numa posição de confiança ou autoridade. A aprovação para servir numa posição de confiança ou autoridade pode ser concedida, com ou sem restrições, e pode ser removida pelo(a) superintendente distrital ouvida a equipa de restauração. (606.1-606.2, 606.5, 606.11-606.12)

540.5. Após solicitação pelo(a) ministro(a) sob disciplina que lhe seja restaurado o pleno gozo dos direitos como estipulado no parágrafo 540.6, a equipa de restauração pode recomendar ao/à superintendente distrital e à junta distrital apropriada ou à comissão nomeada, que a solicitação seja analisada nos termos do parágrafo 540.8; ou que o(a) ministro(a) continue o processo de restauração por um período de tempo adicional e especificado antes de nova solicitação.

No caso da equipa de restauração ter concluído os seus esforços e o(a) ministro(a) sob disciplina não solicitar a restauração do pleno gozo de direitos, este(a) deverá permanecer sob disciplina a não ser que se tome uma deliberação: 1) expulsar o(a) ministro(a) de membro e ministério da Igreja do Nazareno; ou 2) conceder aprovação ao/à ministro(a) para renunciar a sua credencial e tornar-se um membro leigo da igreja. Em situações de renúncia de credencial por um(a) ministro(a) que está sob disciplina, onde há evidência de restauração substancial e sustentável, deve dar-se atenção cuidada para reconhecer e celebrar tal progresso. (539.5, 540.10)

540.6. Solicitação para Restauração do Pleno Gozo de Direitos. Um(a) ministro(a) que foi destituído(a) dos direitos, privilégios e responsabilidades de um membro do clero pode solicitar a restauração do pleno gozo de direitos e a devolução da sua credencial sujeitando-se às exigências de qualificação do parágrafo 540.7. Tal solicitação deve ser enviada para o(a) superintendente distrital pelo menos seis meses antes da próxima reunião da Assembleia Distrital e deve estar de acordo com o plano aprovado pelo distrito. O(A) superintendente distrital acusará a recepção da solicitação no prazo de 30 dias.

540.7. Um(a) ministro(a) pode solicitar a restauração do pleno gozo de direitos e a devolução da sua credencial, contanto que a equipa de restauração que lhe foi atribuída apoie favoravelmente tal solicitação e possa atestar que o(a) ministro(a) tem participado activa e consistentemente por, pelo menos, dois anos no processo de restauração sob sua supervisão. Um(a) ministro(a) que, em seu próprio entender, se empenhou para participar activa e consistentemente por, pelo menos quatro anos em tal processo de restauração, pode solicitar a restauração do pleno gozo de direitos com ou sem o apoio favorável de tal solicitação por parte da equipa de restauração.

Quando um(a) ministro(a) sob disciplina tiver procurado a restauração desde o começo, o tempo mínimo exigido antes da solicitação para restauração do pleno gozo de direitos, deverá começar tão cedo quanto a primeira reunião oficial do(a) ministro(a) com a equipa de restauração, ou 60 dias depois da primeira data em que a equipa de restauração lhe foi atribuída. Nos casos em que o(a) ministro(a) adia ou interrompe a sua participação no processo de restauração, o(a) superintendente distrital, ouvida a equipa de restauração, determinará se o tempo mínimo exigido, antes de solicitar a restauração do pleno gozo de direitos, foi satisfeito. (538, 540.3)

540.8. Resposta a uma Solicitação para Restauração do Pleno Gozo de Direitos.
A Junta de Credenciais Ministeriais ou a Junta de Ministério, ou uma comissão da mesma nomeada pelo(a) superintendente distrital, deverá analisar qualquer solicitação para restauração do pleno gozo de direitos recebida pelo(a) superintendente distrital e:
1. verificar se o pedido é válido, tendo cumprido todas as condições para a apresentação;
2. solicitar e avaliar a recomendação da equipa de restauração;
3. entrevistar o(a) ministro(a) que solicita a restauração do pleno gozo de direitos e quaisquer outras pessoas que considere apropriado entrevistar;

4. decidir se recomenda que os direitos, privilégios e responsabilidades de um membro do clero sejam restaurados ao/à ministro(a) e a sua credencial devolvida.

Quando uma solicitação for enviada com, pelo menos 180 dias antes da próxima Assembleia Distrital agendada, a análise da mesma deverá estar concluída e uma recomendação feita para o(a) superintendente distrital antes dessa Assembleia Distrital. Uma recomendação para restabelecer os direitos, privilégios e responsabilidades de membro do clero a um(a) ministro(a), cuja credencial foi entregue devido a má conduta sexual, deverá exigir dois terços de votos favoráveis da Junta Consultiva. A recomendação deve ser enviada à Junta de Superintendentes Gerais dentro de um ano, a partir da data da solicitação mais recente do(a) ministro(a) para restauração do pleno gozo de direitos. Excepções a quaisquer formas especificadas neste parágrafo devem ter primeiro a aprovação por escrito do(a) superintendente geral com jurisdição. (540.2, 540.3, 540.6, 540.7, 540.12)

540.9. Um indivíduo culpado de má conduta sexual envolvendo menores não deve ser restaurado ao pleno gozo dos seus direitos como um membro do clero, ou ter permissão de possuir qualquer credencial ministerial, servir em qualquer posição de responsabilidade ou ministério com menores, ou ser eleito ou nomeado para qualquer função de liderança na igreja local. Um(a) menor é definido como qualquer ser humano abaixo de 18 anos, a menos que a maioridade seja atingida mais tarde conforme legislação própria de um estado ou de um país. (129.30, 600, 606.1-606.2, 606.5, 606.11-606.12, 916)

540.10. A Junta de Credenciais Ministeriais ou a Junta de Ministério ou uma comissão da mesma, tendo considerado uma solicitação para restauração do pleno gozo de direitos enviada dentro do prazo estabelecido, pode recomendar ao/à superintendente distrital e às juntas distritais apropriadas qualquer um dos seguintes:
1. que o(a) ministro(a) a ser restaurado(a) ao pleno gozo de direitos tenha a sua credencial devolvida;
2. que o(a) ministro(a) continue no processo de restauração por um período de tempo especificado, antes de solicitar novamente a restauração do pleno gozo de direitos;
3. que o período de restauração seja estendido e o plano revisto (tais como um reenvolvimento ministerial monitorizado, a designação de uma nova equipa de restauração ou a consideração de preocupações pessoais, matrimoniais ou familiares);
4. que o(a) ministro(a) continue sob disciplina;
5. que o(a) ministro(a) não seja restaurado(a) ao pleno gozo de direitos, mas que a evidência de restauração seja

adequadamente reconhecida e celebrada, e seja dada permissão para o(a) ministro(a) renunciar a sua credencial;
6. que o(a) ministro(a) seja expulso(a) de membro e ministério da Igreja do Nazareno. (539.5, 540.7, 540.12)

540.11. Se duas solicitações para o restabelecimento do(a) ministro(a) sob disciplina forem negadas, um pedido pode ser concedido pela Junta de Superintendentes Gerais para transferir a responsabilidade de recuperação e possível restauração ao pleno gozo de direitos do(a) ministro(a) em questão para outro distrito, onde a solicitação será analisada. Se uma terceira solicitação para restauração do pleno gozo dos direitos, privilégios e responsabilidades de um membro do clero for negada, o(a) ministro(a) pode tornar-se um leigo após aprovação da Junta Consultiva. (538.13, 539.6)

540.12. Restabelecimento dos Direitos, Privilégios e Responsabilidades de um Membro do Clero. Um membro do clero, que tenha perdido o gozo dos seus plenos direitos e cuja solicitação para restauração dos mesmos resultou numa recomendação para restabelecimento dos direitos, privilégios e responsabilidades de um membro do clero, pode ser restaurado e ter a sua credencial devolvida somente pelo processo seguinte:
1. aprovação do(a) superintendente distrital;
2. provação da Junta de Credenciais Ministeriais ou da Junta de Ministério;
3. aprovação com dois terços de votos da Junta Consultiva;
4. aprovação da Junta de Superintendentes Gerais; e
5. aprovação da Assembleia Distrital em que o gozo dos plenos direitos foi perdido. (606.1-606.2, 606.5. 606.11-606.12)

PARTE VII
Administração Judicial

INVESTIGAÇÃO DE POSSÍVEL MÁ CONDUTA E DISCIPLINA DA IGREJA

RESPOSTA A POSSÍVEL MÁ CONDUTA

RESPOSTA A MÁ CONDUTA POR UMA PESSOA EM POSIÇÃO DE CONFIANÇA OU AUTORIDADE

DISCIPLINA CONTESTADA DE UM(A) LEIGO(A)

DISCIPLINA CONTESTADA DE UM MEMBRO DO CLERO

REGRAS DE PROCEDIMENTO

TRIBUNAL DISTRITAL DE APELAÇÕES

TRIBUNAL GERAL DE APELAÇÕES

TRIBUNAL REGIONAL DE APELAÇÕES

GARANTIA DE DIREITOS

I. INVESTIGAÇÃO DE POSSÍVEL MÁ CONDUTA E DISCIPLINA DA IGREJA

600. Os objectivos da disciplina da igreja são manter a integridade da igreja, proteger do mal o(a) inocente, garantir a eficácia do testemunho da igreja, avisar e corrigir o(a) negligente, trazer o(a) culpado(a) à salvação, reabilitar o(a) culpado(a), fazer voltar ao serviço efectivo os que são reabilitados e guardar a reputação e os recursos da igreja. Os membros da igreja que transgridam o Pacto de Carácter Cristão ou o Pacto de Conduta Cristã, ou que voluntária e continuamente violem os seus votos como membros, devem ser tratados com benignidade, ainda que com firmeza, em conformidade com a gravidade das suas ofensas. Sendo a santidade de coração e de vida o padrão do Novo Testamento, a Igreja do Nazareno insiste que haja um ministério puro e requer daqueles que possuem as credenciais de um membro do clero que sejam ortodoxos quanto à doutrina e santos quanto à vida. Assim, o propósito da disciplina não é punitivo ou retributivo, mas pretende alcançar estes objectivos. A determinação de gozo de direitos e relação contínua com a igreja é, também, uma função do processo disciplinar.

II. RESPOSTA A POSSÍVEL MÁ CONDUTA

601. Quando uma pessoa com autoridade para reagir, toma consciência de uma informação, que uma pessoa prudente acreditaria ser credível, então essa reacção é adequada. Além disso, uma reacção também é apropriada, quando a informação pode levar uma pessoa prudente a acreditar, que provavelmente adviria algum dano à igreja, a potenciais vítimas de má conduta ou a qualquer outra pessoa, por causa da má conduta de uma pessoa em posição de confiança ou de autoridade dentro de igreja.

601.1. Quando uma pessoa, que não tem autoridade para reagir pela igreja, se torna consciente de informação, que uma pessoa prudente consideraria credível e que levaria uma pessoa prudente a acreditar que a má conduta de alguém em posição de confiança ou autoridade pode estar a ocorrer na igreja, a pessoa com a informação deverá comunicá-la ao(à) representante da igreja com autoridade para reagir.

601.2. A pessoa com autoridade para reagir é determinada pela posição na igreja do indivíduo ou indivíduos que possam estar envolvidos na má conduta, como segue:

Pessoa Implicada	Pessoa com Autoridade para Responder
Não membro	Pastor(a) da igreja local onde ocorreu a conduta em questão.
Leigo(a)	Pastor(a) da igreja onde o(a) leigo(a) é membro.
Membro do clero	Superintendente do distrito (em conjunto com a Junta Consultiva) em que a pessoa implicada é membro ou o(a) pastor(a) da igreja local onde a pessoa é membro da equipa pastoral.
Superintendente distrital	Superintendente geral com jurisdição
Diretor(a) Regional	Superintendente geral com jurisdição
Coordenador(a) de Estratégia de Área	Superintendente geral com jurisdição
Não definido doutra maneira	Secretário(a) geral

A pessoa com autoridade para reagir deve também informar em tempo oportuno as pessoas na liderança a nível do distrito, do campo/área, da região e global, ou todas elas, acerca das acusações. A pessoa com autoridade para reagir pode recrutar ajuda de outros para qualquer apuramento de factos ou resposta.

601.3. Se não foi feita qualquer acusação, o propósito de uma investigação será determinar se é ou não necessária acção para evitar danos ou para reduzir o impacto de danos que tenham sido previamente causados. Nenhuma investigação será continuada, a não ser que uma acusação tenha sido apresentada, nas circunstâncias em que uma pessoa prudente acreditaria que nenhuma outra acção seria necessária para evitar dano ou para reduzir o impacto do dano. Factos revelados durante uma investigação podem tornar-se a base para uma acusação.

III. RESPOSTA A MÁ CONDUTA POR UMA PESSOA EM POSIÇÃO DE CONFIANÇA OU AUTORIDADE

602. Sempre que uma pessoa, com autoridade para reagir, souber de factos que indiquem que pessoas inocentes foram prejudicadas pela má conduta de alguém em posição de confiança ou de autoridade, deve ser tomada uma decisão para levar a igreja a agir adequadamente. Uma reacção apropriada tentará evitar qualquer dano adicional às vítimas da má conduta, procurará ser responsável pelas necessidades das vítimas, do(a) acusado(a) e de outros que sofrem as consequências dessa má conduta. Um cuidado especial deve ser prestado às necessidades do cônjugue e da família do(a) acusado(a). A reacção deve também abranger as necessidades da igreja local, do distrito e da igreja geral, no que diz respeito a relações públicas, protecção contra a assumpção de responsabilidades financeiras e salvaguarda da integridade da igreja.

Os que respondem pela igreja devem compreender que o que dizem e fazem pode ter consequências perante as leis civis. O dever da igreja de reagir, baseia-se na preocupação cristã. Ninguém tem autoridade para aceitar responsabilidade financeira por uma igreja local sem a acção da junta da igreja, ou por um distrito sem que tenha havido uma deliberação da Junta Consultiva. Qualquer pessoa que não tenha a certeza quanto à reacção apropriada a tomar, deve procurar o conselho de profissionais competentes.

602.1. Na igreja local compete à junta da igreja gizar uma resposta para qualquer crise que possa surgir; contudo, poderá ser necessário responder antes de ser possível realizar uma reunião da junta. É sábio que cada igreja local tenha um plano de resposta de emergência.

602.2. Em cada distrito a responsabilidade principal em responder a uma crise pertence à Junta Consultiva; porém, pode ser necessário reagir antes de ser possível uma reunião da junta. É sábio que o distrito adote um plano de resposta de emergência. O plano pode incluir a nomeação pela Junta Consultiva de uma equipa de resposta, composta por pessoas com qualificações especiais, tais como conselheiros, assistentes sociais, pessoas treinadas em comunicação e outras familiarizadas com a lei aplicável.

603. Resolução do Conflito e Reconciliação na Igreja. Desacordos fazem parte da vida, até mesmo na igreja. Porém, quando esses desacordos se transformam num conflito que divide as congregações ou quebra a comunhão na igreja, um processo informal de discernimento deve preceder qualquer processo formal de resolução. Seja informal ou formal, o objetivo deve ser a resolução e a reconciliação.

603.1. Processo informal: Quando surge um conflito na igreja, é necessário ter um período de discernimento e conselho com o desejo de viver em paz com todas as pessoas. Todas as partes envolvidas são encorajadas a levar o assunto ao Senhor em oração e, na realidade, todo o processo precisa ser envolto em oração. Os

ADMINISTRAÇÃO JUDICIAL

indivíduos em conflito devem aproximar-se em humildade, com a esperança de reconciliação.

603.2. Processo formal: se o processo acima descrito falhar, os indivíduos podem decidir enveredar para o processo formal de reconciliação. O assunto deve ser arbitrado por um grupo representativo de pessoas maduras e imparciais da igreja. Se entender que há culpa, este grupo pode recomendar a acção apropriada nos termos do parágrafo 604.

604. Resolução de Questões Disciplinares por Mútuo Acordo. O processo disciplinar descrito neste *Manual* tem a intenção de proporcionar um processo apropriado para resolver alegações de má conduta, quando as alegações são contestadas pelo(a) acusado(a). Em muitas situações é conveniente resolver questões disciplinares por mútuo acordo.encoraja-se que se façam esforços para resolver questões disciplinares por mútuo acordo sempre que seja possível.

604.1. Qualquer questão, dentro da jurisdição da Junta Local de Disciplina, pode ser resolvida por mútuo acordo escrito entre a pessoa acusada e o(a) pastor(a), se for aprovado pela junta da igreja e pelo(a) superintendente distrital. Os termos desse mútuo acordo terão o mesmo efeito que uma acção por uma Junta Local de Disciplina.

604.2. Qualquer questão, dentro da jurisdição da Junta Distrital de Disciplina, pode ser resolvida por mútuo acordo escrito entre a pessoa acusada e o(a) superintendente distrital, se o acordo for aprovado pela Junta Consultiva e pelo(a) superintendente geral com jurisdição. Os termos desse mútuo acordo terão os mesmos efeitos de uma acção pela Junta Distrital de Disciplina.

IV. DISCIPLINA CONTESTADA DE UM(A) LEIGO(A)

605. Se um membro leigo(a) é acusado(a) de conduta não-cristã, essa acusação será feita por escrito e assinada por não menos de dois membros que tenham assistido fielmente aos cultos da igreja, pelo menos durante seis meses. O(A) pastor(a) nomeará uma comissão de investigação constituída por três membros da igreja local, com a aprovação do(a) superintendente distrital. A comissão fará um relatório escrito acerca do resultado da sua investigação. Esse relatório deverá ser assinado pela maioria e apresentado à junta da igreja. Depois da investigação e em conformidade com a mesma, quaisquer dois membros da igreja local, em pleno gozo dos seus direitos, poderão assinar as acusações contra o(a) acusado(a) e apresentar as mesmas à junta da igreja. Então, a junta da igreja, com a aprovação do(a) superintendente distrital, nomeará uma Junta Local de Disciplina composta por cinco membros, que não tenham preconceitos sobre o caso e sejam capazes de ouvir e de resolver o mesmo de forma justa e imparcial. Se, na opinião do(a) superintendente distrital, é impraticável seleccionar cinco membros da igreja local, devido ao tamanho da igreja, à natureza das alegações ou à posição de influência do(a) acusado(a), o(a) superintendente distrital poderá, após consultar o(a) pastor(a), nomear cinco leigos de outras igrejas no mesmo distrito para constituírem a Junta de Disciplina. Esta junta convocará uma audiência logo que possível, e esclarecerá os assuntos em questão. Depois de ouvido o depoimento das testemunhas e de serem consideradas as evidências, a Junta de Disciplina, conforme os factos, absolverá o(a) acusado(a) ou aplicará a disciplina. A deliberação deve ser unânime. A disciplina poderá tomar a forma de repreensão, suspensão ou expulsão de membro da igreja local. (516.8)

605.1. Um apelo da deliberação de uma Junta Local de Disciplina poderá ser feito para o Tribunal Distrital de Apelações, dentro de 30 dias, tanto pelo(a) acusado(a) como pela junta da igreja.

605.2. Quando um(a) leigo(a) for expulso(a) de membro da igreja local por uma Junta Local de Disciplina, este(a) poderá voltar a unir-se à Igreja do Nazareno no mesmo distrito, apenas com a aprovação da Junta Consultiva. Se tal consentimento for dado, ele ou ela será recebido(a) como membro da dita igreja local, usando o formulário aprovado para a recepção de membros de igreja. (21, 28-33, 112.1-112.4, 704)

605.3. Os leigos que actuam em cargos de liderança são tidos em alto conceito. Na eventualidade de uma má conduta o impacto é muitas vezes bastante grave. Um indivíduo culpado de má conduta sexual envolvendo menores de idade, não deve ser autorizado a servir em qualquer cargo de responsabilidade ou ministério com menores, ou ser eleito ou nomeado para qualquer função de liderança na igreja local. Um menor é definido como qualquer ser humano abaixo de 18 anos, a menos que a maioridade seja atingida mais tarde, conforme legislação própria de um estado ou de um país. (503.1)

V. DISCIPLINA CONTESTADA DE UM MEMBRO DO CLERO

606. A perpetuidade e a eficácia da Igreja do Nazareno dependem largamente das qualificações espirituais, do carácter e do modo de vida dos membros do seu clero. Membros do clero aspiram a uma chamada do Alto e funcionam como indivíduos ungidos sobre os quais está colocada a confiança da igreja. Aceitaram a sua chamada sabendo que as pessoas a quem ministram esperarão deles padrões pessoais nobres. Por causa das elevadas expectativas a que ficam assim sujeitos, os membros do clero e seus ministérios são particularmente vulneráveis a acusações de má conduta. Portanto, cabe aos membros usarem os seguintes procedimentos com sabedoria bíblica e maturidade próprias do povo de Deus.

606.1. Se um membro do clero for acusado(a) de conduta imprópria, ou de ensinar doutrinas em desarmonia com a declaração doutrinária da Igreja do Nazareno, tais acusações serão feitas por escrito e assinadas por, pelo menos, dois membros da Igreja do Nazareno que nessa altura estejam em pleno gozo dos seus direitos. Acusações de má conduta sexual não podem ser assinadas por qualquer pessoa que consentiu participar na alegada má conduta. Essa acusação por escrito deverá ser entregue ao superintendente distrital que a apresentará à Junta Consultiva do distrito de que o(a) acusado(a) é membro ministerial. Esta acusação fará parte do processo do caso.

Logo que possível e por qualquer meio que transmita textualmente o aviso, a Junta Consultiva entregará ao acusado(a) a notificação por escrito das acusações feitas contra ele/ela. Quando isso não for possível, o aviso será feito na forma usual para entrega de notificações legais nessa localidade. O(A) acusado(a) e o(a) seu/sua defensor(a) terão o direito de examinar as acusações e de receber uma cópia das mesmas, logo que a requeiram. (540.4, 540.9, 540.12)

606.2. A assinatura de uma pessoa numa acusação a um membro do clero constitui por parte de quem assina a afirmação de que, conforme o seu melhor conhecimento, informação e crença baseados numa razoável investigação, a acusação está bem fundamentada. (538.6-538.8)

606.3. Quando uma acusação escrita for entregue ao superintendente distrital e apresentada à Junta Consultiva, esta nomeará uma comissão de três ou mais ministros ordenados designados e, pelo menos dois leigos conforme a Junta Consultiva julgar apropriado, para investigar os factos e circunstâncias envolvidos e apresentar um relatório escrito e assinado pela maioria da comissão, dos resultados da investigação. Se, depois de analisar o relatório da comissão, se verificar que há possível base para acusações, essas serão feitas e assinadas por dois ministros ordenados. A Junta Consultiva notificará o(a) acusado(a), tão breve quanto possível, por meio de um aviso escrito. Quando isso não for possível, o aviso será feito na forma usual para entrega de notificações legais nessa localidade. O(A) acusado(a) e o(a) seu/sua defensor(a) terão o direito de examinar as acusações e especificações, e de receber uma cópia das mesmas, logo que as requeiram. Nenhum(a) acusado(a) terá de responder a acusações de que não foi informado(a) como aqui se estabelece. (225.3)

606.4. Se, após investigação parecer que uma acusação contra um membro do clero não tem base factual e foi feita de má fé, a apresentação de tal acusação pode ser base para acção disciplinar contra aqueles que assinaram a acusação.

606.5. Quando uma acusação for apresentada, a Junta Consultiva nomeará cinco ministros ordenados designados e pelo menos dois leigos, conforme for mais aconselhável, para ouvirem o caso e esclarecerem a questão; essas pessoas assim nomeadas constituirão uma Junta Distrital de Disciplina para realizar a audiência e tratar do caso segundo as leis da igreja. Nenhum(a) superintendente distrital servirá como acusador(a) ou como auxiliar do(a) acusador(a) no julgamento de um(a) ministro(a) ordenado(a) ou ministro(a) licenciado(a). Essa Junta de Disciplina terá o poder de vindicar e absolver o(a) acusado(a) em conexão com as ditas acusações, ou de administrar a disciplina apropriada à ofensa. Essa disciplina poderá contribuir para a correcção desejada que leva à salvação e à reabilitação da parte culpada. A disciplina pode incluir arrependimento, confissão, restituição, suspensão, recomendação para remoção da credencial, expulsão do ministério e/ou de membro da igreja, repreensão pública ou privada, ou qualquer outra disciplina que seja apropriada, incluindo suspensão ou adiamento de disciplina durante um período de prova. (225.4, 540.4, 540.12, 606.11, 606.12)

606.6. Se o(a) acusado(a) ou a Junta Consultiva assim o pedirem, a Junta de Disciplina será uma Junta Regional de Disciplina. A junta regional para cada caso será nomeada pelo(a) superintendente geral com jurisdição no distrito onde for membro o(a) ministro(a) acusado(a).

606.7. Fica previsto que, em nenhum caso, será aplicada acção disciplinar contra um(a) missionário(a), por um distrito de Fase 1.

606.8. A deliberação de uma Junta de Disciplina será unânime, escrita e assinada por todos os seus membros, e incluirá o veredicto de "culpado(a)" ou "inocente" quanto a cada uma das acusações e especificações.

606.9. Qualquer audiência por uma Junta de Disciplina conforme aqui prescrito, será sempre levada a efeito dentro dos limites do distrito onde as acusações forem feitas, num local designado pela junta que deverá ouvir as acusações.

609.10. O procedimento, em qualquer audiência, será em conformidade com as Regras de Procedimento adiante estabelecidas. (225.3-225.4, 532.9, 538.13, 609)

606.11. Quando um(a) ministro(a) for acusado(a) de conduta incompatível com a sua posição e admitir a culpa, ou confessar a culpa sem ter sido acusado(a), a Junta Consultiva pode aplicar qualquer das disciplinas estipuladas no parágrafo 606.5. (540.4, 540.12)

606.12. Quando um(a) ministro(a) for acusado(a) de conduta incompatível com a sua posição, e admitir a culpa ou confessar a culpa antes de enfrentar a Junta de Disciplina, a Junta Consultiva pode aplicar qualquer das disciplinas estipuladas no parágrafo 606.5. (540.4, 540.12)

607. Depois da deliberação de uma Junta de Disciplina, o(a) acusado(a), a Junta Consultiva ou aqueles que assinaram as acusações terão o direito de apelar para o Tribunal Regional de Apelações. O apelo terá início dentro de 30 dias após tal deliberação, e o tribunal analisará todo o processo e todas as medidas que tenham sido tomadas. Caso o tribunal descubra qualquer erro substancial, prejudicial aos direitos de qualquer pessoa, corrigirá tal erro ordenando uma nova audiência, a ser realizada de modo a tratar justamente a parte adversamente afectada pelo processo ou deliberações anteriores.

608. Quando a deliberação de uma Junta de Disciplina for adversa ao/à ministro(a) acusado(a) e levar à suspensão do ministério ou ao cancelamento da credencial, o(a) ministro(a) suspenderá imediatamente todas as suas actividades ministeriais; e, caso se recuse a fazê-lo, perderá o direito de apelar com base nessa razão.

608.1. Quando a deliberação de uma Junta de Disciplina aplicar a suspensão ou o cancelamento da credencial e o(a) ministro(a) acusado(a) desejar apelar, ele ou ela apresentará a sua credencial de ministro(a) ao/à secretário(a) do tribunal para o qual apela, na altura em que a apelação é feita, ficando o seu direito de apelar condicionado ao cumprimento deste requisito. Quando essa credencial for assim apresentada, será guardada em segurança pelo(a) dito(a) secretário(a) até à conclusão do caso, e então a mesma será enviada ao/à secretário(a) geral ou devolvida ao/à ministro(a), conforme o tribunal ordenar .

608.2. Os apelos para o Tribunal Geral de Apelações podem ser feitos pelo(a) acusado(a) ou pela Junta de Disciplina a partir de veredictos pronunciados por um Tribunal Regional de Apelações. Tais apelos seguirão as mesmas regras e procedimentos, como outros apelos apresentados ao Tribunal Geral de Apelações.

VI. REGRAS DE PROCEDIMENTO

609. O Tribunal Geral de Apelações adoptará Regras de Procedimento uniformes que regulem todos os trâmites legais das juntas de disciplina e tribunais de apelação. Uma vez adoptadas e publicadas tais regras, constituirão a autoridade final em todos os trâmites judiciais. As Regras de Procedimento impressas serão fornecidas pelo(a) secretário(a) geral. Alterações ou emendas a tais regras podem ser adoptadas pelo Tribunal Geral de

Apelações em qualquer altura; e quando forem adoptadas e publicadas, serão efectivas e oficiais em todos os casos. Quaisquer medidas que daí por diante forem tomadas em qualquer processo, estarão em conformidade com essas alterações ou emendas. (606.1)

VII. TRIBUNAL DISTRITAL DE APELAÇÕES

610. Cada distrito organizado terá um Tribunal Distrital de Apelações, que será composto por dois leigos e três ministros ordenados designados, incluindo o(a) superintendente distrital, eleitos pela Assembleia Distrital, de acordo com o parágrafo 205.22. Esse tribunal ouvirá apelos de membros da igreja a respeito de qualquer acção das juntas locais de disciplina. A apelação deve ser feita por escrito, dentro de 30 dias depois da mencionada acção, ou depois do apelante ter tido conhecimento da mesma. Esta comunicação será entregue ao Tribunal Distrital de Apelações ou a um dos seus membros, e cópia da referida comunicação será entregue ao/à pastor(a) da igreja local e ao/à secretário(a) da junta da igreja envolvida. (205.22)

610.1. O Tribunal Distrital de Apelações terá jurisdição para ouvir e decidir todas as apelações de leigos ou igrejas, provenientes da acção de uma Junta de Disciplina nomeada para disciplinar um(a) leigo(a).

VIII. TRIBUNAL GERAL DE APELAÇÕES

611. A Assembleia Geral elegerá cinco ministros ordenados designados para servirem como membros do Tribunal Geral de Apelações, durante cada novo quadriénio, ou até que os seus sucessores sejam eleitos e empossados. Este tribunal terá a seguinte jurisdição:

611.1. Ouvir e resolver todos os apelos da acção ou deliberação de qualquer Junta Distrital de Disciplina ou Tribunal Regional de Apelações. Quando o tribunal chegar a uma decisão sobre tais apelos, essa decisão será oficial e final. (305.7)

612. As vagas que possam existir no Tribunal Geral de Apelações, durante o intervalo entre as sessões da Assembleia Geral, serão preenchidas por nomeação da Junta de Superintendentes Gerais. (317.6)

613. As despesas diárias e autorizadas aos membros do Tribunal Geral de Apelações serão as mesmas que as dos membros da Junta Geral da igreja, quando os membros do tribunal estiverem ocupados em trabalhos oficiais do tribunal e, portanto, o pagamento das despesas será feito pelo(a) tesoureiro(a) geral.

#ADMINISTRAÇÃO JUDICIAL

614. O(A) secretário(a) geral exercerá a custódia de todos os registos permanentes e das deliberações do Tribunal Geral de Apelações. (326.4)

IX. TRIBUNAL REGIONAL DE APELAÇÕES

615. Haverá um Tribunal Regional de Apelações para cada região. Cada Tribunal Regional de Apelações consistirá de cinco ou mais ministros ordenados designados, eleitos pela Junta de Superintendentes Gerais a seguir a cada Assembleia Geral. Quaisquer vagas neste tribunal serão preenchidas pela Junta de Superintendentes Gerais. As Regras de Procedimento serão as mesmas tanto para o Tribunal Regional de Apelações como para o Tribunal Geral de Apelações, encontradas quer no *Manual* da igreja como no *Manual Judicial*. Um quórum de cinco será exigido para apelações encaminhadas para o tribunal.

X. GARANTIA DE DIREITOS

616. Não pode ser negado ou indevidamente adiado o direito a uma audiência honesta e imparcial quanto a acusações que tenham sido feitas contra um(a) ministro(a) ou um(a) leigo(a). As acusações por escrito serão sujeitas a uma audiência prévia, a fim de que o(a) inocente possa ser absolvido(a) e o(a) culpado(a) disciplinado(a). A todo(a) o(a) acusado(a) se concederá o pressuposto de que é inocente, até que se prove ser culpado(a). Quanto a cada acusação e especificação, o(a) acusador(a) terá o encargo de provar a culpa com uma certeza moral, e para além de qualquer dúvida razoável.

616.1. A despesa de preparação dos autos de um processo contra um(a) ministro(a), incluindo uma transcrição completa de todos os depoimentos apresentados no julgamento, com o propósito de apelar para o Tribunal Geral de Apelações, será paga pelo distrito onde as audiências tiverem sido realizadas e as acções disciplinares executadas. Todo(a) o(a) ministro(a) que apelar terá o direito de apresentar argumentos orais assim como escritos, para corroborar o seu apelo, mas o(a) acusado(a) pode renunciar por escrito a tal direito.

A despesa de preparação dos autos de um processo contra um(a) leigo(a), incluindo uma transcrição completa de todos os depoimentos apresentados no julgamento, com o propósito de apelar ao Tribunal Distrital de Apelações, será paga pela igreja local do distrito onde as audiências tiverem sido realizadas e as acções disciplinares executadas. Todo(a) o(a) leigo(a) que apelar terá o direito de apresentar argumentos orais assim como escritos, para corroborar o seu apelo, mas o(a) acusado(a) pode renunciar por escrito a tal direito.

616.2. O tribunal supremo de apelação para um(a) ministro(a) é o Tribunal Geral de Apelações, e o tribunal supremo de apelação para um(a) leigo(a) é o Tribunal Distrital de Apelações.

616.3. Um(a) ministro(a) ou leigo(a) que seja acusado(a) de má conduta ou qualquer outra violação das disposições do *Manual* da igreja, e contra o qual existam acusações pendentes, terá o direito de se encontrar face a face com os seus acusadores e de fazer a acareação das testemunhas de acusação.

616.4. O depoimento de qualquer testemunha perante uma Junta de Disciplina não será recebido ou considerado como evidência, a menos que seja feito sob juramento ou afirmação solene.

616.5. Um(a) ministro(a) ou leigo(a) que seja apresentado(a) perante uma Junta de Disciplina para responder a acusações, terá sempre o direito de ser representado(a) por um(a) defensor(a) da sua própria escolha, contanto que tal defensor(a) seja membro em pleno gozo de seus direitos na Igreja do Nazareno. Qualquer membro em plena comunhão de uma igreja regularmente organizada, contra quem não houver acusações por escrito, será considerado em pleno gozo de seus direitos.

616.6. Não se requererá que um(a) ministro(a) ou leigo(a) responda por acusações resultantes de qualquer acto ocorrido cinco anos ou mais antes de ser feita tal acusação; e não será considerada nenhuma evidência em qualquer audiência, respeitante a um assunto que tenha ocorrido cinco anos ou mais antes de ser feita a acusação. Entretanto, se a pessoa agravada por tal acto tiver menos de 18 anos de idade ou for mentalmente inábil para fazer a acusação ou apresentar queixa, esses períodos de cinco anos não começarão a ser contados até que a pessoa atinja os 18 anos ou se torne mentalmente capaz. No caso de abuso sexual de um menor, não haverá qualquer limite de tempo. Um menor é definido como qualquer ser humano abaixo de 18 anos, a menos que a maioridade seja atingida mais tarde conforme a legislação própria de um estado ou de um país.

Se um(a) ministro(a) for achado(a) culpado(a) de um delito grave por um tribunal com jurisdição competente, ele ou ela deve entregar a sua credencial ao/à superintendente distrital. A pedido de tal ministro(a), e se a Junta de Disciplina não tiver sido previamente envolvida no caso, a Junta Consultiva investigará as circunstâncias da condenação e poderá restaurar a credencial se julgar isso apropriado.

616.7. Nenhum(a) ministro(a) ou leigo(a) será submetido duas vezes a juízo pela mesma ofensa. Porém não será considerado um juízo duplo sobre a mesma ofensa no caso em que, no decurso de audiências e nos processos de um tribunal de apelações, se

ADMINISTRAÇÃO JUDICIAL

descubram erros irreversíveis cometidos no processo original por uma Junta de Disciplina.

PARTE VIII

Sacramentos e Rituais

A fim de editar ou adicionar qualquer ponto na secção dos Sacramentos e Rituais do *Manual,* é exigida acção da Assembleia Geral.

CEIA DO SENHOR

BAPTISMO

DEDICAÇÃO DE CRIANÇAS

RECEPÇÃO DE MEMBROS

MATRIMÓNIO

OFÍCIO FÚNEBRE

POSSE DE OFICIAIS

ORGANIZAÇÃO DE UMA IGREJA LOCAL

DEDICAÇÃO DE TEMPLOS

I. SACRAMENTOS

700. CEIA DO SENHOR

A administração da Ceia do Senhor pode ser iniciada com um sermão adequado e com a leitura de 1 Coríntios 11:23-29, Lucas 22:14-20, ou outra passagem bíblica apropriada. Então, o(a) ministro(a) fará o seguinte convite:

A Ceia da Comunhão, instituída por nosso Senhor e Salvador Jesus Cristo, é um sacramento que proclama a Sua vida, os Seus sofrimentos, a Sua morte sacrificial e ressurreição, e a esperança da Sua segunda vinda. Aponta para a morte do Senhor até à Sua volta.

A Ceia é um meio da graça em que Cristo está presente pelo Espírito. É para ser recebida em reverente apreço e gratidão pela obra de Cristo.

Todos quantos estão verdadeiramente arrependidos, abandonaram os seus pecados e creem em Cristo para a salvação, são convidados a participar na morte e ressurreição de Cristo. Nós chegamos à mesa para sermos renovados em vida e salvação e sermos feitos um pelo Espírito.

Em unidade com a Igreja, confessamos a nossa fé: Cristo morreu, Cristo ressuscitou, Cristo virá novamente. E assim oramos:

O(A) ministro(a) pode fazer uma oração de confissão e súplica, concluindo com a seguinte oração de consagração:

Santo Deus,

Reunimo-nos à Tua mesa, em nome de Teu Filho, Jesus Cristo, que por Teu Espírito foi ungido para pregar boas novas aos pobres, proclamar libertação aos cativos, libertar os oprimidos. Cristo curou os enfermos, alimentou os famintos, comeu com os pecadores e estabeleceu a nova aliança para perdão de pecados. Vivemos na esperança da Sua segunda vinda.

Na noite em que Ele foi traído, tomou o pão, deu graças, partiu-o, deu-o aos Seus discípulos e disse: "Tomai, comei; este é meu corpo que é dado por vós. Fazei isto em memória de mim."

Do mesmo modo, no final da ceia, Ele tomou o cálice, e tendo dado graças, deu-o aos Seus discípulos e disse: "Bebei dele todos, este é o meu sangue, da nova aliança, derramado por vós e por muitos para o perdão de pecados. Fazei isto em memória de mim." Mediante Jesus Cristo, nosso Senhor. Amém.

E assim, nos reunimos como o Corpo de Cristo para nos oferecermos a Ti em louvor e acção de graças. Derrama o Teu Espírito Santo sobre nós e sobre estas Tuas dádivas. Faze-as ser para nós, pelo poder do Teu Espírito, o corpo e o sangue de Cristo, para que possamos ser para o mundo o Corpo de Cristo, redimido por Seu sangue.

Pelo teu Espírito, faz-nos um em Cristo, um com os outros e um no ministério de Cristo para todo o mundo, até que Cristo venha em vitória final. Em nome do Pai, e do Filho e do Espírito Santo, Amém.

E agora, como Cristo, nosso Salvador, nos ensinou, vamos orar: (Aqui a congregação faz a oração do Pai Nosso).

Pai nosso, que estás nos céus, santificado seja o Teu nome; venha o Teu reino, seja feita a Tua vontade, assim na terra como no céu; o pão nosso de cada dia nos dá hoje; e perdoa-nos as nossas dívidas, assim como nós perdoamos aos nossos devedores; e não nos induzas à tentação; mas livra-nos do mal. Porque Teu é o reino e o poder, e a glória, para sempre, Amém.

(Mateus 26:27-29, Lucas 22:19)

Antes de participar do pão, o(a) ministro(a) dirá:

O corpo de nosso Senhor Jesus Cristo, partido por vós, vos conserve inculpáveis, para a vida eterna. Comei, lembrando que Cristo morreu por vós e sede agradecidos.

Antes de participar do cálice, o(a) ministro(a) dirá:

O sangue de nosso Senhor Jesus Cristo, derramado por vós, vos conserve inculpáveis, para a vida eterna. Bebei, lembrando que Cristo morreu por vós, e sede agradecidos.

Depois de todos terem participado, o ministro pode fazer uma oração final, de acção de graças e compromisso.

(29.5, 515.4, 532.7, 533.2, 534.1)

Apenas vinho não fermentado deverá ser usado no sacramento da Ceia do Senhor.

701. BAPTISMO DE CRENTES

CARÍSSIMOS: O baptismo cristão é um sacramento que significa a participação pela fé na morte e ressurreição de Jesus Cristo e a inclusão no Seu Corpo, a Igreja. É um meio da graça que proclama Jesus Cristo como Senhor e Salvador. O apóstolo Paulo declara que todos quantos são baptizados em Cristo Jesus são baptizados na Sua morte. Somos sepultados com Ele através do baptismo, para que, como Cristo foi ressuscitado dentre os mortos, nós também sejamos ressuscitados para andarmos em novidade de vida. Assim como fomos unidos com Ele na Sua morte, também o seremos na Sua ressurreição.

A fé cristã, na qual agora vindes para serdes baptizados, é afirmada no Credo Apostólico, como confessamos:

O(A) ministro(a) conduz a congregação na afirmação da confissão de fé.

"Cremos em Deus Pai, Todo-Poderoso, Criador do céu e da terra;

"E em Jesus Cristo, Seu unigénito Filho, nosso Senhor; o qual foi concebido pelo Espírito Santo, nasceu da Virgem Maria, padeceu sob Pôncio Pilatos, foi crucificado, morto e sepultado; desceu ao inferno; ao terceiro dia ressuscitou dos mortos; subiu ao céu e está sentado à direita de Deus Pai, Todo-Poderoso; donde há-de vir para julgar os vivos e os mortos.

"Cremos no Espírito Santo, na santa Igreja de Jesus Cristo, na comunhão dos santos, no perdão dos pecados, na ressurreição do corpo e na vida eterna."

Queres ser baptizado nesta fé?

Resposta: Eu quero.

Reconheces Jesus Cristo como teu Salvador e Senhor, e crês que Ele te salva?

Resposta: Pela fé, eu reconheço.

Como um membro da Igreja de Jesus Cristo, segui-lO-ás todos os dias da tua vida, crescendo na graça e no amor de Deus e ao próximo?

Resposta: Com a ajuda de Deus, eu o farei.

O(A) ministro(a), mencionando o nome completo da pessoa e usando a forma preferida de baptismo—por aspersão, afusão ou imersão—, dirá:

(Inserir o nome), eu te baptizo em nome do Pai, e do Filho e do Espírito Santo. Amém.

702. BAPTISMO DE CRIANÇAS

Quando as testemunhas/padrinhos se apresentem com a(s) criança(s), o(a) ministro(a) dirá:

Caríssimos: O sacramento do baptismo é o sinal e selo da nova aliança da graça. Embora não defendamos que o baptismo conceda a graça regeneradora de Deus, cremos que o baptismo cristão significa para esta criança que Deus a aceita dentro da comunidade da fé cristã, com base na graça preveniente. Isso antecipa a sua confissão pessoal de fé em Jesus Cristo.

Ao apresentar esta criança para o baptismo, não somente testemunhais a vossa fé na religião cristã, mas também o propósito de guiá-la, desde tenra idade, a um conhecimento de Cristo como Salvador. Por conseguinte, será vosso dever ensinar-lhe, tão cedo quanto lhe for possível aprender, a natureza e o propósito deste santo sacramento; cuidar da sua educação, para que ela não se desvie; dirigir a sua mente infantil para as Sagradas Escrituras, e os seus pés para o santuário; afastá-la de hábitos e companheiros maus; e, tanto quanto depender de vós, criá-la na doutrina e admoestação do Senhor.

Procurareis fazer isto com a ajuda de Deus? Se assim é, respondam: "Sim, procurarei fazê-lo."

O(A) ministro(a) pode, então, pedir aos pais ou tutores que dêem nome à criança; seguidamente baptizá-la-á, repetindo o seu nome completo, e dizendo:

(Inserir nome), eu te baptizo em nome do Pai, e do Filho e do Espírito Santo. Amém.

O(A) ministro(a) dirigir-se-á então à congregação.

Pastor(a): O baptismo também significa aceitação desta criança na comunidade da fé cristã. Pergunto agora a vós, congregação: Consagrar-vos-eis, como Corpo de Cristo, para apoiar e encorajar estes pais/tutores no seu esforço de cumprirem as suas responsabilidades para com esta criança, e auxiliareis nutrindo o seu crescimento em maturidade espiritual?

Resposta: Assim faremos.

Então o(a) ministro(a) poderá fazer a seguinte oração, ou usar uma oração de improviso.

Pai Celestial, pedimos-Te humildemente que tomes esta criança ao Teu cuidado. Enriquece-a abundantemente com a Tua graça celestial, guia-a com segurança através dos perigos da infância, livra-a das tentações da juventude, leva-a a um conhecimento pessoal de Cristo como Salvador, ajuda-a a crescer em sabedoria, em estatura e em favor diante de Deus e dos homens, e a perseverar até ao fim. Sustenta os seus pais/tutores com o Teu cuidado, para que através de conselhos sábios e de um exemplo santo, possam desempenhar fielmente as suas responsabilidades para com esta criança e para Contigo. Em nome de Jesus Cristo, nosso Senhor. Amém.

II. RITUAIS

703. DEDICAÇÃO DE CRIANÇAS

Quando os pais/tutores se apresentarem com a(s) criança(s) o(a) ministro(a) dirá:

"Trouxeram-lhe então algumas crianças, para que lhes impusesse as mãos, e orasse; mas os discípulos os repreendiam. Jesus, porém, disse: Deixai os pequeninos, não os impeçais de vir a mim, porque dos tais é o reino dos céus" (Mateus 19:13-14).

Ao apresentar esta criança para dedicação, não somente demonstrais a vossa fé na religião cristã, mas também o desejo de que ela possa cedo conhecer e seguir a vontade de Deus, viver e morrer cristãmente, e alcançar a bem-aventurança eterna.

A fim de alcançar este alvo sagrado, é vosso dever como pais/tutores, ensinar-lhe desde cedo o temor do Senhor; cuidar da sua educação, para que ela não se desvie; dirigir a sua mente infantil para as Sagradas Escrituras, e os seus pés para o santuário; afastá-la de hábitos e companheiros maus; e, tanto quanto depender de vós, criá-la na doutrina e admoestação do Senhor.

Procurareis fazer isto com a ajuda de Deus? Se assim é, respondam: "Sim, procurarei fazê-lo."

Pastor(a): Pergunto agora a vós, congregação: Consagrar-vos-eis, como Corpo de Cristo, para apoiar e a encorajar estes pais/tutores no seu esforço de cumprirem as suas responsabilidades para com esta criança, e auxiliareis nutrindo o seu crescimento em maturidade espiritual?

Resposta: Assim faremos.

Pastor(a): Amado Pai Celestial, aqui, neste momento, dedicamos a Ti (inserir nome) em nome do Pai, e do Filho, e do Espírito Santo. Amém.

> Então o(a) ministro(a) poderá fazer a seguinte oração, ou usar uma oração espontânea.

Pai Celestial, pedimos-Te humildemente que tomes esta criança ao Teu cuidado. Enriquece-a abundantemente com a Tua graça celestial, guia-a com segurança através dos perigos da infância, livra-a das tentações da juventude, leva-a a um conhecimento pessoal de Cristo como Salvador, ajuda-a a crescer em sabedoria, em estatura e em favor diante de Deus e dos homens, e a perseverar até ao fim. Sustenta os seus pais/tutores com o Teu cuidado, para que através de conselhos sábios e de um exemplo santo, possam desempenhar fielmente as suas responsabilidades para com esta criança e para Contigo. Em nome de Jesus Cristo, nosso Senhor. Amém.

704. RECEPÇÃO DE MEMBROS

Espera-se que os membros prospectivos tenham professado a fé cristã e sido instruídos na doutrina e práticas da Igreja do Nazareno. Podem ir à frente e ficar diante a congregação e o(a) pastor(a) se lhes dirigirá, dizendo:

Caríssimos: Os privilégios e bênçãos que gozamos, quando estamos em comunhão com a Igreja de Jesus Cristo, são sagrados e preciosos. Existe nela tão santa comunhão, cuidado e conselho como não podem ser conhecidos fora da família de Deus.

Há o piedoso cuidado dos pastores, com os ensinamentos da Palavra e a inspiração da adoração congregacional. E há a cooperação no serviço, realizando aquilo que doutra forma seria impossível.

*Hoje nós afirmamos de novo as doutrinas e práticas da igreja.

Cremos em um só Deus Pai, Filho e Espírito Santo.

Cremos que o ser humano nasce em pecado; que precisa da obra do perdão através de Cristo e do novo nascimento pelo Espírito Santo; que, em seguida, se realiza a obra mais profunda de purificação do coração, ou inteira santificação, através do enchimento do Espírito Santo; e que de cada uma destas obras da graça o Espírito Santo testifica.

Cremos que nosso Senhor voltará, os mortos ressuscitarão, e todos comparecerão para o juízo final com suas recompensas e castigos.

*O(A) ministro(a) pode usar a Declaração de Fé Convencionada (Manual parágrafo 20) como uma altenativa.

Hoje nós afirmamos de novo a Declaração de Fé Convencionada para a Igreja do Nazareno, que expressa as nossas convicções em:

Um só Deus – Pai, Filho e Espírito Santo; que as Escrituras do Velho e do Novo Testamentos, dadas por inspiração plenária, contêm toda a verdade necessária à fé e à vida cristã; que todo o ser humano nasce com uma natureza corrompida, e é, portanto, inclinado para o mal, e isto continuamente; que os que se mantiverem impenitentes até ao fim estão irrevogável e eternamente perdidos; que a expiação através de Jesus Cristo é para toda a raça humana; e que todo aquele que se arrepender e crer no Senhor Jesus Cristo é justificado, regenerado e salvo do domínio do pecado; que os crentes devem ser inteiramente santificados, subsequente à regeneração, através da fé no Senhor Jesus Cristo; que o Espírito Santo dá testemunho do novo nascimento e também da inteira santificação dos crentes; e que o nosso Senhor voltará, os mortos serão ressuscitados e se realizará o juízo final.

(*Manual* parágrafos 20.1-20.8)

Crês nestas verdades, de todo o coração? Se crês, responde: "Creio."

Reconheces Jesus Cristo como teu Senhor e Salvador, e crês que Ele te salva?

Resposta: Pela fé, eu reconheço.

Desejando unir-te com a Igreja do Nazareno, comprometes-te a amar o Senhor teu Deus de todo o coração, alma, mente e forças, e ao teu próximo como a ti mesmo, como está expresso pelos Pactos de Carácter e de Conduta Cristãos? Comprometes-te com a missão de Deus, como está expresso na doutrina, comunhão e obra da Igreja do Nazareno? Apoiarás os ensinos da Igreja do Nazareno e procurarás, com a ajuda de Deus, crescer na compreensão e prática dos mesmos, de forma a realçar o testemunho da igreja? Procurarás por todos os meios glorificar a Deus, através de um andar humilde, conversação e serviço santos; contribuindo devotadamente com os teus recursos; e pela participação fiel nos meios da graça? Seguirás a Jesus Cristo todos os dias da tua vida, abstendo-te de todo o mal, e procurando fervorosamente o aperfeiçoamento da santidade de coração e de vida, no temor do Senhor?

Resposta: Eu o farei.

O(A) ministro(a) então dirá à(s) pessoa(s):

Eu te recebo na Igreja do Nazareno e na comunhão desta congregação local com os seus benefícios e responsabilidades. Possa o grande Cabeça da Igreja abençoar-te, guardar-te e capacitar-te para seres fiel em toda a boa obra, para que a tua vida e testemunho possam ser eficientes no cuidado dos pobres e oprimidos e no levar outros a Cristo.

705. MATRIMÓNIO

Reconhecendo os vários contextos globais e culturais quanto ao casamento, a Igreja do Nazareno sugere os seguintes princípios:

- Equidade entre marido e mulher

- Relacionamento de aliança reflectindo o relacionamento de aliança entre Cristo e a Sua Igreja

- Uso de linguagem que é legal e culturalmente apropriada. Este ritual não elimina ou substitui os requisitos legais de cada país.

A cerimónia seguinte é oferecida como um recurso.

No dia e hora marcados para a solenização do matrimónio, as pessoas a serem unidas em casamento — tendo cumprido os requisitos legais do país e depois de terem recebido aconselhamento e orientação apropriados do(a) ministro(a) — apresentar-se-ão juntos diante deste(a) e o(a) ministro(a) se dirigirá à congregação nos seguintes termos:

CARÍSSIMOS: Estamos aqui reunidos na presença de Deus e destas testemunhas, para unir (nome do noivo) e (nome da noiva) pelo santo matrimónio, estado honroso instituído por Deus na inocência do Éden, simbolizando a união mística entre Cristo e a Sua Igreja. Nosso Senhor Jesus Cristo adornou e santificou este santo estado com a Sua presença e o Seu primeiro milagre realizado em Caná da Galileia; e o escritor de Hebreus o recomendou como sendo digno de honra entre todas as pessoas. Portanto, não deve ser contraído imprudentemente, mas reverente e discretamente, e no temor de Deus.

É para serem unidas neste santo estado que estas pessoas estão aqui presentes.

Dirigindo-se aos nubentes, o(a) ministro(a) dirá:

(inserir nome) e (inserir nome), eu requeiro e exorto a ambos, perante Deus, que se lembrem que o compromisso assumido pelo matrimónio é de carácter permanente. Deus estabeleceu o casamento com o propósito que dure a vida inteira, e que só a morte venha a separar-vos.

Se os votos agora trocados entre vós forem guardados sem violação, e se procurardes conhecer e fazer sempre a vontade de Deus, as vossas vidas serão abençoadas com a Sua presença e o vosso lar terá a Sua paz.

Após a admoestação, o(a) ministro(a) dirá ao homem:

(inserir nome), queres receber esta mulher por tua esposa, para viverem juntos, segundo os mandamentos de Deus, no santo estado do matrimónio? Queres amá-la, consolá-la, honrá-la e guardá-la, tanto na enfermidade como na saúde; e, renunciando a todas as outras, conservar-te somente para ela, enquanto ambos viverem?

Resposta: Sim.

Então o(a) ministro(a) dirá à mulher:

(inserir nome), queres receber este homem por teu marido, para viverem juntos, segundo os mandamentos de Deus, no santo estado do matrimónio? Queres amá-lo, consolá-lo, honrá-lo e guardá-lo, tanto na enfermidade como na saúde; e, renunciando a todos os outros, conservar-te somente para ele, enquanto ambos viverem?

Resposta: Sim.

Então o(a) ministro(a) perguntará:

Pais da noiva e do noivo (membros da família, e/ou membros da família de Deus) dão a vossa bênção a esta união?

Resposta (pelos pais da noiva e do noivo, membros da família, e/ou membros da família de Deus): Sim, damos.

Olhando um para o outro, e unindo as mãos direitas, o casal trocará os seguintes votos. O noivo repetirá com o(a) ministro(a):

Eu, (inserir nome), recebo a ti, (inserir nome), por minha esposa, para ter-te e conservar-te de hoje em diante, na alegria ou na tristeza, em riqueza ou na pobreza, enferma ou com saúde, para amar-te e querer- te até que a morte nos separe, de acordo com a santa vontade de Deus; para isso empenho a minha honra.

A noiva repetirá com o(a) ministro(a):

Eu, (inserir nome), recebo a ti, (inserir nome), por meu marido, para ter-te e conservar-te de hoje em diante, na alegria ou na tristeza, em riqueza ou na pobreza, enfermo ou com saúde, para amar-te e querer-te até que a morte nos separe, de acordo com a santa vontade de Deus; para isso empenho a minha honra.

> Caso se deseje, a cerimónia das alianças pode ser inserida neste ponto. O(A) ministro(a) toma as alianças e dá a da noiva ao noivo para que este a coloque no dedo anelar da mão esquerda da noiva. e o noivo, segurando a aliança colocada, repete com o(a) ministro(a):

Dou-te esta aliança como prova do meu amor e penhor da minha constante fidelidade.

> Repita esta parte da cerimónia, dando à noiva uma aliança ao noivo.
>
> Então o casal se ajoelha enquanto o(a) ministro(a) faz uma oração espontânea, ou a oração seguinte:

Eterno Deus, Criador e Conservador de toda a humanidade, Doador de toda a graça espiritual e Autor da vida eterna, derrama a Tua bênção sobre estes Teus servos, (nome do noivo) e (nome da noiva) que abençoamos em Teu nome; para que possam guardar os votos e as promessas que acabam de fazer um ao outro, e possam sempre permanecer juntos em amor e paz, mediante Jesus Cristo, nosso Senhor. Amém.

> Então o(a) ministro(a) dirá:

Porquanto este homem e esta mulher consentiram ambos no santo matrimónio e o testificaram na presença de Deus e desta congregação, e o confirmaram pela união das mãos, eu os declaro marido e mulher, em nome do Pai, e do Filho, e do Espírito Santo. Aqueles que Deus ajuntou, que ninguém os separe. Amém.

O(A) ministro(a) acrescentará então esta bênção:

Deus, o Pai, o Filho e o Espírito Santo, vos abençoe, conserve e guarde; e o Senhor contemple favoravelmente o vosso lar com a Sua misericórdia, e vos encha de toda a bênção e graça espiritual. Que assim vivais juntos nesta vida, para que no mundo futuro possais ter a vida eterna.

O(A) ministro(a) pode encerrar a cerimónia com uma oração espontânea ou invocação da bênção, ou ambos. (532.7, 533.2, 534.1, 538.19)

706. OFÍCIO FÚNEBRE

CARÍSSIMOS: Estamos congregados para render o nosso último tributo de respeito ao que era mortal em nosso(a) querido(a) amigo(a). A vós membros da família, que chorais a perda, manifestamos especialmente o nosso profundo e sincero pesar. Que possamos repartir convosco o conforto oferecido pela Palavra de Deus para uma ocasião como esta:

"Não se turbe o vosso coração: credes em Deus, crede também em mim. Na casa de meu

Pai há muitas moradas. Se assim não fora, eu vo-lo teria dito. Pois vou preparar-vos lugar. E quando eu for, e vos preparar lugar, voltarei e vos receberei para mim mesmo, para que onde eu estou estejais vós também" (João 14:1-3).

"Disse-lhe Jesus: Eu sou a ressurreição e a vida. Quem crê em mim, ainda que morra, viverá; e todo o que vive e crê em mim, não morrerá, eternamente" (João 11:25-26).

INVOCAÇÃO *(nas palavras do(a) ministro(a) ou nas seguintes):*

Deus Todo-Poderoso, nosso Pai Celestial, viemos a este santuário de tristeza, reconhecendo a nossa completa dependência de Ti. Sabemos que nos amas, e que podes transformar até a sombra da morte na luz da manhã. Ajuda-nos agora a esperar em Ti com corações reverentes e submissos.

Tu és o nosso Refúgio e Fortaleza, ó Deus— Socorro bem presente na angústia. Concede-nos a Tua abundante misericórdia. Que aqueles que hoje estão chorando, encontrem conforto e o bálsamo sustentador da Tua graça. Apresentamos humildemente estas petições, em nome de nosso Senhor Jesus Cristo. Amém.

UM HINO ou CÂNTICO ESPECIAL

LEITURA DAS ESCRITURAS

"Bendito o Deus Pai de nosso Senhor Jesus Cristo que, segundo a sua muita misericórdia, nos regenerou para uma viva esperança mediante a ressurreição de Jesus Cristo dentre os mortos, para uma herança incorruptível, sem mácula, e que se não pode murchar, reservada nos céus para vós outros, que sois guardados pelo poder de Deus, mediante a fé, para a salvação preparada para revelar-se no último tempo. Nisso exultais, embora, no presente, por breve tempo, se necessário, sejais contristados por várias provações, para que o valor da vossa fé, uma vez confirmado, muito mais precioso que o ouro perecível, mesmo apurado por fogo, redunde em louvor, glória e honra na revelação de Jesus Cristo, a quem, não havendo visto, amais; no qual, não vendo agora, mas crendo, exultais com alegria indizível e cheia de glória, obtendo o fim da vossa fé, a salvação das vossas almas" (1 Pedro 1:3-9).

(Outras passagens que podem ser usadas: Mateus 5:3-4, 6, 8; Salmos 27:3-5, 11, 13-14; 46:1-6, 10-11.)

MENSAGEM

UM HINO OU CÂNTICO ESPECIAL

ORAÇÃO DE ENCERRAMENTO

* * *

Quando o povo se tiver reunido, o(a) ministro(a) pode ler algumas das seguintes passagens, ou todas elas:

"Porque eu sei que o meu Redentor vive, e por fim se levantará sobre a terra. Depois, revestido este meu corpo da minha pele, em minha carne verei a Deus. Vê-lo-ei por mim mesmo, os meus olhos o verão, e não outros; de saudade me desfalece o coração dentro de mim." (Job 19:25-27).

"Eis que vos digo um mistério: Nem todos dormiremos, mas transformados seremos todos, num momento, num abrir e fechar de olhos, ao ressoar da última trombeta. A trombeta soará, os mortos ressuscitarão incorruptíveis, e nós seremos transformados (..) Então se cumprirá a palavra que está escrita: Tragada foi a morte pela vitória. Onde está, ó morte, a tua vitória? Onde está, ó morte, o teu aguilhão? O aguilhão da morte é o pecado, e a força do pecado é a lei. Graças a Deus que nos dá a vitória por intermédio de nosso Senhor Jesus Cristo.

"Portanto, meus amados irmãos, sede firmes, inabaláveis, e sempre abundantes na obra do Senhor, sabendo que, no Senhor, o vosso trabalho não é vão" (1 Coríntios 15: 51-52, 54-58).

"Então ouvi uma voz do céu, dizendo: Escreve: Bem-aventurados os mortos que desde agora morrem no Senhor. Sim, diz o Espírito, para que descansem das suas fadigas, pois as suas obras os acompanham." (Apocalipse 14:13).

Então o ministro lerá uma das seguintes declarações:

PARA UM CRENTE:

Posto que o espírito de nosso(a) querido(a) amigo(a) voltou para Deus que o deu, carinhosamente entregamos o corpo à sepultura, na firme confiança e inabalável esperança da ressurreição dos mortos e da vida no mundo futuro, mediante nosso Senhor Jesus Cristo, que nos dará novos corpos conforme o Seu glorioso corpo. "Bem-aventurados os mortos que morrem no Senhor."

PARA UM NÃO-CRENTE:

Aqui viemos para entregar ao pó o corpo de nosso(a) amigo(a) falecido(a). O espírito, deixamo-lo com Deus, pois sabemos que o misericordioso Juiz de toda a terra agirá com sabedoria. E nós, que aqui ficamos, dediquemo-nos de novo para viver no temor e no amor de Deus, para que tenhamos entrada franca no Reino Celestial.

PARA UMA CRIANÇA:

Na firme e certa esperança da ressurreição para a vida eterna mediante nosso Senhor Jesus Cristo, entregamos à sepultura o corpo desta criança. E da mesma forma como Jesus, durante a Sua vida terrena, tomou as crianças nos Seus braços e as abençoou, possa Ele receber esta tenra vida para Si, pois, como Ele disse: "delas é o reino dos céus."

ORAÇÃO

Pai Celestial, Deus de toda a misericórdia, olhamos para Ti, neste momento de tristeza e separação. Conforta estes queridos cujos corações estão pesados e tristes. Sê com eles; sustenta-os e guia-os nos dias futuros. Permite,

Senhor, que eles Te possam amar e servir e obter a plenitude das Tuas promessas no mundo vindouro.

"Ora, o Deus de paz, que tornou a trazer dentre os mortos a Jesus, nosso Senhor, o grande Pastor das ovelhas, pelo sangue da eterna aliança, vos aperfeiçoe em todo bem, para cumprirdes a sua vontade, operando em vós o que é agradável diante dele, por Jesus Cristo, a quem seja a glória para todo o sempre. Amém" (Hebreus 13:20-21).

707. POSSE DE OFICIAIS

Depois de ser cantado um hino apropriado, o(a) secretário(a) lerá os nomes e cargos dos oficiais a serem empossados. Estes poderão vir à frente e colocar-se de pé diante do altar da igreja, de frente para o(a) ministro(a). Devem ser providenciados cartões de compromisso para cada um deles. Então o(a) ministro(a) dirá:

Reconhecendo o método de Deus, de separar certos obreiros para áreas específicas de serviço cristão, chegamos ao momento de posse destes oficiais (e/ou professores) que foram adequadamente escolhidos para servir na nossa igreja durante o ano que se inicia. Consideremos as instruções de Deus para nós, encontradas na Sua Santa Palavra:

"Rogo-vos, pois, irmãos, pelas misericórdias de Deus, que apresenteis os vossos corpos por sacrifício vivo, santo e agradável a Deus, que é o vosso culto racional. E não vos conformeis com este século, mas transformai-vos pela renovação da vossa mente, para que experimenteis qual seja a boa, agradável e perfeita vontade de Deus." (Romanos 12:1-2).

"Procura apresentar-te a Deus, aprovado, como obreiro que não tem de que se envergonhar, que maneja bem a palavra da verdade" (2 Timóteo 2:15).

"Habite ricamente em vós a palavra de Cristo; instruí-vos e aconselhai-vos mutuamente em toda a sabedoria, louvando a Deus com salmos e hinos e cânticos espirituais, com gratidão, em vossos corações" (Colossenses 3:16).

"Mas aquele que está sendo instruído na palavra faça participante de todas as coisas boas aquele que o instrui" (Gálatas 6:6).

Chegamos agora a este momento importante quando vós, que estais de pé diante do altar, devereis tomar sobre vós a tarefa de cuidar dos assuntos da igreja e da MNI, JNI e dos MEDDI. Que possais encarar as funções que agora assumis como oportunidades especiais de serviço para o nosso Senhor, e possais encontrar alegria e bênção espiritual na execução de vossos respectivos deveres.

A vossa tarefa não é leve, pois o progresso da igreja e o destino de almas estão nas vossas mãos. O desenvolvimento do carácter cristão é vossa responsabilidade, e a condução de perdidos a Jesus Cristo é o vosso mais elevado objectivo. Possa Deus conceder-vos sabedoria e forças para executardes a Sua obra, para a Sua glória.

Recebestes um cartão de compromisso. Vamos lê-lo em uníssono e, enquanto o lemos, façamo-lo um instrumento de dedicação pessoal.

COMPROMISSO DE OBREIRO(A)

Correspondendo à confiança em mim colocada pela igreja, ao me escolher para o cargo do qual tomo posse nesta hora, eu me comprometo a:

Manter um padrão elevado de conduta e exemplos cristãos, em harmonia com os ideais e padrões da Igreja do Nazareno.

Cultivar a minha experiência cristã, separando todos os dias um período de tempo definido para oração e leitura da Bíblia.

Estar presente na Escola Dominical, nos cultos dominicais realizados pela manhã e à noite, e nas reuniões de oração da igreja, realizadas a meio da semana, a menos que haja um impedimento insuperável.

Participar fielmente de todas as reuniões adequadamente convocadas das várias juntas, conselhos ou comissões para os quais tenho sido ou serei nomeado/eleito.

Notificar o meu líder máximo se eu não puder estar presente no tempo determinado, ou não puder desempenhar as minhas responsabilidades neste cargo.

Ler amplamente as publicações denominacionais e outros livros e literatura que me possam ser úteis para o desempenho dos deveres do meu cargo.

Aperfeiçoar-me e aos meus talentos, participando em cursos de Treinamento Contínuo para o Leigo, quando tiver oportunidade.

Envidar todos os esforços para levar pessoas a Jesus Cristo, manifestando um vivo interesse no bem-estar espiritual dos outros, assistindo e apoiando todas as reuniões evangelísticas da igreja.

> Então o(a) ministro(a) fará uma oração apropriada e poderá ser cantado um hino especial de dedicação, depois do que ele/ela dirá:

Tendo dedicado os vossos corações e as vossas mãos à tarefa de levar por diante a obra desta igreja através das vossas atribuições específicas, eu agora vos emposso nos respectivos cargos para os quais fostes eleitos ou nomeados. Sois agora uma parte integrante da estrutura organizacional e da liderança desta igreja. Que possais, por exemplo, por preceito e por serviço diligente, ser obreiros eficientes na vinha do Senhor.

O(A) ministro(a) pedirá à congregação para se pôr de pé, e a ela se dirigirá nos seguintes termos:

Ouvistes as promessas e o compromisso feitos pelos vossos líderes eclesiásticos para o próximo ano. Eu agora vos ordeno a que, como congregação, sejais leais em apoiá-los. As responsabilidades que hoje colocamos sobre eles são pesadas, e necessitarão da vossa ajuda e orações. Que sempre sejais compreensivos acerca dos seus problemas, e tolerantes acerca das suas possíveis fraquezas. Que alegremente possais prestar-lhes assistência quando fordes solicitados, de forma que, trabalhando juntos, a nossa igreja possa ser um instrumento eficiente para ganhar perdidos para Cristo.

Então o(a) ministro(a) poderá fazer uma oração final, ou levar a congregação a repetir em uníssono a Oração Dominical.

708. A ORGANIZAÇÃO DE UMA IGREJA LOCAL

Superintendente Distrital: Amados em Cristo, estamos reunidos neste dia do Senhor com o propósito de organizar oficialmente a Igreja do Nazareno (nome). Verdadeiramente, já são igreja, mas hoje a vida desta congregação eleva-se a um novo patamar ao abraçarem os direitos, privilégios e responsabilidades de uma congregação organizada, de acordo com a Constituição e Governo da Igreja do Nazareno.

Em nome da família global de nazarenos, felicito-vos pela vossa visão, vossa fé, e vosso diligente labor, enquanto trabalharam juntos, lado a lado, com o mesmo propósito, para ser uma comunidade de fé, que vive como uma expressão autêntica do Reino de Deus neste mundo. Por este acto de organização, declaram a vossa intenção de compartilhar com a família global de nazarenos o cumprimento da nossa missão comum: "Fazer discípulos à semelhança de Cristo nas nações."

Três valores fundamentais guiam-nos nesta missão:

Somos um povo cristão. Alinhamos com os cristãos de toda a parte na afirmação do histórico credo trinitário, e valorizamos profundamente a nossa herança particular na tradição de santidade wesleyana. Temos a Bíblia como a nossa fonte principal de verdade dado que proclama Cristo a nós, e "todas as coisas necessárias para nossa salvação."

Somos um povo de santidade. Cremos que a graça de Deus provê não apenas o perdão de pecados mas também a purificação do nosso coração pela fé. Por este acto gracioso do Espírito Santo, somos santificados e capacitados para viver uma vida à semelhança de Cristo neste mundo.

Somos um povo com uma missão. Cremos que Deus nos chama para participarmos na missão de reconciliação do Reino. Fazemos isso através da pregação do evangelho, por actos de compaixão e justiça, e fazendo discípulos segundo o padrão de Jesus.

Superintendente Distrital para o(a) pastor(a): Pastor(a), queira apresentar aqueles que serão membros fundadores da Igreja do Nazareno (nome).

Pastor(a): (nome do superintendente distrital), é minha honra apresentar-lhe os membros fundadores desta congregação. Eu apresento-os como irmãos e irmãs em Cristo que estão comprometidos com a nossa missão comum de membros da Igreja do Nazareno.

O(A) pastor(a) lê o nome e apresenta cada membro ou família.

Superintendente Distrital: Irmãos e irmãs, peço-vos agora que reafirmem os vossos votos de membros.

Reconheceis Jesus Cristo como vosso Senhor e Salvador, e que Ele vos salva?

Resposta: Por fé, reconhecemos.

Afirmais a Declaração de Fé Convencionada da Igreja do Nazareno?

Resposta: Sim.

Prometeis dedicar-vos à comunhão e à obra de Deus em conexão com a Igreja do Nazareno, como estabelecido no Pacto de Carácter e de Conduta Cristã da Igreja do Nazareno?

Procurareis por todos os meios glorificar a Deus, através de um andar humilde, conversação sadia e santo serviço; contribuindo devotadamente segundo as vossas posses; assistindo fielmente aos meios da graça; e, abstendo-vos de todo o mal, procurareis fervorosamente o aperfeiçoamento da santidade de coração e de vida, no temor do Senhor?

Resposta: Sim.

Superintendente Distrital: Portanto, pela autoridade que me é conferida como superintendente do distrito (nome) da Igreja do Nazareno, eu declaro agora a organização oficial da Igreja do Nazareno (nome). Bem-vindos à família global de congregações nazarenas. Possa o Senhor na Sua infinita misericórdia equipar-vos diariamente com todas as boas dádivas para que possais fazer a Sua vontade. E que a paz de Cristo seja convosco.

709. DEDICAÇÕES DE TEMPLOS

Ministro(a): Tendo alcançado a prosperidade conferida pela mão do Senhor, e tendo sido capacitados pela Sua graça e força para terminar este edifício para a glória do Seu nome, apresentamo-nos agora na presença de Deus para dedicar esta construção ao serviço do Seu Reino.

Para glória de Deus, nosso Pai, de Quem procede toda a boa dádiva e todo o dom perfeito;

para honra de Jesus Cristo, nosso Senhor e Salvador; e para louvor do Espírito Santo, Fonte de luz, vida e poder— nosso Santificador,

Congregação: Nós agora, com alegria e gratidão, humildemente dedicamos este edifício.

Ministro(a): Em memória de todos os que amaram e serviram esta igreja, estabelecendo a herança que agora gozamos, e que hoje fazem parte da Igreja Triunfante,

Congregação: Agradecidos dedicamos este edifício (templo, edifício de educação, salão social, etc.).

Ministro(a): Para adoração mediante oração e canto, para a pregação da Palavra, para o ensino das Escrituras e para comunhão dos santos,

Congregação: Solenemente dedicamos esta casa de Deus.

Ministro(a): Para consolo dos que choram; para fortalecimento dos fracos; para socorro dos que são tentados; e para comunicação de esperança e coragem a todos os que entrarem neste recinto,

Congregação: Dedicamos este lugar de comunhão e oração.

Ministro(a): Para transmissão das boas novas de salvação do pecado; para difusão da santidade bíblica; para transmissão da instrução em justiça; e para o serviço a nossos semelhantes,

Congregação: Reverentemente dedicamos este edifício.

Uníssono: Nós, como cooperadores de Deus, unimos agora as mãos e corações e nos dedicamos de novo aos elevados e santos propósitos a que este edifício foi consagrado. Empenhamos a nossa devoção leal, a nossa mordomia fiel e o nosso serviço diligente para que neste lugar o nome do Senhor seja glorificado, e o Seu reino progrida; em Nome de Jesus Cristo nosso Senhor. Amém.

PARTE IX
Organizações Auxiliares

JUVENTUDE NAZARENA INTERNATIONAL
A versão mais actual deste documento em português está disponível em *whdl.org/pt-manual-2017*.

MISSÕES NAZARENAS INTERNACIONAIS
A versão mais actual deste documento em português está disponível em *whdl.org/pt-manual-2017*.

MINISTÉRIOS DE ESCOLA DOMINICAL E DISCIPULADO INTERNACIONAIS
Esta secção não está ainda disponível em português. A versão em inglês está disponível na internet em *www.nazarene.org/manual*

PARTE X
Formulários

A IGREJA LOCAL

A ASSEMBLEIA DISTRITAL

TERMOS DE ACUSAÇÃO

I.

A IGREJA LOCAL

NOTA: Os formulários seguintes podem ser preparados e usados pela igreja local conforme necessário.

813. Licença Local de Ministro(a)

CERTIFICAMOS que ____ está licenciado(a) como Ministro(a) Local da Igreja do Nazareno pelo período de um ano, contanto que o seu espírito e a sua prática sejam dignos do Evangelho de Cristo, e que os seus ensinos correspondam às doutrinas estabelecidas nas Escrituras Sagradas e sustentadas pela referida igreja.

Por Ordem da Junta da Igreja do Nazareno em _____.
Concedida em (cidade), a (dia) de (mês), (ano).

_____, Presidente
_____, Secretário(a)

814. Recomendação à Assembleia Distrital

(Formulário a ser preenchido anualmente para ministros licenciados do distrito).

Marque a Junta apropriada:
☐ A Junta da Igreja de (inserir o nome da igreja)
☐ A Junta Consultiva do Distrito (inserir o nome do distrito; Manual 225.13)

recomenda (inserir o nome) à (seleccione uma)
  ☐ Junta de Credenciais Ministeriais
  ☐ Assembleia Distrital

para:
  ☐ Licença Distrital de Ministro(a)
  ☐ Renovação de Licença Distrital de Ministro(a)
  ☐ Renovação de Licença de Diaconisa
  ☐ Renovação de Licença de Director(a) de Educação Cristã

Certificado de Função de Ministério (*Manual* 503-528)

☐ **EDC (CED)**— Ministro(a) de Educação Cristã (ministros empregados por uma escola da igreja local)
☐ **EDU— Educação** (empregado(a) para servir no corpo administrativo ou docente de uma das instituições educativas da Igreja do Nazareno)
☐ **EVR— Evangelista, Registado(a)** (devota a sua vida a viajar e a pregar o Evangelho como seu ministério primário, a promover avivamentos e a divulgar na terra o evangelho)
☐ **DG– Designação Global, Missionário(a)** (nomeado(a) pela Junta Geral, através da Comissão de Missão Global, para ministrar em nome da igreja)

- ☐ **DG – Designação Global, Outro(a)** (eleito(a) ou empregado(a) para servir na Igreja Geral)
- ☐ **PAS — Pastor(a)**
- ☐ **SP-TI — Serviço Pastoral de Tempo Inteiro**
- ☐ **SP-TP— Serviço Pastoral de Tempo Parcial** (pastor(a) adjunto(a), realizando serviço pastoral em conexão com uma igreja, em áreas especializadas de ministério reconhecido e aprovado por agências de governo, licenciamento e endosso)
- ☐ **ECR (SER)—Evangelista de Canto Registado(a)** (devota a maior parte do seu tempo ao ministério de evangelismo através da música, como sua tarefa principal)
- ☐ **SEISPC— Serviço Especial/Interdenominacional** (serviço activo para o qual não haja provisão, aprovado pela Assembleia Distrital após recomendação da Junta Consultiva ou Junta de Credenciais Ministeriais, ou ambas)
- ☐ **EST (STU)— Estudante**
- ☐ **ND— Não Designado(a)**

Rever os requisitos mínimos para ordenação (*Manual* 533.3, 534.3) e também os procedimentos para a formalização do relacionamento, quer remunerado ou não remunerado. (*Manual* 159-159.3) Isto é importante para estabelecer e manter a história de ministério do(a) candidato(a)

Se for indicada uma função ministerial de SP-TI ou SP-TP for recomendada para o ano seguinte, confirme se foi recebida a aprovação escrita do superintendente distrital. (129.27; 159-159.2)? ☐ Sim ☐ Não

_____
_____

Se for indicada uma designação que não seja a de "EST" (STU) ou "ND", descreva o relacionamento formal que existe com o(a) candidato(a), como aprovado(a) pela junta da igreja e pelo(a) superintendente distrital.

_____
_____

Certificamos que (inserir o nome) cumpriu todos os requisitos para tal pedido.

Por voto da Junta em (inserir a data), e pela recepção de uma carta de permissão do(a) superintendente distrital, em (inserir a data).

_____ , Presidente
_____ , Secretário(a)

☐ Referido ☐ Comunicado ☐ Disposição _____

NOTA: Por favor marque tanto uma recomendação para licença como uma recomendação para a certificação da função ministerial do indivíduo.

815. Certificado de Recomendação

Certificamos que (inserir o nome) é membro da Igreja do Nazareno em (inserir o local) e é por este meio recomendado(a) à confiança Cristã daqueles a quem este certificado for apresentado.

_____ , Pastor(a)
_____ , Data

NOTA: Quando for passado um certificado de recomendação, a qualidade de membro do(a) interessado(a) termina imediatamente na igreja local que expedir o certificado. (111.1)

816. Carta de Despedida

Certificamos que (inserir o nome) foi até esta data membro da Igreja do Nazareno em (inserir o nome do local) e que, a seu pedido, lhe é outorgada esta carta de despedida.

_____ , Pastor
_____ , Data

NOTA: A qualidade de membro termina imediatamente depois de outorgada uma carta de despedida. (112.2)

817. Transferência de Membros

Certificamos que (inserir o nome) é membro da Igreja do Nazareno em (inserir o nome do local) e que, a seu pedido, lhe é por este meio outorgada transferência para a Igreja do Nazareno em (inserir o nome do local) no distrito de (inserir o nome).

Quando a recepção desta transferência for confirmada pela igreja local receptora, cessará a qualidade de membro nesta igreja local.

_____ , Pastor(a)
_____ , Endereço
_____ , Data

NOTA: Uma transferência é válida apenas por três meses. (111)

818. Aviso de Recepção de Transferência

Certificamos que (inserir o nome) foi recebido(a) na lista de membros da Igreja do Nazareno em (inserir o local) em (inserir data completa).

_____ , Pastor
_____ , Endereço

II. A ASSEMBLEIA DISTRITAL

819. Formulários oficiais para o distrito podem ser requisitados ao Secretário Geral, 17001 Prairie Star Parkway, Lenexa, KS 66220, EUA

III. TERMOS DE ACUSAÇÃO

Secção 1. No Julgamento de um Membro da Igreja
Secção 2. No Julgamento de um Ministro(a) Ordenado(a)
Secção 3. No Julgamento de um Ministro(a) Licenciado(a)
820. Os Termos de Acusação podem ser requisitados ao Secretário Geral, 17001 Prairie Star Parkway, Lenexa, KS 66220, EUA.

PARTE XI
Apêndice

OFICIAIS GERAIS

JUNTAS ADMINISTRATIVAS, CONSELHOS E INSTITUIÇÕES EDUCACIONAIS

REGULAMENTOS ADMINISTRATIVOS

ASSUNTOS MORAIS E SOCIAIS CONTEMPORÂNEOS

I. OFICIAIS GERAIS

900 Superintendentes Gerais
Eugénio R. Duarte
David W. Graves
David A. Busic
Gustavo A. Crocker
Filimão M. Chambo
Carla D. Sunberg

900.1 .Superintendentes Gerais Eméritos e Reformados
Eugene L. Stowe, Emérito
Jerald D. Johnson, Emérito
Donald D. Owens, Emérito
Jim L. Bond, Emérito
W. Talmadge Johnson, Emérito
James H. Diehl, Emérito
Paul G. Cunningham, Emérito
Nina G. Gunter, Emérita
Jesse C. Middendorf, Emérito
Stan A. Toler, Emérito
Jerry D. Porter, Emérito
J.K. Warrick, Emérito

900.2. Secretário Geral
David P. Wilson

900.3. Tesoureiro Geral
Keith B. Cox

IGREJA DO NAZARENO
CENTRO DE MINISTÉRIO GLOBAL
17001 PRAIRIE STAR PARKWAY
LENEXA, KS 66220, U.S.A.

APÊNDICE

II. JUNTAS ADMINISTRATIVAS, CONSELHOS E INSTITUIÇÕES EDUCACIONAIS

901.1. Junta Geral

MEMBROS POR REGIÕES DA IGREJA

| Ministro | Leigo |

Região de África

Arsénio Jeremias Mandlate — Sibongile Gumedze
Solomon Ndlovu — Benjamim Langa
Stanley Ushe — Angela M. Pereira B.D.V. Moreno

Região de Ásia-Pacífico

Kafoa Muaror — Leonila Domen
Min-Gyoo Shin — Joung Won Lee

Região de Canadá

D. Ian Fitzpatrick — David W. Falk

Região Central dos E.U.A.

Ron Blake — Judy H. Owens

Região Leste Central dos E.U.A.

D. Geoffrey Kunselman — Carson Castleman

Região Oriental dos E.U.A.

Samual Vassel — Larry Bollinger

Região da Eurásia

Sanjay Gawali — David Day
David Montgomery — Vinay Gawali
Mary Schaar — Christoph Nick

Região Mesoamérica

Elias Betanzos — Carmen L. Checo de Acosta
Walliere Pierre — Abraham Fernandez Gamez
Antonie St. Louis — Plinio E. Urizar Garcia

Região Norte Central dos E.U.A.

Jim Bond — Larry McIntire

Região Noroeste dos E.U.A.

Randall J. Craker — Joel K. Pearsall

Região da América do Sul

Adalberto Herrera Cuello
Fernando Oliveira
Amadeu Teixeira
Galdina Arrais
Jacob Rivera Medina
Emerson Natal

Região Sul Central dos E.U.A.

Terry C. Rowland
Cheryl Crouch

Região Sudeste dos E.U.A

Larry D. Dennis
Dwight M. Gunter II
Michael T. Johnson
Dennis Moore

Região Sudoeste dos E.U.A.

Ron Benefiel
Daniel Spaite

Educação

John Bowling
Bob Brower

Missões Nazarenas Internacionais

Philip Weatherill

JNI

Adiel Teixeira

Ministérios da Escola Dominical e Discipulado Internacionais

Milon Patwary

902. Tribunal Geral de Apelações

Hans-Günter Mohn, Presidente
D. Ian Fitzpatrick
Brian Powell
Janine Metcalf, Secretário
Donna Wilson

903. Conselho Global da JNI

Gary Hartke, Director da Juventude Nazarena Internacional
Adiel Teixeira, Presidente do Conselho
Ronald Miller, África
Janary Suyat de Godoy, Ásia-Pacífico
Diego Lopez, Eurásia
Milton Gay, Mesoamérica
Christiano Malta, América do Sul
Justin Pickard, EUA/Canadá

APÊNDICE

904. Conselho Global de Missões Nazarenas Internacionais

Lola Brickey, Directora Global
Philip Weatherill, Presidente
Dawid De Koker, Região de África
Pauline Sheppard, Região da Ásia-Pacífico
Penny Ure, Região do Canadá
Carla Lovett, Região Central dos E.U.A.
Kathy Pelley, Região Leste Central dos E.U.A.
Sharon Kessler, Região Leste dos E.U.A.
Cathy Tarrant, Região da Eurásia
Blanca Campos, Região da Mesoamérica
Rhonda Rhoades, Região Norte Central dos E.U.A
Debra Voelker, Região Noroeste dos E.U.A.
Antonio Carlos, Região da América do Sul
MaryRunion, Região Sul Central dos E.U.A.
Teresa Hodge, Região Sudeste dos E.U.A.
Martha Lundquist, Região Sudoeste dos E.U.A.
Verne Ward, Director da Missão Global
O Superintendente Geral em Jurisdição Designado
(Conselheiro)

905. Instituições Nazarenas de Educação Superior

CONSÓRCIO GLOBAL DE EDUCAÇÃO NAZARENA

Região de África

Africa Nazarene University
   Nairobi, Quéenia – Servindo a África Oriental

Nazarene Bible College of East Africa
   Nairobi, Quénia – Servindo o Campo do Leste

Nazarene Theological College
   Honeydew, Africa do Sul - Servindo o Campo do Sul

Nazarene Theological College of Central Africa
   Malawi, África Central – Servindo o Campo Sudeste

Nazarene Theological Institute
   – Servindo os Campos Central e Ocidental

Seminário Nazareno de Cabo Verde
   Santiago, Cabo Verde

Seminário Nazareno em Moçambique
   Maputo, Moçambique- Servindo o Campo Lusófono

Southern Africa Nazarene University
Manzini, Suazilândia – Servindo a África Austral

Região de Ásia-Pacífico

Asia-Pacific Nazarene Theological Seminary
Rizal, Filipinas

Indonesia Nazarene Theological College
Yogyakarta, Indonesia

Japan Nazarene Theological Seminary
Tokyo, Japão

Korea Nazarene University
Choong Nam, Coreia

Melanesia Nazarene Bible College
Mount Hagen, Papua Nova Guiné

Melanesia Nazarene Teachers College
Mount Hagen, Papua Nova Guiné

Nazarene College of Nursing
Mount Hagen, Papua Nova Guiné

Nazarene Theological College
Thornlands, Queensland, Austrália

Philippine Nazarene Bible College
Baguio City, Filipinas

South Pacific Nazarene Theological College
Suva, Fiji

Southeast Asia Nazarene Bible College
Bangkok, Tailândia

Taiwan Nazarene Theological College
Peitou, Taiwan

Visayan Nazarene Bible College
Cebu City, Filipinas

Região da Eurásia

Eastern Mediterranean Nazarene Bible College
Karak, Jordânia - Servindo o Mediterrâneo Oriental

European Nazarene College
Servindo a Europa e os Campos da Eurásia

Nazarene Nurses Training College
Washim, Maharashtra, India

Nazarene Theological College-Manchester
Manchester, Inglaterra

South Asia Nazarene Bible College
Bangalore, Índia - Servindo a India e o Sul da Ásia

Região Mesoamérica

Caribbean Nazarene College
Santa Cruz, Trinidad - Servindo as ilhas inglesas, holandesas e antilhas francesas

Instituto Biblico Nazareno
Coban, Alta Verapaz, Guatemala - Servindo o Norte da Guatemala

Séminaire Théologique Nazaréen d'Haiti
Petion-Ville, Haiti - Servindo o o Haiti

Seminario Nazareno de las Américas
San José, Costa Rica - Serving a América Latinha e o Campo Central

Seminario Nazareno Dominicano
Santo Domingo, Republica Dominicana - Servindo a República Dominicana

Seminario Nazareno Mexicano
Mexico City D.F., Mexico - Servindo os Campos do Mexico Norte e Sul

Seminario Teológico Nazareno
Guatemala City, Guatemala - Servindo o Campo América Central

Seminario Teológico Nazareno Cubano
La Lisa, La Habana, Cuba - Servindo Cuba

Região da América do Sul

Faculdade Nazarena do Brasil
São Paulo, Brasil - Servindo o Brasil

Seminario Biblico Nazareno Chile
Santiago, Chile - Servindo o Chile

Seminario Nazareno Bolviano
La Paz, Bolivia - Servindo a Bolívia

Seminario Teológico Nazareno del Cono Sur
Buenos Aires, Argentina - Servindo o Campo do Cone Sul

Seminario Teológico Nazareno Perú
Chiclayo, Peru - Servindo o Peru

Seminário Teológico Nazareno do Brasil
Sao Paulo, Brasil - Servindo o Brasil

Seminario Teológico Nazareno Sudamericano
Quito, Ecuador - Servindo o Campo Norte dos Andes

Região dos EUA/Canadá

Ambrose University College
  Calgary, Alberta, Canada

Eastern Nazarene College
  Quincy, Massachusetts, USA

MidAmerica Nazarene University
  Olathe, Kansas, USA

Mount Vernon Nazarene University
  Mount Vernon, Ohio, USA

Nazarene Bible College
  Lenexa, Kansas, USA

Nazarene Theological Seminary
  Kansas City, Missouri, USA

Northwest Nazarene University
  Nampa, Idaho, USA

Olivet Nazarene University
  Bourbonnais, Illinois, USA

Point Loma Nazarene University
  San Diego, California, USA

Southern Nazarene University
  Bethany, Oklahoma, USA

Trevecca Nazarene University
  Nashville, Tennessee, USA

III. REGULAMENTOS ADMINISTRATIVOS

906. Anuidades. A Junta Geral e as instituições da igreja estão proibidas de usar anuidades até que estas se tornem propriedade legal da igreja por morte do doador. Tais doações devem ser cuidadosamente investidas em fundos geralmente aceites pelos tribunais locais como fundos fiduciários. (2017)

907. Dívidas. Nenhuma entidade pode dar promessas caritativas como garantia pignoratícia com o propósito de subscrever uma dívida. (2017)

908. Sociedades Bíblicas.

1. Sociedades Bíblicas Aprovadas.

A Igreja do Nazareno dá ênfase especial à Bíblia como a revelação escrita de Deus; e cremos que ela é a influência principal para ganhar novos seguidores de Jesus Cristo. E porque há uma necessidade crescente de mais exemplares das Escrituras, fica assim Resolvido,

Primeiro, Que a Assembleia Geral expresse a sua aprovação calorosa e a sua simpatia para com a obra das Sociedades Bíblicas Unidas à volta do mundo.

Segundo, Que apoiemos a celebração do Domingo Universal da Bíblia, dirigindo nesse dia a nossa atenção para o lugar proeminente que as Escrituras devem ocupar na vida do povo cristão.

2. Ofertas para as Sociedades Bíblicas

Resolvido, Que a Igreja do Nazareno designe o segundo Domingo de Dezembro de cada ano, como data especial, para apresentação deste assunto importante e o levantamento de uma oferta para a Sociedade Bíblica de cada país. A Sociedade Bíblica escolhida será membro (associado ou pleno), da comunidade mundial de Sociedades Bíblicas Unidas ou, na ausência duma sociedade membro, aquela que tiver sido designada pelo distrito; também, que um esforço especial seja feito no sentido de todas as nossas igrejas participarem nessa oferta. Todas as igrejas devem contactar o escritório do seu distrito para instruções referentes ao envio das suas contribuições para a Sociedade Bíblica do seu país. (2017)

909. Resolução Referente à Edição do Manual. Resolve-se, Que a Junta de Superintendentes Gerais nomeie uma Comissão Editorial do Manual e a autorize a conciliar declarações contraditórias que possam surgir nas actas das deliberações da Vigésima Nona Assembleia Geral, relativamente a alterações do Manual; e também a fazer essas alterações editoriais no texto do actual Manual de modo a corrigir a linguagem sem alterar o sentido; e ainda a fazer as alterações editoriais no texto dos assuntos recentemente adoptados, de modo a corrigir a linguagem sem alterar o sentido.

A Comissão Editorial do Manual é aqui também autorizada a substituir palavras ou expressões confusas por palavras e expressões de fácil compreensão, a rever a numeração dos parágrafos, secções e outras divisões do Manual de acordo com as deliberações adoptadas pela Vigésima Nona Assembleia Geral, e também a preparar o índice em consonância com quaisquer deliberações adoptadas pela Vigésima Nona Assembleia Geral.

Fica ainda resolvido que a supervisão de todas as traduções do Manual será dever da Comissão Editorial do Manual. (2017)

910. Revisão do Apêndice do Manual. Qualquer assunto das Secções III e IV do Apêndice (parágrafos 906-933) que permaneça sem ser reexaminado durante três quadriénios, será encaminhado pela Comissão de Referência para a comissão apropriada da Assembleia Geral, para que tenha a mesma atenção de uma resolução da Assembleia Geral. (2013)

911. Mandato das Comissões. Qualquer comissão especial, criada para qualquer finalidade, deixará de existir na Assembleia Geral seguinte, a menos que seja especificado o contrário. (2017)

912. Trabalhos da Assembleia Geral.
(Extracto das Regras de Ordem da Assembleia Geral de 2017)

RESOLUÇÕES E PETIÇÕES

Regra 14. Apresentação de Resoluções à Assembleia Geral. As assembleias distritais, uma comissão autorizada pela assembleia distrital, os conselhos regionais, a Junta Geral ou qualquer dos seus departamentos reconhecidos, as juntas ou comissões oficiais da igreja geral, a Convenção Global de MNI, a Convenção Global da JNI, ou cinco ou mais membros da Assembleia Geral podem apresentar resoluções e petições para deliberação da Assembleia Geral, de acordo com as seguintes regras:

a. As resoluções e petições serão impressas ou dactilografadas, no formulário oficial fornecido pelo secretário geral.

b. Cada resolução ou petição apresentada incluirá o assunto e o nome dos delegados ou do grupo que faz a apresentação.

c. Todas as resoluções que exijam uma actividade que envolva despesas, deve incluir uma estimativa dos custos para completar a actividade.

d. As propostas de alteração no Manual da igreja serão apresentadas por escrito e indicarão o parágrafo e a secção do Manual a serem afectados, e o texto das alterações a serem adoptadas.

e. Devem ser apresentadas ao secretário geral até 1 de Dezembro anterior à reunião da assembleia, para serem

numeradas e enviadas ao Comité de Referência para consulta de acordo com a Regra 24 e o parágrafo 305.1 do Manual.
   f. Quaisquer resoluções sobre itens não relacionados com o Manual devem indicar o nome da entidade que tem a responsabilidade de legislar sobre o assunto.
   Regra 15. Resoluções e Petições para Consulta Posterior. Resoluções, petições ou qualquer outro assunto podem ser apresentados ao secretário geral para encaminhamento para a comissão legislativa até 1 de Junho. Resoluções que procedam das convenções globais, que se reúnam no período imediatamente anterior à Assembleia Geral, serão preparadas para reflexão.
   Regra 16. Mudanças no Manual. Resoluções adoptadas pela Assembleia Geral serão entregues à Comissão Editorial do Manual para serem conciliadas com outras disposições do Manual.
   913. Marcos e Lugares Históricos. As Assembleias distritais e regionais podem designar lugares de significado histórico, dentro de seus limites, como Lugares Históricos. Depois de um lugar atingir significado histórico, devem decorrer pelo menos 50 anos antes de ser reconhecido como Lugar Histórico.
   Um Lugar Histórico não tem de ter edifícios inéditos ou estruturas em ruínas para que seja assim designado. O secretário da assembleia comunicará ao secretário geral os Lugares Históricos recém-designados, relatando a deliberação tomada, informação sobre o lugar, e o significado do mesmo.
   As Assembleias distritais e regionais podem pedir à Assembleia Geral que designe lugares com significado para a denominação inteira como Marcos Históricos. As escolhas para esta categoria restringem-se a Lugares Históricos que foram assim previamente designados. Os superintendentes gerais ou uma comissão nomeada com o propósito de examinar essas escolhas devem concordar com uma nomeação, antes dela ser sujeita à ponderação da Assembleia Geral.
   O secretário geral guardará um registo dos Marcos e Lugares Históricos e oportunamente fará o anúncio dos mesmos (parágrafo 327.2). (2009)

IV. ASSUNTOS MORAIS E SOCIAIS CONTEMPORÂNEOS

914. Doação de Órgãos. A Igreja do Nazareno exorta os seus membros, que não têm objecções pessoais, a encorajarem doadores e receptores de órgãos anatómicos através de testamentos e doações.

Mais ainda, apelamos que se faça uma distribuição moral e eticamente justa dos órgãos pelos habilitados para os receber. (2013)

915. Discriminação. A Igreja do Nazareno reitera a sua posição histórica de compaixão cristã por pessoas de todas as raças. Cremos que Deus é o Criador de todas as pessoas, e que de um sangue todas foram criadas.

Cremos que cada indivíduo, independentemente da raça, cor, género ou crença, deve ter os mesmos direitos perante a lei, incluindo o direito de votar, igual acesso a oportunidades de educação, a todas as instalações públicas e, de acordo com a sua capacidade, igual oportunidade de ganhar a vida, livre de qualquer discriminação profissional ou económica.

Exortamos as nossas igrejas em toda a parte, que continuem e incrementem programas de educação para promover concórdia e compreensão racial. Cremos também que a admoestação bíblica de Hebreus 12:14 deve guiar a conduta do nosso povo. Exortamos todos os membros da Igreja do Nazareno a examinarem humildemente as suas atitudes e comportamentos para com os outros, como primeiro passo para alcançar o alvo cristão de participação plena de todos na vida da igreja e na toda a comunidade.

Reiteramos a nossa crença que a santidade de coração e de vida é a base para uma vida recta. Cremos que o amor cristão entre grupos raciais ou sexos diferentes existirá quando os corações dos seres humanos forem transformados através de completa submissão a Jesus Cristo, e que a essência do verdadeiro Cristianismo consiste em amar a Deus de todo o coração, alma, mente e forças, e ao próximo como a si mesmo.

Assim, repudiamos qualquer forma de indiferença étnica, exclusão, subjugação, ou opressão como um grave pecado contra Deus e o nosso próximo. Deploramos o legado de todas as formas de racismo em todo o mundo, e procuramos enfrentar essa herança através do arrependimento, reconciliação e justiça bíblica. Procuramos o arrependimento de todo comportamento em que tenhamos sido aberta ou secretamente cúmplices com o pecado do racismo, no passado ou no presente; e em confissão e pranto procuramos o perdão e a reconciliação.

Mais ainda, reconhecemos que não há reconciliação sem o esforço humano de se opor e ultrapassar todo o preconceito pessoal, institucional e estrutural, responsável pela opressão e humilhação racial e étnica. Pedimos que os nazarenos em toda a parte identifiquem e procurem abolir atitudes e organizações preconceituosas, proporcionando ocasiões para a busca de perdão e reconciliação, tomando decisões de modo a fortalecer os que tiverem sido marginalizados. (2017)

916. Abuso de Desprotegidos. A Igreja do Nazareno abomina o abuso de qualquer pessoa, seja de que idade ou sexo for, e apela para um aumento da consciência pública garantindo uma informação educativa adequada, através das suas publicações,

A Igreja do Nazareno reafirma a sua orientação histórica, de que todos quantos agem sob a autoridade da igreja estão impedidos de má conduta sexual e outras formas de abuso do desprotegido. Quando a Igreja do Nazareno coloca pessoas em posição de confiança ou autoridade, presume que a conduta passada dessas pessoas é, geralmente, uma indicação segura de uma possível conduta futura. A Igreja recusará posições de autoridade a pessoas, que anteriormente usaram uma posição de confiança ou de autoridade para se entregarem a má conduta sexual ou abuso do desprotegido, a menos que sejam dados passos apropriados para prevenir um mau comportamento futuro. Expressões de remorso por parte de uma pessoa culpada, não serão consideradas suficientes para anular a presunção de que é provável que venha a ocorrer má conduta no futuro, a não ser que essas expressões sejam acompanhadas de mudança de conduta observável por espaço de tempo suficiente, de modo a indicar ser improvável uma repetição da má conduta. (2009)

917. Responsabilidade para com o Pobre. A Igreja do Nazareno acredita que Jesus ordenou aos Seus discípulos que tivessem um relacionamento especial com os pobres deste mundo; primeiro, que a Igreja de Cristo deveria manter-se simples e livre de ênfase na riqueza e extravagância e, em segundo lugar, cuidar, alimentar, vestir e abrigar os indigentes. Por toda a Bíblia e na vida e exemplo de Jesus, Deus identifica-se com e auxilia os oprimidos e aqueles que na sociedade não têm voz. Da mesma maneira, também nós somos chamados a identificar-nos e a sermos solidários com os menos favorecidos, e não simplesmente a oferecer-lhes boa vontade a partir de posições de conforto. Entendemos que o ministério de compaixão inclui actos de amor cristão, bem como um esforço para proporcionar oportunidades, igualdade, e justiça aos desfavorecidos. Cremos ainda que a responsabilidade cristã para com os pobres é um aspecto essencial na vida de cada crente na procura de uma fé que opera através do amor.

Finalmente, entendemos que a santidade cristã é inseparável do ministério aos indigentes, pois que ela constrange o cristão para além de sua própria perfeição individual, conduzindo-o à criação de uma sociedade e mundo mais justos e imparciais. A santidade, ao invés de distanciar os crentes das enormes necessidades económicas das pessoas no nosso mundo, motiva-nos a oferecer os nossos recursos para as aliviar e a ajustar os nossos desejos de acordo com as necessidades dos outros. (2013)

Êxodo 23:11; Deuteronómio 15:7; Salmos 41:1; 82:3; Provérbios 19:17; 21:13; 22:9; Jeremias 22:16; Mateus 19:21; Lucas 12:33; Actos 20:35; 2 Coríntios 9:6; Gálatas 2:10

918. Linguagem Inclusiva de Género. A Igreja do Nazareno afirma e encoraja o uso de linguagem inclusiva de género no que se refere a pessoas. As publicações, incluindo o Manual e a linguagem pública, devem reflectir este compromisso com a igualdade de géneros conforme definido no parágrafo 501. As mudanças de linguagem não se aplicam a qualquer citação das Escrituras ou referências a Deus. (2009)

919. A Igreja e a Liberdade Humana. Tendo a preocupação de que a nossa grande herança cristã seja compreendida e salvaguardada, lembramos o nosso povo de que, tanto a nossa liberdade política como religiosa baseiam-se nos conceitos bíblicos da dignidade da humanidade como criação de Deus e da santidade da consciência individual. Exortamos o nosso povo a participar em actividades apropriadas para apoiar estes conceitos bíblicos e a estar sempre vigilante em relação às ameaças a esta preciosa liberdade.

Estas liberdades estão em constante perigo, por isso recomendamos com insistência a eleição, para cargos públicos em todos os níveis do governo, de pessoas que creiam nesses princípios e que respondam somente a Deus e perante o eleitorado que as elegeu para desempenhar um cargo público de confiança. Mais ainda, resistimos a qualquer violação destes princípios por grupos religiosos que procurem favores especiais. Estamos solidários com os nossos irmãos e irmãs a quem tenha sido recusada tal liberdade, por restrições políticas ou sociais.

Cremos que a Igreja tem um papel profético e de constantemente relembrar as pessoas que "a justiça exalta as nações" (Provérbios 14:34). (2017)

920. Afirmação e Declaração da Liberdade Humana. Enquanto nazarenos abraçamos a chamada divina para uma vida de santidade, de integridade, e de restauração, em que todas as coisas e pessoas são reconciliadas com Deus. Como resposta, o Espiríto Santo liberta o marginalizado, o oprimido, o alquebrado e o ferido, corrige injustiças e faz cessar influências egoístas causadas pelo pecado, até que todas as coisas sejam restauradas no reino de Deus.

De acordo com a nossa herança e carácter wesleyanos e de santidade, confrontamos o flagelo contemporâneo da escravatura moderna, trabalho ilegal ou forçado, e tráfico de seres e corpos humanos.

E, segundo estas afirmações,

Resolvemos que os membros e as congregações da Igreja do Nazareno Internacional devem:

1. Como um povo de santidade, na busca de justiça, reconhecer que somos chamados ao arrependimento de quaisquer injustiças no nosso passado, corrigir a nossa justiça actual e criar um futuro justo;

2. Responsabilizar os que oprimem outros;
3. Empenhar-se num cuidado compassivo para com os que são envolvidos no trabalho ilegal ou forçado, recolha de órgãos, e escravatura sexual (bem como outra qualquer opressão emergente, mesmo que não seja do nosso conhecimento).
4. Escutar activamente e ampliar o grito dos oprimidos.
5. Denunciar as injustiças e trabalhar humildemente contra as suas causas.
6. Agir solidariamente com a nossa irmã ou irmão contra qualquer obrigação para que sigamos juntos rumo à liberdade; e
7. Caminhar lado a lado com os que são vulneráveis, através de boas práticas que tragam redenção, restauração, cura, e liberdade (1 João 3:8).

Edificados na nossa herança weslyana de santidade cristã e chamada à santidade, fazemos as seguintes declarações:
1. Afirmamos que a busca da justiça, reconciliação, e liberdade está no centro da santidade de Deus sendo reflectida nas pessoas. Comprometemo-nos, a nós próprios e aos recursos da igreja, a trabalhar para a abolição de todas as formas de escravatura moderna, tráfico, opressão e a participar nas redes intencionais, conversações, e acções que providenciam alternativas de esperança.
2. Afirmamos que as igrejas devem responder ao impulso do amor santo de Deus trabalhando para que o reino de Deus seja cada vez mais visível. Somos chamados a ser testemunhas fieis no pensamento, palavra e obra, do Deus santo que ouve o clamor dos que são oprimidos, aprisionados, traficados e abusados por pessoas e sistemas económicos, políticos, orgulho e maldade. Deus nos chama para respondermos em humildade com compaixão e justiça.
3. Afirmamos que agir justamente envolve um cuidado compassivo por todos nas nossas imediações, sendo também capaz de alertar sobre a injustiça e denunciar os poderes que a provocam. A acção justa e o amor misericordioso muitas vezes têm colocado o povo de Deus em conflito com os poderes e principados dos nossos dias. A justiça de Deus nos impele para além do tratamento igual, da tolerância às diferenças de outrem, ou simplesmente revertendo o papel do oprimido e do opressor. Através do exemplo de Jesus, somos chamados para uma rectidão através da qual desejamos desistir de nós próprios a favor do outro.
4. Afirmamos que a rectidão cristã requer, como passos necessários, um compromisso profundo com a confissão pessoal e colectiva, arrependimento e perdão.
5. Afirmamos que devemos defender práticas justas e de esperança em todas as áreas da vida. Reflectindo a esperança

compassiva de Cristo e o amor por todas as pessoas, identificamo-nos com as condições que trazem circunstâncias desumanizantes. Falaremos por todos os que não são ouvidos e caminharemos lado a lado com o vulnerável, oferecendo práticas que trazem redenção, restauração, cura e liberdade.
6. Afirmamos que somos chamados a nos tornarmos um povo que encarna uma alternativa de esperança à opressão e injustiça. Somos também chamados a reflectir o Deus santo em vidas santas, trazendo justiça como estímulo e prática para as pessoas, circunstâncias, sistemas, e nações. Embora não possamos acabar com todo o sofrimento, como corpo de Cristo somos obrigados a trazer a santidade de Deus sob a forma de cura à iniciativa redentora de restaurar todas as coisas.
7. Afirmamos que, como uma rede colaboradores, devemos pensar profundamente, trabalhar holisticamente, e empenhar-nos local e globalmente. Decisões complexas impulsionam a escravatura moderna; assim sendo, devem ser encontradas múltiplas soluções.

Essas devem partir da essência do que somos na comunidade cristã, fluindo naturalmente para o que fazemos.

Assim prometemos:
1. Trabalhar separadamente e em conjunto, como indivíduos e como instituições, consistentes com a nossa identidade wesleyana e de santidade, servir com compaixão e profeticamente desafiar sistemas opressivos;
2. Apoiar, encorajar, prover recursos, planificar e envolver-se a um tempo em acção eficaz, sábia e sustentável.
3. Trabalhar como uma comunidade de adoração, com Cristo no centro, imbuídos com o poder do Espírito como um movimento de esperança.
4. Pensar profundamente, orar com expectativa, e agir com coragem.

Para isso vivemos e trabalhamos até que o reino de Deus venha "na terra como é no céu." (2017)

921. O Valor da Criança e do Jovem. A Bíblia ordena a cada crente: "Abre a tua boca a favor do mudo, pelo direito de todos os que se acham em desolação" (Provérbios 31:8). A Shema (Deuteronómio 6:4-7; 11:19) admoesta-nos a comunicar a graça de Deus aos nossos filhos. Salmos 78:4 declara: "Não os encobriremos aos seus filhos, mostrando à geração futura os louvores do Senhor, assim como a sua força e as maravilhas que fez." Jesus afirma isto em Lucas 18:16: "Deixai vir a mim os pequeninos e não os impeçais, porque dos tais é o Reino de Deus."

Em resposta a esta perspectiva bíblica, a Igreja do Nazareno reconhece que as crianças são importantes para Deus e uma prioridade no Seu reino. Cremos que Deus nos ordena a cuidar de todas as crianças – amar, nutrir, proteger, apoiar, guiar e defender. É o plano de Deus que encaminhemos as crianças para uma vida de salvação e crescimento na graça. Salvação, santidade e discipulado são possíveis e imperativos na vida de uma criança. Reconhecemos que as crianças não são um meio para atingir um fim, mas participantes plenos no Corpo de Cristo. As crianças são discípulos em treinamento, não são discípulos em "potencial."

Então, o ministério holístico e transformacional para as crianças e suas famílias em cada igreja local, será uma prioridade que se evidencia por:
- preparar ministérios eficazes e de capacitação para a criança como um todo – física, mental, emocional, social e espiritualmente;
- articular posições cristãs sobre assuntos actuais de justiça social que afectam as crianças;
- ligar as crianças ao coração da missão e ministério da comunidade da fé;
- discipular as crianças e treinando-as a discipular outros;
- equipar os pais para nutrirem a formação espiritual dos seus filhos.

Uma vez que as instituições de educação da igreja (escolas bíblicas, faculdades, universidades e seminários) preparam os alunos para a liderança, exercem um papel crucial cumprindo a visão e a missão de comunicar o valor da criança. Eles unem-se às igrejas locais e famílias tomando a responsabilidade de preparar membros do clero e leigos, de levantar a próxima geração de crianças e jovens para serem bíblica e teologicamente instruídos, a fim de enfrentarem os desafios conhecidos e desconhecidos de evangelizar, discipular e transformar sociedades.

A Igreja do Nazareno antevê uma comunidade de fé intergeracional em que as crianças e os jovens são amados e valorizados, onde são ministrados e integrados na família da Igrejá, através de uma ampla variedade de meios e métodos e onde têm oportunidade para ministrar a outros, de forma coerente com a sua idade, desenvolvimento, capacidades e dons espirituais. (2009)

922. Guerra e Serviço Militar. A Igreja do Nazareno acredita que a paz é a condição ideal do mundo e que se torna obrigação da Igreja Cristã usar a sua influência para encontrar meios que permitam às nações da terra viver em paz e devotar todos os seus recursos à propagação da mensagem da paz. Contudo, reconhecemos que vivemos num mundo em que forças e filosofias do mal estão activamente em conflito com estes ideais cristãos, e que podem surgir emergências internacionais que levem uma nação a recorrer à guerra para defender os seus ideais, liberdade e existência.

Conquanto esteja assim empenhada na causa da paz, a Igreja do Nazareno reconhece que a lealdade suprema do cristão é devida a Deus; portanto, a igreja não se empenha em vincular a consciência dos seus membros à participação no serviço militar em caso de guerra, embora creia que o cristão, individualmente, na qualidade de cidadão, deve servir a sua nação por todos os meios compatíveis com a fé cristã e com o modo de vida cristã.

Também reconhecemos que, como consequência do ensino cristão e do anelo cristão pela paz na terra, há entre os nossos membros indivíduos que têm objecções de consciência quanto a certas formas de serviço militar. Portanto, a Igreja do Nazareno reclama para esses seus membros as mesmas isenções e benefícios, quanto ao serviço militar, concedidos a membros de organizações religiosas reconhecidamente anti-bélicas.

A Igreja do Nazareno, através do seu secretário geral, fará um registo em que essas pessoas, que provem ser membros da Igreja do Nazareno, possam declarar as suas convicções como objectores de consciência. (2017)

923. Criação. A Igreja do Nazareno acredita no relato bíblico da criação ("No princípio criou Deus os céus e a terra.. "—Génesis 1:1). Estamos abertos a explicações científicas sobre a natureza da criação, conquanto nos oponhamos a qualquer interpretação da origem do universo e da humanidade que rejeite Deus como Criador (Hebreus 11:3). (parágrafos 1, 5.1, 7) (2017)

924. Cuidado com a Criação. Com profundo apreço pela criação de Deus, cremos que devemos esforçar-nos por mostrar qualidades de mordomia que ajudarão a preservar a Sua obra. Reconhecendo que nos foi dada a co-responsabilidade de manter a integridade do nosso meio ambiente, aceitamos as responsabilidades individuais e colectivas em fazê-lo. (2009)

Génesis 2:15, Salmos 8:3-9; 19:1-4; 148

925. Evidência do Baptismo com o Espírito Santo. A Igreja do Nazareno crê que o Espírito Santo testifica do novo nascimento e da subsequente obra da purificação do coração, ou inteira santificação, através do enchimento do Espírito Santo.

Afirmamos que a única evidência da inteira santificação, ou do enchimento do Espírito Santo, é a purificação do coração do pecado original, pela fé, como se afirma em Actos 15:8-9: "E Deus, que conhece os corações, lhes deu testemunho, dando-lhes o Espírito Santo, assim como também a nós; 9 e não fez diferença alguma entre eles e nós, purificando o seu coração pela fé." E esta purificação manifesta-se pelos frutos do Espírito numa vida santa. "Mas o fruto do Espírito é: amor, gozo, paz, longanimidade, benignidade, bondade, fé, mansidão, temperança. 23 Contra essas coisas não há lei. 24 E os que são de Cristo crucificaram a carne com as suas paixões e concupiscências." (Gálatas 5:22-24).

Afirmar que qualquer alegada evidência física ou especial, ou "orar em línguas" constitui evidência do baptismo com o Espírito, é contrária à posição bíblica e histórica da igreja. (2009)

926. Pornografia. A pornografia é um mal que está a minar a moral da sociedade. Materiais impressos e visuais que degradam a dignidade do ser humano e são contrários à perspectiva bíblica da santidade do matrimónio e da natureza saudável do sexo, devem ser repudiados.

Cremos que somos criados à imagem de Deus, e que a pornografia degrada, explora e abusa de homens, mulheres e crianças. A indústria pornográfica tem por motivação a ganância, é inimiga da vida familiar, tem levado a crimes de violência, envenena as mentes e degrada o corpo.

Para honrarmos Deus como Criador e Redentor, exortamos à oposição activa à pornografia, através de qualquer meio legítimo e apoiamos todos os esforços positivos visando alcançar para Cristo aqueles que estão envolvidos neste mal. (2009)

927. Modéstia Cristã no Vestuário. Reconhecendo o aumento da tendência da moda para a imodéstia no vestir em lugares públicos, trazemos à memória do nosso povo o nosso conceito cristão de modéstia, como uma expressão de santidade e exortamos que a modéstia cristã seja sempre exercida em lugares públicos. (2017)

928. Bem Estar. A bíblia apela todos os crentes a que tenham uma vida de equilíbrio, saúde e plenitude através do poder transformador do Espírito Santo. Glutonaria é a prática de comer em demasia em detrimento do corpo, comunidade e vida espiritual. Embora a obesidade possa surgir devido a questões genéticas ou limitações culturais ou físicas a glutonaria, por outro lado, reflecte um estilo de vida que devora a boa criação de Deus: alimentos, recursos e relacionamentos que prejudicam tanto pessoas como a comunidade. A prática da mordomia cristã exorta-nos a procurar manter a saúde e a boa forma dos nossos corpos como o templo do Espírito Santo, assim como viver vidas moderadas com todos os recursos e relacionamentos dados por Deus. (2009)

Provérbios 23:19-21; Mateus 11:19; 23:25; 1 Coríntios 9:27; Gálatas 5:23; Filipenses 3:19; Tito 1:8; 2:12; Hebreus 12:16; 2 Pedro 1:6

929. Abuso de Estupefacientes. A Igreja do Nazareno continua tendo forte objecção ao uso de estupefacientes, considerando-os um mal social. Exortamos os membros da igreja a exercerem um papel activo e altamente visível, bem como a participarem na educação e reabilitação relativas ao abuso de estupefacientes e à incompatibilidade desse uso com a experiência cristã e uma vida santa. (2013)

930. Uso Social de Bebidas Alcoólicas. A Igreja do Nazareno denuncia publicamente a prática do consumo de bebidas alcoólicas em reuniões sociais. Exortamos agências e organizações cívicas, de trabalho, de negócios, profissionais, sociais, voluntárias e privadas a cooperarem na não socialização das bebidas alcoólicas, rejeitando a publicidade e a promoção nos media da aceitação social da "cultura do álcool". (2013)

931. Tabaco, Seu Uso e Publicidade. A Igreja do Nazareno exorta o seu povo a pronunciar-se contra o uso do tabaco, tanto como um risco para a saúde como um mal social. A nossa posição histórica firma-se na Palavra de Deus, onde somos admoestados a manter os nossos corpos como templos do Espírito Santo (1 Coríntios 3:16-17; 6:19-20).

A nossa posição contra o uso do tabaco em todas as suas formas é fortemente apoiada por evidência médica, documentada por numerosas agências sociais, governamentais e de saúde à volta do mundo. Estas agências têm provado que é um grande risco para a saúde, e conclusivamente demonstrado que o seu uso pode produzir modificações sérias e permanentes na fisiologia normal do corpo.

Reconhecemos que os nossos jovens são grandemente influenciados pelos milhões gastos na publicidade do tabaco e do mal semelhante que é a bebida alcoólica. Apoiamos a interdição de toda a publicidade do tabaco e das bebidas alcoólicas em revistas, cartazes, rádio, televisão e outros meios de comunicação. (2013)

932. VIH/Sida (Vírus de Imunodeficiência Humana/Síndrome de Imunodeficiência Adquirida). Desde 1981, o nosso mundo tem sido confrontado com a mais devastadora doença, conhecida como VIH/Sida. Perante a profunda necessidade dos que sofrem de VIH/Sida, a compaixão cristã motiva-nos a que sejamos correctamente informados acerca de VIH/Sida. Cristo desejaria que encontrássemos um meio de comunicar o Seu amor e cuidado aos que assim sofrem em todo e qualquer país do mundo. (2013)

933. Uso da Media Social. Primeiro e acima de tudo, o conteúdo que partilhamos deve ser respeitável. Como em todos relacionamentos interpessoais, cremos que o conteúdo da nossa media social deve ser uma reflexão do coração santificado pelo qual lutamos. O clero e os leigos devem estar conscientes de como as suas actividades na media social afectam a imagem de Cristo e Sua igreja e têm impacto na sua missão dentro das suas comunidades. As nossas actividades devem ser afirmadoras e provedoras da vida e devem procurar levantar todas as pessoas. (2017)

(Provérbios 15:4, 15:28; Eclesiastes 5:2-4; Mateus 15:11; Gálatas 5:13-15; Efésios 4:29; Colossesses 4:62; 2 Timóteo 2:16; Tiago 3:1-13)

APÊNDICE

ÍNDICE ESPECIAL DE REVISÕES

Este índice contém alterações autorizadas pela Assembleia Geral de 2013. As alterações estão por ordem numérica.

Constituição

14	Cura Divina
21.1	Ser Cortês e Procurar fazer o Bem
21.2	Evitar Imoralidade Sexual
22.1	Estrutura Denominacional
24	Limites da Assembleia Distrital
26	Emendas à Constituição
27	Emendas dos Artigos de Fé

O Pacto de Conduta Cristã

29.1	Divertimentos
30.2	Solenização de Matrimónios
34	Oficiais da Igreja

Governo Local

100.1	Missão tipo-igreja
104	Restrições da Propriedade da Igreja
106	Declaração de uma Igreja Inactiva
106.2-106.3	Propriedade de uma Igreja Inactiva
107.1	Processo de Membresia da Igreja
108-108.1	Membresia Associada (Esta mudança em inglês não afectou a versão do Manual em português)
113.11	Eleição de Oficiais da Igreja
113.15	Delegados de uma Missão tipo-igreja à Assembleia Distrital
115	Chamada de um Pastor
115.4	Acção Civil Relacionada com a Remuneração de um Pastor
121	Co-Pastores
122.1	Processo para Resolução de Conflitos na Igreja
125.1-125.2	Igreja em Crise
127	Qualificações para Membresia na Junta da Igreja
129.2	Processo para a Chamada de um Pastor
129.10	Licença Sabática do Pastor
129.19	Secretário(a) da Junta da Igreja
129.20	Tesoureiro da Junta da Igreja
145	Qualificações para Membresia na Junta dos MEDDI
146	Qualificações para a Superintendência dos MEDDI
160.5	Processo de Transição para Auxiliares da Igreja

Governo Distrital

200	Definição do nome e dos Limites do Distrito
200.3	Critérios para Divisão ou Alteração de Limites do Distrito
201-201.2	Delegados à Assembleia Distrital representando missões tipo-igreja
203.24	Sistema de Membros Associados
208.3	Activos de uma Igreja local em Crise
208.4	Processo para a Declaração de uma igreja que está fora da Crise
214	Restrições para Gerir Finanças Distritais

222.9	Licença Sabática do Superintendente Distrital
222.11	Processo de Licença Distrital para Pastores
222.13	Centros de Ministérios de Compaixão
226	Composição da Junta de Credenciais Ministeriais
236	Conselho Consultivo Distrital
238.10	Deveres da Junta Distrital de MEDDI
239.3	Deveres do Presidente da Junta Distrital de MEDDI
243.1	Dissolução de um Distrito

Governo Geral

301	Membresia da Assembleia Geral
301.1	Representantes dos Distritos de Fase 3 à Assembleia Geral
302.1	Sítios Simultâneos para a Assembleia Geral
305.3	Especificações para o cargo honorífico de Superintendente Geral Emérito(a)
305.4	Especificações para a aposentação de um Superintendente Geral
306	O Papel dos Superintendentes Gerais
307.3-307.5	Deveres dos Superintendentes Gerais;
307.11	Dever dos Superintendentes Gerais
307.15	Vaga no ofício de um Superintendente Geral
314.1	Superintendentes Gerais Eméritos e Aposentados
316	Vaga no ofício de um Superintendente Geral
317.1	Supervisão e Direcção para os Distritos
317.3	Supervisão e Processos com a Junta Geral e seus Comités e Juntas
317.4	Processo de nomeação e eleição para as posições de Secretário Geral e Tesoureiro Geral
323	A Data Efectiva da Revisão do Manual
331	Church of the Nazarene, Inc. e Junta Geral
331.1	Restrições à Elegibilidade para a Membresia da Junta Geral
331.2	O Relacionamento do Secretário Geral com a Church of the Nazarene, Inc. e Junta Geral
331.3	Relacionamento do Tesoureiro Geral com a Church of the Nazarene, Inc. e Junta Geral
332.3	Processo da Representação da Junta Internacional de Educação na Junta Geral
332.4	Processo da Representação da JNI na Junta Geral
332.5	Processo da Representação da MNI na Junta Geral
332.6	Processo da Representação de MEDDI na Junta Geral
335-335.1	O Relacionamento da Junta Geral com a Church of the Nazarene, Inc.
335.12	Processo de Relatórios do Tesoureiro Geral à Junta Geral
335.19	Processo da Eleição de Directores de Departamento para a Church of the Nazarene, Inc.
335.5	Reuniões extraordinárias da Junta Geral
336	Restrições etárias para a Aposentação de Oficiais e Directores da Church of the Nazarene, Inc.
337	Planos de Aposentação
338	Composição da Junta da Nazarene Publishing House

APÊNDICE 265

344	Juntas Nacionais
345.3	Deveres do Conselho Consultivo Regional

Educação Superior

401	O Consórcio Global de Educação Nazarena

Ministério e Serviço Cristão

501	Teologia da Mulher no Ministério
502.3	Qualificações de um Ministro do Evangelho
513	Definição de um Pastor que foi chamado para uma Igreja
514.10	Solenização de Matrimónios
527.6	Requisitos de Formação Continua
530.1-530.2	Qualificações para obtenção de Licença Ministerial Distrital
530.5	Concessão ou Renovação da Licença Ministerial Distrital de um(a) Pastor(a)
536.1	Processo de Aprovação para Ministros que servem em Ministérios fora da Denominação
536.8	Requisitos para Membresia da Igreja para Presbíteros e Diáconos
536.10	Processo de Aprovação para Ministros que servem em Ministérios fora da Denominação
536.11	Processo de Aprovação para Ministros que servem em Ministérios fora da Denominação
536.14	Confidencialidade de um um(a) Ministro(a)
536.16	Solenização de Matrimónios
538.2	Processo para a devolução de uma credencial que tenha sido Arquivada
538.4	Processo de Restauração de uma credencial que tenha sido Entregada ou Removida

Administração Judicial

601.2	Resposta a Possível Má-Conduta de uma Pessoa em posição de Autoridade
605.1	Disciplina Contestada de um Membro do Clero
605.3	Disciplina Contestada de um Membro do Clero
614	Composição e quórum do Tribunal Regional de Apelações

Ritual

801	Recepção de Membros da Igreja

Apêndice

902.7	Apresentação de Resoluções à Assembleia Geral
903.14	Abuso de Estupefacientes
903.16	Uso e publicidade de Tabaco

ÍNDICE DE PARÁGRAFOS VAGOS

25, 37-99, 126, 161-199, 244-299, 308-313, 346-399, 404-499, 539-599, 616-699, 700-799, 808-809, 816-899, 904-999

ÍNDICE

aborto 30.1-2
abstinência total 29.5
abuso de desprotegidos 916
abuso de estupefacientes ... 29.5-29.6, 929
acusação de membro da igreja
.... 516,8, 538, 605
acusação de ministro(a) licenciado(a) ou
ordenado(a) 211.19, 225.3, 601,
606-606.4
administração judicial, leigo(a), apelação
.... 25.8, 605.1
administração judicial, leigo(a), comissão
de investigação 516.8, 605
administração judicial, leigo(a),
disciplina 605-605.3
administração judicial, leigo(a), garantia
de direitos 616-616.7
administração judicial, leigo(a),
julgamento 25.8, 819
administração judicial, leigo(a),
procedimento 515.8, 602-604.2,
605-605.3
administração judicial, ministro(a),
apelação 25.8, 607, 608-608.2, 610
administração judicial, ministro(a),
credenciais, (arquivadas, removidas,
renunciadas, entregues) 326.5,
539-539.10
administração judicial, ministro(a),
disciplina 539.7, 606-610
administração judicial, ministro(a),
garantia de direitos 616-616.7
administração judicial, ministro(a),
julgamento 25.8, 225.4, 606.5, 616.1,
819
administração judicial, ministro(a),
procedimento 606-610, 616-616.7
adopção por Deus, artigo de fé 9.2-9.3
adoração 11, 21.1, 400, 529.3, 532.2,
539.9, 540.4, 920
adultério 21.2, 31
álcool 29.5, 930
alojamentos, ver *ordens secretas de
juramento obrigatório*
ano administrativo da igreja 114
ano de assembleia 114
ano eclesiástico 114

ano eclesiástico, ano estatístico 114.1
Antigo Testamento, ver *Escrituras*
anuidades 906
apelação de ministros 607, 608-608.2
apelações, ver *Tribunal distrital de
Apelações; Tribunal Geral de Apelações;
Tribunal Regional de Apelações*
apelo da igreja local 103.1, 118
apelo dos membros da igreja 605.1
apêndice 900-933
apostatar 7
arranjos pastorais 118, 218.1
ver também *pastor(a), chamada por parte
da igreja*
arrependimento do(a) ministro(a) .. 606.5
arrependimento, artigo de fé 8
artigos de fé 1-16.2
artigos de fé, emendas 26-27
artigos de incorporação para uma igreja
local 102.4
artigos de organização e governo . 22-25.8
assembleia distrital, acta 207-207.6
assembleia distrital, ano eclesiástico ... 114
assembleia distrital, ano estatístico .. 114.1
assembleia distrital, comissões,
credenciais, licenças e transferências
.... 127, 129.13-129.15, 205.3-205.10,
assembleia distrital, efectua outras tarefas
.... 205.29
assembleia distrital, elege oficiais, juntas,
comissões 205.11-205.23
assembleia distrital, incorporação da junta
consultiva 206, 225.6-225.7
assembleia distrital, limites e nome ... 200
assembleia distrital, membros
.... 25, 113.14-113.15, 201-201.2
assembleia distrital, ouve relatórios
.... 205.2, 205.3
assembleia distrital, propriedade da igreja
.... 106.2-106.3
assembleia distrital, registo dos
acontecimentos 207-207.6
assembleia distrital, representação
.... 25, 201-201.2
assembleia distrital, reunião 202

APÊNDICE

assembleia distrital, reuniões anuais .. 202

Assembleia Geral, actas 326.8

Assembleia Geral, delegados ou membros
.... 25-25.2, 205.23, 301-301.5,

Assembleia Geral, deveres e poderes
.... 25.8, 305-305.8

Assembleia Geral, deveres e poderes, afastamento de igrejas locais 104.4

Assembleia Geral, deveres e poderes, determina os poderes e deveres da assembleia distrital 24

Assembleia Geral, deveres e poderes, limites distritais 24, 200

Assembleia Geral, deveres e poderes, programa da Assembleia Geral 304.2

Assembleia Geral, elege a Junta Geral
.... 305.6, 332.1-333.4

Assembleia Geral, elege o Tribunal Geral de Apelações 305.7, 609

Assembleia Geral, elege oficiais 300.2

Assembleia Geral, elege oficiais presidentes 25.5

Assembleia Geral, elege superintendentes gerais 25.4, 305.2, 307.16

Assembleia Geral, elegibilidade
.... 301.4-301.5

Assembleia Geral, limitações de poderes
.... 22.3, 25.8

Assembleia Geral, locais de reunião simultânea 302.1

Assembleia Geral, mudanças constitucionais 26

Assembleia Geral, organização e procedimento 25.3, 25.5-25.6, 300.1-301, 307.3, 326.1, 328

Assembleia Geral, quórum 25.3

Assembleia Geral, recebe assembleia distrital, jornais 205.26, 220.7

Assembleia Geral, regras de ordem
.... 25.6, 328

Assembleia Geral, representação distrital
.... 301.1-301.3

Assembleia Geral, resoluções e petições
.... 305.1, 912

Assembleia Geral, reuniões
.... 302-302.1, 303-303.1

assembleias, ver *assembleia distrital; Assembleia Geral*

assistência regular na igreja 21.1, 109.2, 113.11, 127.1, 128, 135.1, 145-146

assistência regular na igreja local 21.1, 109.2, 113.11, 127.1, 128, 135.1, 145-146

auxiliares distritais remunerados
.... 211.16, 225.18, 245-245.4

auxiliares pastorais
.... 129.27, 159-159.8, 211.13

auxiliares remunerados, aprovação
.... 129.27, 129.28, 211.13

auxiliares remunerados, assegurando
.... 159-159.8

auxiliares remunerados, distrito
.... 211.16, 225.18, 245-245.4

auxiliares remunerados, licença maternidade/paternidade 116

auxiliares remunerados, locais, ver *auxiliares remunerados*

auxiliares remunerados, sabático 129.1

baptismo com o Espírito Santo
.... 5.1, 10, 925

baptismo, administrado por quem
.... 503.9, 515.4, 531.7, 533.2, 534.1

baptismo, artigo de fé 12

baptismo, modos 12

baptismo, rituais 701, 702

bebida embriagante 29.5

bem-estar 928

bens imóveis 102.3-104.2, 135.7, 237.3-237.4, 330.6, 516.11

berço
..... 148, 241.3, 812, Artigo I, secção 1a.

Bíblia, ver *Escrituras; sociedades bíblicas*

brigar 21.2

calúnia 21.2

carta de despedida 112.2, 516.14, 816

carta de transferência
.... 109.1, 111, 516.14, 817-818

carta/certificado de recomendação
.... 111.1, 516.14, 815

casamento e divórcio 31, 340.2

casamento e vida familiar 529.3

casamento, solenização
.... 31, 515.9, 534.1, 538.19

castigo eterno 16.2, 20.4

Ceia do Senhor, ver *Comunhão*

centros de ministério compassivo .. 225.15
centros distritais 225.12, 319
chamada pastoral...................... 115-121.1
Church of the Nazarene, Inc.
........241.10, 246.1, 331, 335-335.1, 338
clero............ 504, 530, 531, 532, 537, 538
clonagem 30.4
clonagem humana 30.4
clonagem humana, ver clonagem 30.4
comissão consultiva 205.13
Comissão Consultiva Internacional
   do Programa de Estudos..... 342, 346.7,
   529.5, 530
comissão da lista de membros da igreja
   .... 110-110.8
Comissão de Acção Cristã 340
comissão de auditoria, distrital
   ....205.25, 215, 225.24
comissão de auditoria, local...........129.23
comissão de educação da igreja local
   ....113.12, 127, 145, 146.4
comissão de evangelismo, ver *igreja local, evangelismo* e *comissão dos membros da igreja*
comissão de membros..................... 107.1,
   108.1,109.2,109.5, 110-110.8, 129.24,
   138.3
Comissão de Missão Global
   .... 317.3, 330.2, 343.3, 344.1-344.2
comissão de nomeações, distrital
   .... 203, 205.23, 215.2, 242
comissão de nomeações, local
   ....113.10, 127.10
Comissão de Preparativos........304-304.2
comissão distrital de auditoria
   ....205.25, 215, 225.24
Comissão dos Interesses do Evangelista
   Chamado por Deus 341
Compaixão cristã.......28.3, 400, 915, 932
computadores 29.1
comunhão........ 18, 19, 21, 21.3, 31, 529.3
comunhão cristã
   ....18, 19, 21, 21.3, 31, 529.3
comunhão, administrada por quem
   .... 503.9, 515.4, 531.7, 532.7, 533.2,
   534.1
comunhão, artigo de fé.........................13
comunhão, elementos......................138.7

comunhão, participantes..............13, 700
comunhão, ritual............................... 700
conduta pessoal, ver *Pacto do Carácter Cristão; Pacto de Conduta Cristã*
confidencialidade 538.17
conselho consultivo distrital..........205.13
conselho consultivo regional **32.5, 200.2, 332.1-332.2, 345, 346.3**
Conselho Geral, tesoureiro(a)..........331.3
conselhos de grupos etários, locais .. 147.1
Consórcio Global da Educação Nazarena
   ....401, 905
constituição da igreja..............................1
constituição da igreja, a igreja.......17-20.8
constituição da igreja, artigos de fé
   ....1-16.2
constituição da igreja, artigos de
   organização e governo 22-25.8
constituição da igreja, emendas...... 26-27
contratos de propriedade, ver *bens imóveis*
contribuições 21.1 (6)
coordenador(a) de estratégia de campo
   .... 346.5
co-pastores............................... 121-121.1
corporação, patrocinada pela igreja 158
corporação, ver *incorporação; Church of the Nazarene, Inc.*
credenciais ministeriais......................538
criação e cuidado da criação 923-924
crise, ver *igreja local em crise*... 126-126.2
cristão/cristã consciencioso(a) ... 28.2-28.4
Cristo, artigo de fé.................................2
Cristo, cabeça da Igreja...................534.1
Cristo, crença em......................7, 9, 20.5
Cristo, encarnação.................................2
Cristo, eterno...2
Cristo, expiação 6, 12, 20.5
Cristo, fé em 12-13, 20.6
Cristo, morte 2, 6, 13
Cristo, nascimento virginal 2
Cristo, ressurreição................................2
Cristo, revelado na Trindade como Filho
   .... 1-2, 20.1
Cristo, sangue..................................6, 10
Cristo, segunda vinda............ 11, 15, 20.8

APÊNDICE

Cristo, sofrimentos 6, 13
culpa 8, 9
culto de instalação 115.3, 707
cura divina, artigo de fé 14
dádiva de órgãos 914
dança 29.4
Declaração de Fé Convencionada
....20-20.8
dedicação de uma igreja local 709
delegado(a), assembleia distrital, direito de eleger 22.3
delegado(a), assembleia distrital, eleição
.... 113.14
delegado(a), assembleia distrital, proporção de representação
.... 201.1-201.2
delegado(a), assembleia distrital, representação de missão tipo-igreja
.... 113.15
delegado(a), Assembleia Geral, base de representação 25, 25.2
delegado(a), Assembleia Geral, elegibilidade perdida 301.4-301.5
delegado(a), Assembleia Geral, eleição
.... 25.1
delegado(a), Assembleia Geral, suplente
.. 25.1, 201, 205.23, 301.2, 301.3, 303.1
delegado(a), convenções distritais, JNI
.... 810.118, 810.219
delegado(a), convenções distritais, MEDDI ...... 812, Artigo VIII, secção 1
delegado(a), convenções distritais, MNI
.... Artigo V, secção 1.c.3, Artigo V, secção 2.c.2.
delegado(a), convenções globais, JNI
.... 810.417
delegado(a), convenções globais, MEDDI
.... 812, Artigo VIII, secção 2.
delegado(a), convenções globais, MNI
.... 81, Artigo VI, secção 4.a.1.
depravação 5,-5.1
desonestidade 21.2
despedida de membro, ver *igreja local, membros*
despesas de mudança pastoral 115.4
destino 20.4
destino, artigo de fé 16, 16.2
Deus amoroso 21.1, 915

Deus Trino, ver Deus, *Trindade*
Deus, acto judicial 9
Deus, Espírito 1-3, 8, 10, 11, 18
Deus, eterno 1
Deus, Filho 2
Deus, julgamento 16.1-16.2
Deus, Pai 2
Deus, soberania 1
Deus, Trindade 1, 2, 3
Deus, unidade 1, 20.1
deveres pastorais, administrativos
.... 516-516.15
deveres pastorais, essenciais 515-515.12
Dia do Senhor 21.2, 340.4
diaconisa 508
diácono, ver *ministro(a), ordenado(a)*
director(a) de ministérios para adultos, distrital 241.1, 241.4, 241.12
director(a) de ministérios para adultos, local 147-147.9, 149.1
director(a) da música 159-159.1, 512
director(a) de Caravanas, distrital ... 241.3
director(a) de Caravanas, local 148
director(a) de ministérios para crianças, distrital 241.1, 241.3
director(a) de ministérios para crianças, local 148-148.2
director(a) distrital de capelania 240
director(a) distrital de Caravana 241.3
director(a) distrital dos ministérios para adultos 241.1, 241.4, 241.12
director(a) distrital dos ministérios para crianças 241.1, 241.3
director(a) regional 200.2, 345, 346.4
directores de área missionária 200.6
directores de grupos etários, locais
.... 147-147.1
directores de zona ou área missionária
.... 200.6
direito de apelo 25.8
disciplina de um membro leigo da igreja
.... 605-605.3, 616.7
disciplina de um(a) ministro(a)
.... 538, 616.1-616.7
discípulo(a), propósito 605
discriminação 915

discriminação racial............................ 915
dissolução do distrito............... 246-246.1
distribuição, distrito 238.1, 238.3
distribuição, igreja local
.... 32.2, 130, 237.4, 516.13
distrito em crise 200.2, 307.9, 322
dívida, ver *finanças, dívida*
divórcio.. 31, 340.2
divórcio, impedimento para licença
.... 532, 532.2
divórcio, ministro(a) 539.13
divórcio, ordenação 320
dízimo 32.1
dízimo à casa do tesouro, ver *dízimo*
doações em vida, planeadas e diferidas
.... 32.4
Domingo, ver *Dia do Senhor*
drogas, ver *abuso de substâncias*
ecónomos, ver *igreja local, ecónomos*
educação cristã, aprovação
...129.18, 151, 159.1, 211.13-211.14, 517
educação cristã, assegurando .. 28.6, 159.1
educação cristã, ministro(a) 511-511.1
educação cristã, ver *MEDDI*
educação religiosa, ver *MEDDI*
educação, ver *ensino superior; escolas nazarenas*
eleição pastoral 115, 123-124
emendas, artigos de fé..................... 26-27
emendas, constituição da igreja 26
emendas, subsidiárias 338
emendas, Tribunal Geral de Apelações
.... 609
emérito(a)/eméritos, ver superintendente geral...
Endereço do Centro de Ministério Global
.... 900
engenharia genética 30.2
ensino superior, Consórcio Global de
Educação Nazarena 401, 905
ensino superior, constituições,
instituições de ensino 403
ensino superior, declaração de missão
educativa....................................... 400.1
ensino superior, estabelecimento de nova
instituição..................................... 400.2

ensino superior, igreja e faculdade/
universidade................................... 400
ensino superior, Junta Internacional de
Educação 402-402.7
ensino superior, lista de instituições
nazarenas de ensino superior 905
ensino superior, representação
institucional na Junta Geral 332.3,
333.2
escola bíblica, ver *ensino superior*
escolas bíblicas de férias................... 145.1
escolas cristãs, ver *escolas nazarenas*
escolas nazarenas (desde a creche ao
ensino secundário)........ 28.6, 151-151.1,
211.14, 225.14
escolas, cuidado das crianças
.... 145.1, 151-151.1, 211.14, 225.14
escolas, ver *escolas nazarenas; ensino superior*
Escrituras..................... 20.2, 29.5, 305.8
Escrituras, artigo de fé............................4
Escrituras, inspiração plena.......... 4, 20.2
Escrituras, Palavra de Deus
.... 21.1, 145.2, 502, 502.6
Espírito Santo, artigo de fé 3
Espírito Santo, baptismo com
.... 5.1, 10, 925
Espírito Santo, convence o mundo do
pecado 3
Espírito Santo, Deus trino..... 1, 2, 3, 20.1
Espírito Santo, direcção do.................. 18
Espírito Santo, regenera........................ 3
Espírito Santo, santifica........................ 3
Espírito Santo, terceira pessoa da
Trindade...3
Espírito Santo, testemunha
.... 9.3, 10, 20.7, 925
estatutos para Escolas Dominicais Locais
.... 146.2, 812
ética de santidade 28.2-28.4
eutanásia...................................... 30, 30.5
evangelista 510-510.7, 814
evangelista de canto
.... 503.2, 527-527.1, 814
evangelista, apoio 129.11
evangelista, local............................. 110.7
evangelista, relatório anual............. 205.3

APÊNDICE

Expiação 6, 12, 20.5
facilitadores da zona 200.6
faculdade teológica, ver *ensino superior*
faculdade, ver *ensino superior*
falso testemunho 21.2
fases do distrito 200.2
finanças 33.5, 906, 907
finanças, apelações financeiras e proibições 155-158
finanças, dívida, igreja local 103-104
finanças, dívida, políticas administrativas 907
finanças, limitações do(a) pastor(a) 518
forma representativa de governo 22
formulários, assembleia distrital, certificados, comissões, licenças e transferências 814
formulários, igreja local, cartas da igreja, licenças, recomendações e certificados 813-818
formulários, termos de acusação, julgamento de leigo(a) 819
formulários, termos de acusação, julgamento do(a) ministro(a) licenciado(a) 819
formulários, termos de acusação, julgamento do(a) ministro(a) ordenado(a) 819
Fundação da Igreja do Nazareno 32.4
fundação, ver *Fundação da Igreja do Nazareno*
governo 19
graça de Deus 7
graça preveniente 7
guerra e serviço militar 922
Guia de Ordenação 529.1
homossexualidade, ver *sexualidade*
Igreja de Deus 17
Igreja do Nazareno 19
igreja geral 17
igreja local, ano 114
igreja local, ano estatístico 114.1
igreja local, artigos de incorporação 102.4
igreja local, assistência 21.1, 109.2, 113.11, 127.1, 128, 135.1, 145-146

igreja local, auxiliares remunerados, aprovação 129.27, 129.28, 211.13
igreja local, auxiliares remunerados, licença maternidade/paternidade 116
igreja local, carta de despedida 112.2, 516.14, 816
igreja local, carta de transferência 109.1, 111, 516.14, 817-818
igreja local, carta/certificado de recomendação 111.1, 516.14, 815
igreja local, comissão de auditoria 129.23
igreja local, comissão de educação 113.12, 127, 145, 146.4
igreja local, comissão de evangelismo e de membros da igreja 110-110.8
igreja local, director(a) de Caravana ... 148
igreja local, director(a) de ministérios para adultos 147-147.9, 149.1
igreja local, director(a) de ministérios para crianças 148-148.2
igreja local, ecónomos, deveres 102, 143-143.2
igreja local, ecónomos, eleição 113.11-113.14, 127, 141-142.1
igreja local, ecónomos, restrições 104.3, 106.2-106.3, 246.1
igreja local, ecónomos, vaga 144
igreja local, edifícios 32.2, 237.3
igreja local, em crise 126-126.2
igreja local, em crise, declarada dentro ou fora da crise 126-126.2
igreja local, em crise, finanças 22.3, 129.20-129.23, 136-136.6
igreja local, em crise, proibição de apelações 156-157
igreja local, em crise, registos 129.23
igreja local, em crise, responsabilidade limitada 115.4
igreja local, finanças, dívida 103-104
igreja local, junta de disciplina 604.1
igreja local, junta, deveres 113.14, 125-125.2, 127-127.1, 128, 129-129.30, 132-132.1, 133, 134, 503.3-503.5, 531-531.5, 539.9
igreja local, junta, presidente 121, 125, 126, 516.15
igreja local, junta, reuniões 128

igreja local, membros.......... 23, 107-109.5

igreja local, membros, candidatos ministeriais..520

igreja local, membros, classe de membros 110.4

igreja local, membros, comissão 107.1, 108.1, 109.2, 109.5, 110-110.8, 129.24, 138.3

igreja local, membros, condições para se tornar membro 20

igreja local, membros, direitos e privilégios............................... 226, 537

igreja local, membros, disciplina ou remoção.. 600

igreja local, membros, em mudança 109.1

igreja local, membros, inactivos 109-109.5, 112.3, 133

igreja local, membros, inactivos 109-109.5, 112.3, 133

igreja local, membros, membros associados 108-108.1. 205.24, 507

igreja local, membros, membros de missões tipo-igreja........................107.2

igreja local, membros, membros de pleno direito........ 19, 107-107.3, 109.5, 110.8, 205.24, 616.5

igreja local, membros, recepção de 107.1, 704

igreja local, membros, recomendação 111.1, 516.14, 815

igreja local, membros, requisitos, responsabilidades e proibições......... 20, 21-21.2, 28-33, 155-156

igreja local, membros, ritual............... 704

igreja local, membros, término 112-112.3, 133, 816

igreja local, membros, transferência 109.1, 817

igreja local, membros, transferência 109.1, 111, 516.14, 817-818

igreja local, membros, votantes 107.3, 113.1-113.2, 115, 125.3, 127.1

igreja local, mudança de nome 101.1

igreja local, nome.......... 101, 102.4, 102.6

igreja local, nome, uso do nome 102.4, 102.6, 158

igreja local, organização e dissolução 23, 100, 107, 211.1, 538.15

igreja local, relacionamento igreja/ pastor(a), resolução de diferenças 122.1

igreja local, relacionamento igreja/ pastor(a), revisão especial pastor(a)/ igreja.....................................125-125.1

igreja local, relacionamento igreja/ pastor(a), revisão regular do relacionamento igreja/pastor(a) 117.1, 121-121.1, 123-124, 129.10

igreja local, relacionamento igreja/ pastor(a), sessão de planeamento 122, 129.4

igreja local, reuniões............... 113-113.15

igreja local, reuniões anuais............ 113.7, ver *reuniões da igreja*

igreja local, reuniões, anúncio e data/hora 113.7, 113.8

igreja local, reuniões, continuação do relacionamento igreja/pastor(a) 123-123.7

igreja local, reuniões, convocação e condução 113.4, 113.8, 115-115.1

igreja local, reuniões, definição 113

igreja local, reuniões, eleições 113-113.15

igreja local, reuniões, especiais 113.4, 113.5, 113.8, 115-115.1, 123-123.7, 139, 144-146, 307.10

igreja local, reuniões, oficiais......... 113.11

igreja local, reuniões, oficiais.. 33, 113.11, 127, 135-136, 145-147, 152.2, 159.9

igreja local, reuniões, preencher vagas 139, 144, 145, 146

igreja local, reuniões, relatórios 113.5-113.6

igreja local, reuniões, transações imobiliárias................ 102.3, 104, 104.2

igreja local, reuniões, votação 107.3, 113-113.1

igreja local, secretário(a) 102.3, 113.6, 113.9, 120.1, 128, 129.19, 135-135.7, 518

igreja local, tesoureiro(a)......... 113.9, 128, 129.20, 135.3,136-136.6

igreja local, uniões..............................105

Igreja, artigo de fé................................11

igrejas...18

impenitência.................... 16.2, 20.4, 704

APÊNDICE

incorporação da igreja geral, ver Church of the Nazarene, Inc. 225.7-225.8

incorporação de uma igreja local 102-102.6

incorporação de uma junta consultiva, ver *junta consultiva, incorporação*

inspiração das Escrituras, ver *Escrituras*

inspiração plena das Escrituras, ver *Escrituras*

instituição do professor, ver *ensino superior*

Instituições Nazarenas de Ensino Superior... 905

instituto teológico, ver *ensino superior*

inteira santificação, ver *santificação*

internet..29.1

Jesus Cristo, ver *Cristo*

JNI, distrital................ 243-243.1, 810.2

JNI, distrital, conselho.. 810.211-810.213

JNI, distrital, convenção 810.219

JNI, distrital, estatutos............243, 810

JNI, distrital, membros...............810.205

JNI, distrital, modelo de plano do ministério 810.200-810.219

JNI, distrital, organização 810.205-810.206

JNI, distrital, pastor(a) de jovens...820.21

JNI, distrital, presidente 201, 205.13, 241, 810.207-810.209

JNI, distrital, reuniões................. 810.217

JNI, estatutos 810

JNI, global..............................343, 810.4

JNI, global, conselho 332.4 343.2-343.5, 810.411-810.414

JNI, global, convenção ....912 (regra 14, 343.1), 810.7, 810.403-810.405, 810.408-810.409, 810.412, 810.417

JNI, global, delegados para 810.209, 810.309, 810.404

JNI, global, estatutos..........................810

JNI, global, fundos........................ 330.2

JNI, global, membros 343, 810.405

JNI, global, modelo de plano do ministério 810.400-810.417

JNI, global, representação na Assembleia Geral...343.5

JNI, local...................... 150-150.1, 810.1

JNI, local, divisões 810.106, 810.110

JNI, local, estatutos............................810

JNI, local, finanças........... 129.21, 129.23

JNI, local, membros....................810.105

JNI, local, nomeações 517, 810.108, 810.112

JNI, local, oficiais.......... 810.107-810.108

JNI, local, organização 150, 810.105-810.106

JNI, local, plano do ministério................. 150.1, 810, a. plano de ministério local

JNI, local, presidente 113.9, 127, 201, 810.107-810.109

JNI, local, reuniões.........810.116-810.118

JNI, regional..................... 810.3-810.305

JNI, regional, conselho.. 810.311-810.313

JNI, regional, membros...............810.305

JNI, regional, nomeações 810.312

JNI, regional, oficiais 810.307

JNI, regional, organização 810.305-810.306

JNI, regional, plano do ministério ...... 810, c. plano do ministério regional

JNI, regional, presidente 810.307-810.309

JNI, regional, reuniões ...810.317-810.319

jogo.. 29.2, 340.1

jornal de uma assembleia distrital 207-207.6

juízo, artigo de fé..............................16.1

juízo, final 16.2, 20.8

juízo, futuro.......................................16.1

julgamento de um membro da igreja, ver *administração judicial, leigo(a)*

julgamento de um(a) ministro(a), ver *administração judicial, ministro(a)*

junta consultiva, deveres e poderes........... 25.1, 100.2, 101-101.1, 102.1, 102.4, 104.2, 105, 106-106.5, 112.1, 113.12, 114.1, 115, 115.4, 117-117.1, 126-126.2, 129.20, 143.1, 151, 158, 159, 159.8, 200.1-200.6, 201-204, 205.4-205.9, 205.14, 205.23, 205.25, 206, 208, 209.2-209.4, 211.3, 211.7-211.20, 212.1, 215.2, 216-217, 219-223.2, 224-228, 231.9, 231.10, 237.4, 236, 237, 239, 243, 244.1, 245, 245.1-245.4, 307.6, 307.8, 334.1, 345, 503.6, 503.7, 507, 518-520, 526, 528-528.2, 531.2,

532.1-532.9, 533.3, 534.3, 537, 538-538.14, 539, 539.6, 539.10, 539.13, 540-540.4, 540.8, 540.11-540.12, 601.2, 602, 602.2, 604.2, 605.2, 606.1, 606.3, 606.5-606.6, 606.12, 607, 616.6

junta consultiva, eleição 205.14

junta consultiva, incorporação 225.7-225.8

junta consultiva, membros 224-224.4

junta consultiva, membros ex officio da assembleia distrital 201

junta consultiva, presidente 224.2

junta consultiva, vagas 224.1

junta da igreja, ver *igreja local, junta*

junta de credenciais ministeriais, deveres 231-231.10,

junta de credenciais ministeriais, eleição 205.15, 205.17, 229

junta de credenciais ministeriais, membros 229

junta de credenciais ministeriais, organização 230-230.2

junta de credenciais ministeriais, vaga 215, 229.1

junta de credenciais ministeriais, ver *junta de credenciais ministeriais; junta de ministério*

junta de disciplina, distrital, ver *junta distrital de disciplina*

junta de disciplina, local, ver *igreja local, junta de disciplina*

junta de estudos ministeriais, deveres ... 205.16-205.17, 529-529.7, 530, 531.4, 537.1, 538.18

junta de estudos ministeriais, eleição 205.16, 232

junta de estudos ministeriais, membros 232

junta de estudos ministeriais, organização 233-234.4

junta de estudos ministeriais, vagas 215, 232.1

junta de estudos ministeriais, ver *junta de estudos ministeriais*

junta de evangelismo 205.19, 215, 235-235.1

junta de ministério 205.17, 216

junta de ministério, ver *Junta de Ministério; junta de credenciais ministeriais*

Junta de Pensões (EUA) 207.6, 337-337.2

junta de propriedades da igreja, apelações 103.1

junta de propriedades da igreja, deveres 103, 104, 236-237.5

junta de propriedades da igreja, eleição 205.18

junta de propriedades da igreja, membros 205.18, 206.1, 236

junta de propriedades da igreja, ver *junta de propriedades da igreja distrital*

Junta de Superintendentes Gerais, anuncia mudanças constitucionais ... 26

Junta de Superintendentes Gerais, aprova actividades eclesiásticas independentes de ministros 538.1, 538.13

Junta de Superintendentes Gerais, aprova Junta Geral e o trabalho da comissão 317.3

Junta de Superintendentes Gerais, aprova nomeações do conselho global da JNI 810

Junta de Superintendentes Gerais, aprova nomeações missionárias globais 317.3

Junta de Superintendentes Gerais, aprova planos do centro distrital 319

Junta de Superintendentes Gerais, deveres 317-324

Junta de Superintendentes Gerais, interpreta lei, doutrina e manual 318

Junta de Superintendentes Gerais, jurisdições 315, 317.1

Junta de Superintendentes Gerais, membros 25.4

Junta de Superintendentes Gerais, nomeia ou preenche vagas 302, 304, 317.6, 328.1, 318.8

Junta de Superintendentes Gerais, organiza lugar e datas da Assembléia Geral 302-302.2

Junta de Superintendentes Gerais, organiza o programa da Assembleia Geral 304.2

Junta de Superintendentes Gerais, organiza programa de estudos 317.9

APÊNDICE

Junta de Superintendentes Gerais, organização..................315

Junta de Superintendentes Gerais, ouve apelações..................118

Junta de Superintendentes Gerais, pode dissolver igrejas locais..................106.1

Junta de Superintendentes Gerais, pode dissolver os distritos..................246

Junta de Superintendentes Gerais, preside à Assembleia Geral.... 25.5, 300,1, 307.3

Junta de Superintendentes Gerais, supervisiona a igreja global..........317.1

Junta de Superintendentes Gerais, supervisiona a Junta Geral..........317.3

Junta de Superintendentes Gerais, supervisiona comissões..................317.3

Junta de Superintendentes Gerais, supervisiona missionários globais 317.3

Junta de Superintendentes Gerais, supervisiona, vaga......305.2, 316, 335.2

junta de superintendentes gerais, ver *Junta de Superintendentes Gerais*

junta distrital de disciplina 606.5, 608-608.2, 610, 611.1

junta distrital de evangelismo 205.19, 215, 235-235.1

Junta Geral da Igreja do Nazareno, ver *Junta Geral*

Junta Geral, determina fundo de evangelismo mundial 317.10, 335.6-335.7

Junta Geral, elege a junta da Nazarene Publishing House..................335.15

Junta Geral, elege directores de departamento..................335.18

Junta Geral, elege o(a) secretário(a) geral 335.13

Junta Geral, elege o(a) tesoureiro(a) geral 335.13

Junta Geral, estabelece salários dos directores..................335.2

Junta Geral, incorporada..................331

Junta Geral, membros 305.6, 331-331.1, 332-333

Junta Geral, organização e procedimento 307.3, 331.2-331.3, 335.3

Junta Geral, preenche as vagas 325.2, 335.21

Junta Geral, recebe relatórios 330.5, 335.11- 335.12

Junta Geral, representação, Junta Internacional de Educação..........332.3

Junta Geral, representação, Juventude Nazarena Internacional..................332.4

Junta Geral, representação, Ministérios da Escola Dominical e Discipulado Internacionais..................332.6

Junta Geral, representação, Missões Nazarenas Internacionais..................332.5

Junta Geral, representação, região 332.2, 333.1

Junta Geral, reuniões..................335.4-335.5

Junta Geral, reuniões anuais..................335.4

Junta Geral, secretário(a)..................331.2

Junta Geral, vagas..................334-334.1

justiça 11, 28.3, 30.2, 31, 915, 917, 920, 921

justiça social..................921

justificação..................9, 9.3

Juventude Nazarena Internacional, ver *JNI*

lar, lar cristão..................145.2, 340.2

liberdade humana, ver liberdade 919, 920

licença maternidade/paternidade para auxiliares remunerados..................116

licença sabática, ver *superintendente distrital; auxiliares remunerados; pastor(a)*

limites do distrito..................200-200.3

linguagem inclusiva de género..................918

linguagem, inclusiva de género..........918

literatura, secular..................21.2, 29.1

lotarias..................29.2

mal.... 5.1, 16, 20.3, 21.2, 28.4-28.5, 29.1, 31, 926, 931

Manual..................110.4, 516.4

Manual, comissão editorial ....909, 912, regra 16

Manual, data oficial de lançamento...323

Manual, interpretação..................318

Manual, revisão do apêndice..............910

Manual, traduções..................909

marcos e locais históricos 327.1, 327.2, 913

MEDDI, administração e supervisão ....812 Artigo VII

MEDDI, assistência regular ....812 Artigo II

MEDDI, classes e departamentos da escola dominical .... 812 Artigo IV

MEDDI, conselho distrital 241-241.14

MEDDI, conselho global .. 812 Artigo IX

MEDDI, conselho local ....145-145.10, Artigo III

MEDDI, conselho local de ministérios para adultos 149

MEDDI, conselho local dos ministérios para crianças.....................................148

MEDDI, convenções...... 812 Artigo VIII

MEDDI, declaração de missão............812

MEDDI, director(a) global.....335.18-336

MEDDI, director(a) local dos ministérios para crianças.......................... 148-148.2

MEDDI, directores locais de grupos etários.................................... 147.1-147.9

MEDDI, directores locais de ministérios para adultos 147.1-147.9

MEDDI, distrito, nomeações........ 211.18

MEDDI, eleição do conselho distrital 205.2

MEDDI, emendas...............812 Artigo X

MEDDI, estatutos..............................812

MEDDI, global, representação da Junta Geral.......................... 332.6, 333-334.1

MEDDI, membros .... 812 Artigo I

MEDDI, membros do distrito............201

MEDDI, presidente do conselho distrital 242-242.3

MEDDI, professores e líderes ....812 Artigo V

MEDDI, propósito.............................812

MEDDI, responsabilidades da liderança .... 812 Artigo VI

MEDDI, superintendente local 146-146.6

MEDDI, vagas do distrito..................215

meios da graça 10.1, 12, 13, 21.1

membro associado, ver *membros da igreja local, membro associado*

membro do clero, ver *clero*

membros da igreja, ver *igreja local, membros*

mexericos...21.2

ministério, ver *ministro(a)*

Ministérios da Escola Dominical e Discipulado Internacionais, ver *MEDDI*

ministrando aos necessitados....21.1, 28.3

ministro(a) da educação cristã 226, 511-511.1, 159-159.1

ministro(a) da música .. 159-159.1, 512 ver *auxiliares, remunerados*

ministro(a) leigo(a) 503-503.9

ministro(a) leigo(a) 503-503.9

ministro(a) licenciado(a), ver *ministro(a), licenciado(a)*

ministro(a) local 113.9, 129.12-129.13, 531.4-531.5, 532.5, 813

ministro(a) ordenado(a) sob disciplina, ver *tribunal geral de apelações*

ministro(a) ordenado(a), ver *ministro(a), ordenado(a)*

ministro(a) reformado(a) 205.27, 231.8, 536-536.1

ministro(a), chamada divina 500, 514, 534, 534.3

ministro(a), chamado(a) por Deus 500, 514, 534, 534.3

ministro(a), direitos e poderes 515.4, 532.7

ministro(a), disciplina..............538-538.1, 538.11, 539, 539.13, 540.3, 540.5, 540.10, 540.11, 606.1, 606.5, 606.11-606.12

ministro(a), leigo(a) 503-503.9

ministro(a), licenciado(a)..........532-532.9

ministro(a), licenciado(a), registos...326.7

ministro(a), local 113.9, 129.12-129.13, 531.4-531.5, 532.5, 813

ministro(a), membro da igreja local 112-112.1, 228, 520, 532.2, 535

ministro(a), membro do distrito 201, 532.2, 532.7-532.8, 538.4, 538.16, 540-540.12

ministro(a), ordenação, diácono 533-533.4

ministro(a), ordenação, presbítero 534-534.3

ministro(a), ordenação, processo 532.4, 540-540.12

APÊNDICE

ministro(a), ordenado(a) 533.4-535

ministro(a), ordenado(a), credenciais 326.5, 535.1, 536.12, 537.9, 538.6-538.7, 539-539.13

ministro(a), ordenado(a), diácono 500, 533

ministro(a), ordenado(a), direitos e poderes 533.1, 533.2, 538.13-538.14

ministro(a), ordenado(a), jurisdição 538.12

ministro(a), ordenado(a), membro, distrito 201, 535-535.2, 538.9-538.10

ministro(a), ordenado(a), membro, igreja 112-112.3, 228, 520, 538.8-538.11

ministro(a), ordenado(a), ordem do ministério 533.1, 534.1

ministro(a), ordenado(a), ordenação 205.6, 533-534.3, 538.5-538.6

ministro(a), ordenado(a), presbítero 500, 514, 534, 534.3

ministro(a), ordenado(a), programa de pensões e benefícios 207.6

ministro(a), ordenado(a), qualificações 502.1

ministro(a), ordenado(a), reconhecimento de ordens 205.7, 535-535.2

ministro(a), ordenado(a), reformado(a) 205.27, 231.8, 536-536.1

ministro(a), ordenado(a), regulamentos gerais 538-538.20

ministro(a), ordenado(a), requisitos 205.3, 205.6

ministro(a), ordenado(a), transferência 205.8, 205.9, 226, 231.9, 231.10, 537-537.2

ministro(a), processo da licença 529.1-529.6

ministro(a), programa de estudos 529-529.6, 530-530.2, 532.1-532.4, 535, 537.1

ministro(a), programa de pensões e benefícios 207.6

ministro(a), requisitos 205.3, 532.1, 532.3

ministro(a), situação da credencial 538

ministro(a), transferência 205.8, 205.9, 226, 231.9, 231.10, 537-537.2

ministro(a), verificação de antecedentes 531.1, 532.1

Missão Global, director(a) 301, 335.19

Missão Global, director(a) global das MNI 344, 344.2

Missão Global, fundos 330.2

Missão Global, supervisão 317.1-317.2

missionário(a) 112.1, 346.1-346.3, 503.1, 504, 513, 606.7, 811.vi.3.a.b., 814

missionários leigos, delegados à assembleia distrital 201

Missões Nazarenas Internacionais, ver *MNI*

missões tipo-igreja 100.1-100.2, 107.2, 113.15, 138.1, 201-204, 211.16

MNI, constituição 811

MNI, distrital 244-244.2

MNI, distrital, conselho .... 811, Artigo V, secção 2

MNI, distrital, constituição 244.1, 811

MNI, distrital, convenção .... 811, Artigo VI, secção 4

MNI, distrital, membro .... 216.1, 241, 244, 811, Artigo IV

MNI, distrital, organização .... 241, 244.1, Artigo III, secção 2

MNI, distrital, presidente .... 201, 239, 241, 244.1, 244.2, 811, Artigo V, secção 2

MNI, distrital, responsável perante 244-244.1

MNI, global, Comissão de Missão Global 344-1-344.2

MNI, global, conselho ...... 344-344.4, 8111, Artigo V, secção 3

MNI, global, constituição 811

MNI, global, convenção .... 811, Artigo VI, secção 4

MNI, global, delegados ... 811, Artigo VI, secção 4

MNI, global, deveres 344.2-344.4

MNI, global, fundos 153-154.3, 330.2

MNI, global, membros .... 811, Artigo IF, secção 3

MNI, global, presidente .... 301, 344.4, 811, Artigo V, secção 3

MNI, global, representação na Junta Geral ...... 332.5, 344.2-344.3, Artigo V, secção 3

MNI, global, representação na Junta Geral 332.2, 333.3, 343.4, 810.405, 810.409-810.410

MNI, global, vaga .... 811, Artigo IF, secção 3

MNI, local, constituição 811

MNI, local, finanças .. 129.21, 153-154.3, 811, Artigo VII, secção 1

MNI, local, membros .... 811, Artigo IV

MNI, local, nomeações ... 152.2, 517, 811, Artigo V, secção 1

MNI, local, oficiais .... 811, Artigo VI, secção 1

MNI, local, organização .... 152-152.2, 811, Artigo III, secção 1

MNI, local, presidente..113.9, 127, 152.2, 201, 811, Artigo V, secção 1

MNI, local, relação do(a) pastor(a) para com 517

MNI, local, responsável perante 153.1

MNI, local, reuniões .... 811, Artigo VI, secção 1

mordomia, comissão, local 140

mordomia, regras 32-32.4

morte 30.6

mulheres no ministério, teologia de....501

mundanismo 29.1, 340.4

Nazarene Bible College, financiamento 335.9

Nazarene Publishing House, junta 335.15

Nazarene Publishing House, missão 339

Nazarene Theological Seminary, financiamento 335.9

nomeação de pastor(a), ver *pastor(a), nomeação*

nomeação do(a) superintendente distrital, ver *superintendente distrital*

novo nascimento 9.1, 20.7

Novo Testamento, ver *Escrituras*

NYI, local, propósito 810.106

objectores de consciência 922

observância do sábado, ver *Dia do Senhor*

oferta de gratidão 154.2

ofertas missionárias especiais aprovadas 153.1, 225.15

ofertas missionárias especiais, aprovadas 153.1, 225.15

ofertas voluntárias 32.1

oração 14, 29.1

ordenação, teologia da 502

ordens secretas de juramento obrigatório 29.3, 340.4

organização do distrito 200

Pacto de Caráter Cristão 21

Pacto de Conduta Cristã 28-35

Palavra de Deus, ver *Escrituras*

pastor(a) adjunto(a), ver *auxiliares remunerados*

pastor(a) interino(a) 212.1, 526

pastor(a), aceitação da chamada por parte da igreja local 115.1

pastor(a), aprendizagem ao longo da vida . 129.9, 515.11, 529.6-529.7, 531, 538.18

pastor(a), chamado(a) para uma igreja 115–119

pastor(a), chamado(a) por Deus 514

pastor(a), co-pastores 121-121.1

pastor(a), despesas de mudança 115.4

pastor(a), deveres e poderes 28.5, 29.1, 107-107.1, 108.1, 109.2, 110, 110.7, 110.8, 111-111.1, 112, 112.2-112.3, 113.5, 113.8-113.10, 113.14-113.15, 122, 127-128, 129.23, 129.27, 129.29, 130, 135.7, 145.1, 152.1-152.2, 159.2-159.8, 503-503.6, 514-523, 538.4, 538.16, 604.1, 605

pastor(a), duração 119

pastor(a), família imediata 518

pastor(a), interino(a) 212.1, 526

pastor(a), licença maternidade/paternidade 116

pastor(a), licença sabática 129.1

pastor(a), membro da igreja 521

pastor(a), nomeação, quando 115, 117, 117.1

pastor(a), presidente da 102.3, 113.5, 121, 516.15

pastor(a), presidente da igreja local 102.3, 113.5, 121, 516.15

pastor(a), recomenda a licença do(a) ministro(a) 129.14

pastor(a), recomenda certificado do(a) ministro(a) designado(a) 129.13

APÊNDICE

pastor(a), recomenda certificado do(a) ministro(a) designado(a) 129.12, 503.3-503.5

pastor(a), recomenda certificado do(a) ministro(a) local 129.12, 531.1-531.3

pastor(a), recomenda licença de diaconisa 129.15, 508

pastor(a), registos de acesso 129.23, 516.15

pastor(a), resignação 120-121.1

pastor(a), responsável perante ..205.3, 521

pastor(a), revisão, igreja/pastor(a), regular 123

pastor(a), revisão, igreja/pastor, especial 125

pastor(a), salário 32.3, 115.4-115.5, 116, 129.8-129.10

pastor(a), término 120, 123.6, 125.4-125.5

pecado, artigo de fé.......................... 5-5.3

pecado, expiação para....................6, 20.5

pecado, original 5-5.2, 10, 20.3, 925

pecado, purificação do inato 21

pedido de licença de ministro(a) 532.1, 532.3, 532.8

perfeição cristã..10

pesquisa de células estaminais (células-tronco), embriões humanos 30-30.3

plenitude da bênção...............................10

pornografia.......................... 29.1, 31, 926

preconceito, ver *discriminação*

pregador(a), licenciado(a), ver *ministro(a), licenciado(a)*

pregador(a), local, ver *ministro(a), local*

presbítero, ver *ministro(a), ordenado(a)*

presidente da igreja local, ver igreja local, presidente

princípios bíblicos........... 28.1, 28.6, 30.1

procedimento parlamentar, ver *regras de ordem*

procedimentos legais, ver *administração judicial*

profanidade..29.1

programa de estudos validado, Comissão Consultiva Internacional do Programa de Estudos 342

programa de estudos validado, Comissão Consultiva Regional do Programa de Estudos..................346.6-346.7

programa de estudos validado, Guia para Ordenação 529.1

programa de estudos validado, ministro(a) leigo(a) 503-503.9

programa de estudos validado, ministros 529.3

programa de estudos, Comissão Consultiva Internacional do Programa de Estudos 342

programa de estudos, Comissão Consultiva Regional do Programa de Estudos..................346.6-346.7

programa de estudos, Guia para Ordenação 529.1

programa de estudos, ministro(a) leigo(a) 503-503.9

programa de estudos, ministros.......529.3

promessas, ver *finanças*

propriedade do distrito 102.4, 106.2-106.3, 225.20, 225.23

propriedade, disposição de 104, 106.2, 225.23

propriedade, restrições............. 103-104.4

propriedade, signatários em contas..106.5

propriedade, título........ 102-102.3, 102.6

propriedade, ver *bens imóveis*

prover pastor(a) 116, 231.5, 503.6, 524, 531.6

pureza do coração 10

rádio 29.1, 931

reconhecimento de ordens, ver *ministro(a), ordenado(a)*

redes sociais 933

regeneração....................7, 9-9.3, 10, 20.6

regiões... 346

registos da licença do(a) ministro(a) distrital 326.7

regras de ordem 25.6, 34, 113, 205, 300.3, 328

regras especiais, ver *Pacto de Conduta Cristã*

regras gerais, ver *Pacto do Carácter Cristão*

regras, ver *Pacto do Carácter Cristão*

relacionamento igreja/pastor(a), ver *igreja local, relacionamento igreja/pastor(a)* relacionamento igreja/pastor(a), ver *igreja local, relacionamento igreja/pastor(a)*

representação leiga, ver *vários conselhos, comissões, membros da assembleia distrital e membros da Assembleia Geral*

responsabilidade para com os pobres 28.3, 917

ressurreição de Jesus Cristo 13

ressurreição dos mortos 16

ressurreição, artigo de fé........................16

restauração de credenciais 317.11, 538, 540, 540.12

restauração de membro, diácono 317.11, 539.9, 539.10-539.11, 540.8

restauração de membro, presbítero 317.11, 538.10-538.11

reuniões anuais, assembleia distrital.. 202

reuniões anuais, igreja local.............. 113.7

reuniões anuais, Junta Geral............335.4

reuniões da igreja, ver *igreja local, reuniões*

revistas, ver *literatura, secular*

ritual fúnebre.......................................706

ritual, baptismo de crentes..................701

ritual, baptismo de crianças................702

ritual, dedicação de crianças...............703

ritual, dedicações de templos..............709

ritual, funeral.......................................706

ritual, matrimónio...............................705

ritual, organização de uma igreja local 708

ritual, posse de oficiais........................707

ritual, recepção de membros............... 704

sabático para auxiliares remunerados 129.1

sacramentos, ver *rituais; Ceia do Senhor; baptismo*

Sagradas Escrituras, ver *Escrituras*

salário, pastor(a) ver *pastor(a), salário*

salvação...6

salvaguardas financeiras pastorais......518

santidade cristã......................................10

santidade da vida humana............30-30.3

santidade, ver santificação........................

santificação, inteira santificação ... 10-101, 19, 20.7, 33, 113.11, 127, 145, 146, 231.3, 402.2, 515.8, 529.3, 925

santificação, inteira santificação, artigo de fé..10-10.1

santificação, inteira santificação, relacionada com o crescimento na graça 10.1

secretário(a) da assembleia distrital, ver *secretário(a) distrital*

secretário(a) da Assembleia Geral, ver *secretário(a) geral*

secretário(a) da junta da igreja........102.3, 113.6, 113.9, 120.1, 128, 129.19, 135-135.7, 518

secretário(a) da Junta Geral, ver *Junta Geral, secretário(a)*

secretário(a) distrital, auxiliares..........221

secretário(a) distrital, deveres 205.15, 206.26, 207.5, 220-221, 504.2, 516.5, 532.6, 535.1-535.2, 537.1, 538.6-538.7

secretário(a) distrital, eleição 219, 225.22

secretário(a) distrital, membro ex officio da assembleia distrital......................201

secretário(a) distrital, membro ex officio da assembleia distrital.......... 201, 222.2

secretario(a) distrital, vaga............... 219.1

secretário(a) do distrito, ver *secretário(a) distrital*

secretário(a) geral, auxiliares............328.1

secretário(a) geral, deveres 25.2, 220.3, 316-316.1, 326-328, 614

secretário(a) geral, eleição 325

secretário(a) geral, membro ex officio 301, 325.1, 304, 340, 331.2

secretário(a) geral, responsável perante 325.3

secretário(a) geral, vaga 317.5, 325.2, 335.21

secretário(a), ver *secretário(a) distrital; secretário(a) da igreja local*

Segunda vinda de Cristo........ 11, 15, 20.8

seminário bíblico, ver *ensino superior*

seminário teológico, ver *ensino superior*

seminário, ver *ensino superior*

sexualidade 30.1, 31

Sida, ver *VIH/Sida*

sociedades bíblicas............................ 908

sociedades secretas, ver *ordens secretas de juramento obrigatório*

APÊNDICE

solicitação de fundos, ver *finanças*

suicídio medicamente assistido, ver *eutanásia*

suicídio, ver *eutanásia*

superintendente distrital, auxiliares remunerados 225.18, 245-245.1

superintendente distrital, credenciais ou assuntos disciplinares......... 531.1-531.4, 532.1-532.3, 532.6, 533.3, 534.3, 535.1-535.2, 538.2, 538.6-538.8, 538.11, 539.9-539.13, 540.12, 601.2, 604.1, 606.1, 606.3, 616.6

superintendente distrital, deveres e poderes distritais 28.5, 208

superintendente distrital, deveres e poderes distritais, organização da assembleia......................... 202

superintendente distrital, deveres e poderes distritais, preenche vagas 211.7, 211.8, 212-212.1, 215

superintendente distrital, deveres e poderes distritais, preside a assembleia distrital, quando 214, 307.5

superintendente distrital, deveres e poderes distritais, presidente 205.20-205.21, 216.1, 237, 241, 810, 811

superintendente distrital, deveres e poderes distritais, relacionamento ex officio 216

superintendente distrital, deveres e poderes distritais, relatório anual 205.2

superintendente distrital, deveres e poderes distritais, salvaguardas financeiras 217

superintendente distrital, deveres e poderes na igreja local, aprova auxiliares pastorais 129.27, 159-159.8, 211.13,

superintendente distrital, deveres e poderes na igreja local, aprovação por escrito 103, 104, 113.13, 129.27, 159.2, 531.4, 539.9, 814

superintendente distrital, deveres e poderes na igreja local, fazer acordos pastorais... 105, 118, 211.3, 218.1, 307.6

superintendente distrital, deveres e poderes na igreja local, igreja em crise 126-126.2

superintendente distrital, deveres e poderes na igreja local, organização 100

superintendente distrital, deveres e poderes na igreja local, supervisão ... 210

superintendente distrital, eleição 205.11-205.13

superintendente distrital, incapacidade temporária 209.2

superintendente distrital, licença sabática 225.11

superintendente distrital, nomeação 200.2, 208, 307.7

superintendente distrital, nomeação de uma equipa de restauração 540.1-540.8

superintendente distrital, notas da constituição 22.2, 22.3

superintendente distrital, vaga 209-209.1, 307.7, 321

superintendente geral, articula missão 306

superintendente geral, comunicação da visão.. 306

superintendente geral, constituição 22.2

superintendente geral, declara a data efectiva do novo Manual 323

superintendente geral, deveres e poderes, distrito 28.5

superintendente geral, deveres e poderes, distrito, eleição do superintendente distrital 205.12-205.13

superintendente geral, deveres e poderes, distrito, emite certificados, comissões e licenças 532.6, 535.1, 538.6

superintendente geral, deveres e poderes, distrito, fixa um tempo para assembleia distrital 202

superintendente geral, deveres e poderes, distrito, preenche a vaga na superintendência distrital 209-209.2, 307.7-307.8

superintendente geral, deveres e poderes, distrito, preside as assembleias distritais 307.5

superintendente geral, deveres e poderes, igreja local, ajuda nas relações pastorais 307.6

superintendente geral, deveres e poderes, igreja local, organiza igrejas locais ... 100

superintendente geral, deveres e poderes, igreja local, ouve apelações 118

superintendente geral, deveres e poderes, igreja local, preside às reuniões anuais e especiais 113.5, 307.10

superintendente geral, deveres e poderes, ordena ministros 306, 307.4, 535.1

superintendente geral, deveres e poderes, preside à Assembleia Geral 25.5, 300,1, 307.3

superintendente geral, deveres e poderes, preside as reuniões da Junta Geral 307.3, 335.3

superintendente geral, eleição 25.4, 305.2, 307.16

superintendente geral, fornece supervisão para a igreja geral 306, 307.1

superintendente geral, impedido(a) de ocupar outros cargos 307.11-307.12

superintendente geral, membro ex officio da Assembleia Geral 301, 307.2

superintendente geral, papel 306

superintendente geral, posição de reformado(a) 301, 305.4, 314-314.1

superintendente geral, propagando coerência teológica 306

superintendente geral, relacionamento(s) emérito(s) 301, 305.3, 314-314.1

superintendente geral, responsável perante 307.13-307.15

superintendente geral, vaga 25.4, 305.2, 316-316.1

superintendente, ver *superintendente distrital; superintendente geral*

tabaco 29.5, 340.1, 931

televisão 29.1, 931

terapia genética 30.2

tesoureiro(a) da igreja local 113.9, 128, 129.20, 135.3, 136-136.6

tesoureiro(a) distrital, deveres 223-223.2, 516.9

tesoureiro(a) distrital, eleição 222

tesoureiro(a) distrital, vaga 222.1

tesoureiro(a) geral, deveres 304, 330-330.6, 335.12

tesoureiro(a) geral, eleição 329

tesoureiro(a) geral, membro ex officio da Assembleia Geral 301, 329.1

tesoureiro(a) geral, responsável perante 329

tesoureiro(a) geral, tesoureiro(a) ex officio da Junta Geral 331.3

tesoureiro(a) geral, vaga 317.4, 335.21

tesoureiro(a), ver *tesoureiro(a) distrital; tesoureiro(a) da igreja local*

testemunho do Espírito 9.3, 10, 20.7, 925

título de propriedade da igreja local, ver *igreja local, propriedade; bens imóveis*

título de propriedade do distrito, ver *propriedade do distrito; bens imóveis*

transferência de ministros, ver *ministro(a) licenciado(a); ministro(a), ordenado(a)*

treinamento contínuo de leigos 145.9, 147.6, 241.1, 241.9, 503.5, 503.8, 707

tribunal de apelações, distrital, ver *tribunal distrital de apelações*

tribunal de apelações, geral, ver *tribunal geral de apelações*

tribunal de apelações, regional, ver *tribunal regional de apelações*

tribunal distrital de apelações, deveres 610

tribunal distrital de apelações, eleição 205.22

tribunal distrital de apelações, membros 203.22, 610

tribunal distrital de apelações, regras de procedimento 609, 606.10

tribunal distrital de apelações, vagas .. 215

tribunal geral de apelações, deveres 611-611.1

tribunal geral de apelações, jurisdição 25.7

tribunal geral de apelações, membros 25.7, 305.7, 610, 902

tribunal geral de apelações, per diem 613

tribunal geral de apelações, registos 326.4, 614

tribunal geral de apelações, vagas 615

tribunal regional de apelações, deveres 610, 615, 608.2

tribunal regional de apelações, jurisdição 610.1, 615

tribunal regional de apelações, membros 615

tribunal regional de apelações, regras de procedimento 609, 615

APÊNDICE

tribunal regional de apelações, vagas.. 615
tribunal, ver *administração judicial*
Trindade 31
uniões de distritos 200, 200.4
universidade, veja *ensino superior*
vagas, ver *função específica, comissão, ou junta*
valor das crianças 921
valor das crianças e jovens 921
vestuário, orgulho ou modéstia
 .... 21.2, 927
vida cristã 28-28.6
vida cristã, conscienciosa 28.2-28.4
vida cristã, directrizes para a vida santa
 .... 28.2-28.4
vida cristã, ética de santidade ... 28.2-28.4
vida cristã, princípios bíblicos .. 28.1, 28.5
vida familiar cristã, ver *casamento e vida familiar*
vida humana 30-30.3
VIH/Sida 932
viver santo 28.2-28.4
vontade de Deus 4
voto, ausentes 113.2
voto, requisito de idade
 .... 107.3, 115, 125.3, 127.1
votos ilegais, ver *votação*

www.ingramcontent.com/pod-product-compliance
Lightning Source LLC
Chambersburg PA
CBHW051341040426
42453CB00007B/357